Patrick Kammerer

Feel Go(o)d

SHEEMA

Patrick Kammerer

Feel Go(o)d

Bibliografische Information der Deutschen Bibliothek
Die Deutsche Bibliothek verzeichnet diese Publikation in der Deutschen
Nationalbibliothek; detaillierte Daten sind im Internet über
http://dnb.ddb.de abrufbar.

1. Auflage 2015 | 2. Auflage 2016
Originalausgabe
Copyright © 2015 | 2016 Sheema Medien Verlag,
Inh.: Cornelia Linder, Hirnsbergerstr. 52, D - 83093 Antwort
Tel.: +49 (0)8053 – 7992952, Fax: +49 (0)8053 – 7992953
http://www.sheema-verlag.de
Copyright © Patrick Kammerer

ISBN 978-3-931560-57-5

Coverabbildung und alle Bilder im Innenteil: Jimmy Behind, Sacred Designs
Umschlaggestaltung: Sheema Medien Verlag, Schmucker-digital, Sacred Designs
Gesamtkonzeption: Sheema Medien Verlag, Cornelia Linder
Druck und Bindung: FINIDR, s.r.o., Český Těšín

Dir gewidmet

Inhalt

Erklärung für die Leser zur Aufteilung von „Feel Go(o)d"

Dieses Buch ist in der Sprache meines Herzens geschrieben.

Nachdem wir beide wissen, dass wir auf der Ebene unserer Herzen bereits schon jetzt tief verbunden sind, werde ich dich mit „Du" ansprechen. Alles andere halte ich für überflüssige Formalität, die uns in meinen Augen trennt und nicht meinem Bewusstsein der neuen Zeit entspricht. Ich bin sowohl Autor und Sprecher als auch Songwriter. Deshalb basiert jedes Kapitel dieses Buches in der Essenz auf einem Songtext von mir.

Um dir die Inhalte aller Prinzipien ganzheitlich zu vermitteln, ist jedes einzelne Kapitel in vier Bereiche aufgeteilt – somit kannst du das Wissen auf mehreren Ebenen verinnerlichen.

1.

Du findest zu Beginn jedes Kapitels einen Teil meiner persönlichen Geschichte, mit der ich dir in kurzen Episoden von meiner eigenen Erfahrung mit den beschriebenen Themen erzählen möchte.

Keine Sorge, ich habe mich sehr bemüht, dich nicht zu langweilen und deine kostbare Zeit und Aufmerksamkeit nicht achtlos zu verschwenden. Es wird lustig und magisch!

Vielleicht geht es dir ähnlich wie mir und du kannst meine Geschichte in deinen Erlebnissen wiederfinden. Oder andersherum. Du kannst deine Geschichte in meinen Erlebnissen entdecken, die ich vielleicht nur aus einer anderen Sicht heraus erzähle.

2.

Anschließend wird dir das entsprechende Thema, dessen Hintergrund und Gesetzmäßigkeit wissenschaftlich, medizinisch sowie spirituell erklärt und die Funktion für dein persönliches Leben nähergebracht. Manchmal etwas wissenschaftlicher (um deinen Verstand zu beruhigen), doch durchgehend in der reinen Sprache meines Herzens verfasst.

3.

Daraufhin findest du stets den entsprechenden Songtext, den du dir parallel auch auf dem Album „Spirit" anhören kannst (Informationen dazu findest du im Anhang).

4.

Im Anschluss daran findest du jeweils zwei Praxisübungen, mit denen du das beschriebene Thema und die entsprechende Technik direkt in deinem Leben anwenden kannst. Hierbei biete ich dir immer zunächst eine Übung zur Aktivierung der entsprechenden Möglichkeit sowie als Erweiterung eine Aufgabe zur Vertiefung an.

Ich habe all diese Übungen lange, mehrfach und in verschiedensten Variationen im eigenen Alltag angewandt und überprüft. Die vorliegenden Möglichkeiten zur praktischen Umsetzung erachte ich als die effektivsten.

Durch die Aufteilung in diese vier Bereiche erhältst du eine ganzheitliche und umfassende Betrachtung jedes einzelnen Kapitels und kannst die erfahrenen Inhalte daraufhin direkt in deinem eigenen Alltag umsetzen.

Du kannst das Wissen erst einmal durch meine Geschichte nachvollziehen, dann die Hintergründe verstehen lernen und es nach einem poetischen Leseerlebnis direkt selbst in deinem Leben integrieren.

Jedes Kapitel ist in sich abgeschlossen und dennoch bildet das Gesamtkonzept eine große Spirale, welche sich nach und nach entfalten wird ...

... Mögest du glücklich und zufrieden sein!

Prolog

Meine Wahrheit

Dies ist meine persönliche Wahrheit!
Ich bin hierher gekommen, um aus meinem Herzen zu sprechen und dein Herz zu öffnen. Mein Auftrag ist es, die reine Essenz und das Potenzial deines Herzens freizulegen.

Das ist meine Aufgabe. Deshalb verzichte ich auf alles, was nicht dazugehört.

Ich versuche beim Schreiben lediglich zu beachten, dass du ein junger oder ein älterer Mensch, ein weibliches oder ein männliches Wesen bist – das ist auch schon alles.

Alle in diesem Buch beschriebenen Techniken, Sichtweisen und Gesetzmäßigkeiten haben mich zu großer Liebe, nachhaltigem Erfolg, tiefer Zufriedenheit und einem erfüllten, zauberhaften Leben geführt.

Ich habe diese Prinzipien natürlich nicht erfunden. Ihre Entdeckung ruht auf den Schultern von großartigen Meistern, Philosophen, Boten, Abgesandten und Denkern.

Ich habe alle beschriebenen Prinzipien mehrfach unter meinen persönlichen Beweis gestellt, sie für dich in meinen Worten zusammengefasst und auf die Begebenheiten der heutigen Zeit abgestimmt.

Das ist meine persönliche Ansicht. Ich erläutere dir hier meine persönlichste Erfahrung.

Sie ist nicht richtig und nicht falsch, nicht gut und nicht schlecht, nicht wahr und nicht unwahr. Es ist einfach meine Erfahrung.

Allerdings solltest du wissen, dass die Informationen, Gesetze und Methoden, die du hier erfahren wirst, mein Leben komplett und nachhaltig verändert haben. Glaube mir nicht einfach blind, sondern stelle die von mir beschriebenen Dinge in deinem Leben unter Beweis.

Ich habe dir hier die Quintessenz meines Wissens, resultierend aus einem privaten Studium durch viele Lehren, Lehrer und das Leben selbst, zusammengestellt.

Es ist die Sprache meines Herzens und das Ergebnis meiner innersten Empfindung.

Das, was du für richtig und wirksam erachtest, verwendest du für dein eigenes Leben und das, was du in deiner Erfahrung als unwirksam erachtest, lässt du einfach weg.

Mögen dich all die wundervollen, offenen Geheimnisse des alten Wissens so sehr erfüllen und dein Leben auf magische Weise verändern, wie sie es bei mir taten und noch immer tun.

Erwache, voller Freude!

Im Namen der Liebe, im Zeichen des Guten.

Wachse!

Wir sind geboren, um zu wachsen.

Wir müssen wachsen. Wenn wir damit aufhören, fühlen wir instinktiv, dass etwas nicht stimmt. Wir fühlen, dass es nicht richtig ist. Wenn wir aufhören, uns zu entfalten, werden wir erst gelangweilt und frustriert, dann traurig und später werden wir sogar depressiv oder wahnsinnig. Wir folgen dadurch nicht unserer eigenen Natur. Wir müssen also wachsen!

Je weiter, ganzheitlicher und harmonischer wir gedeihen, desto glücklicher werden wir. Wachstum entspricht unserer Natur!

Wir sind hier, um uns immer weiter zu entwickeln.

Der Weg nach oben ist frei!

Du bist für Wachstum geschaffen und alles um dich herum wurde geschaffen, um dich darin zu fördern.

Also wachse – über alle Grenzen hinaus!

Verbinde dich tief mit dem Leben, mit allem um dich herum und rage zugleich weit nach oben in den Himmel.

Wachse, wie du noch nie gewachsen bist!

Gedeihe und erblühe!

Still und majestätisch wie ein Baum!

Wachse, bis du den Himmel berührst!

Ich wünsche es dir von ganzem Herzen und aus tiefster Seele.

Dein Seom
(im September 2014)

KAPITEL 1

SPIRIT

Es ist dein Geist,
der deine Welt erschafft

Meine persönliche Geschichte

Hi, mein Name ist Seom.

Natürlich ist dies nicht mein bürgerlicher Name. Meine Eltern tauften mich auf den Namen Patrick Kammerer und ich selbst gab mir vor etwa 17 Jahren, im Alter von 14, den Namen SEOM. Er steht in seiner neuen Bedeutung für die Worte Sensitivität, Energie, Orientierung und Mut. Damals begann ich intensiv mit dem Schreiben und es war mein Traum, eigene CDs verkaufen und vor vielen Menschen auftreten zu dürfen. Schon immer wollte ich die Menschen mit meinen Texten berühren und ihnen etwas Wertvolles mit auf den Weg geben. Also begann ich einfach zu schreiben, was ich wahrnahm, was ich beobachtete und was mich bewegte. Ich erzählte von den Geschichten, die das Leben schreibt.

Erstaunlicherweise bewegte das allein schon relativ viele Menschen in meinem Umfeld sehr nachhaltig und ich merkte erstmals, dass meine Erlebnisse und Empfindungen sich oft gar nicht so sehr von denen der „anderen" unterscheiden. Also schrieb ich weiter … und schrieb … und schrieb. Ich schrieb über die Jahre hinweg Hunderte von Songs und veröffentlichte diese auf vielen Alben. Zu meinem Bedauern musste ich feststellen, dass dies relativ erfolglos verlief. Ich fand zwar immer wieder Fans meiner Texte, die sehr bewegt und tief berührt von meinen Worten waren,

aber ich konnte nicht im Ansatz davon leben und war von großen Bühnen so weit entfernt, wie du es dir nur vorstellen kannst.
Irgendetwas schien noch falsch zu laufen. Ich wusste nur nicht
was. Also schrieb ich einfach weiter. Nachdem es keine Möglichkeit gab, meine CDs „offiziell" zu veröffentlichen, stellte ich sie
entweder gratis im Internet zum Download zur Verfügung oder
verkaufte sie auf meinen kleinen Konzerten in Jugendzentren vor
rund 50 Besuchern.

So habe ich knapp 15 Jahre lang meine „Geschichten des Lebens"
geschrieben und meine Fertigkeiten immer weiter verbessert.
Dennoch war ich oft tief frustriert und teilweise verbittert, weil
ich einfach keinen größeren Erfolg erzielte. Ich wusste noch immer nicht, was ich falsch machte. Es schien wie verhext. Meine
Vision war klar, meine Absichten waren rein, positiv und sollten
der Welt dienlich sein. Wieso blieb mir also die Chance verwehrt,
zu mehr Erfolg zu gelangen und eine größere Menge an Menschen zu erreichen? Was machte ich falsch? In manchen Nächten
trieben mich diese Fragen fast in den Wahnsinn.

Dann geschah etwas Weltbewegendes. Ich studierte einige sehr alte
Bücher über die Energie des Kosmos und die Macht des eigenen
Geistes. Sie gehörten meinem Großvater, der bereits zehn Jahre zuvor verstorben war. Er war ein sehr spiritueller Mann und
meditierte bereits vor vielen Jahren und Jahrzehnten regelmäßig,

befasste sich mit der Kraft des Geistes und den universellen Gesetzmäßigkeiten. Seinerzeit war dies, gesellschaftlich betrachtet, ein eher außergewöhnlicher Fall, aber seine zufriedene und harmonische Ausstrahlung sowie sein Erfolg gaben ihm wohl recht, weshalb seine „seltsamen Interessen" von seiner Umgebung akzeptiert wurden. Wie auch immer.

Jedenfalls kann man die Übergabe seiner heiligen Bücher und der dazugehörigen Notizen als ein machtvolles Erbe verstehen. Zunächst habe ich den unschätzbaren Wert dieses Erbes nicht erkannt, aber dies sollte sich schnell ändern. Ich bekam die Geschenke des Meditierens und des positiven Denkens von meinen Eltern schon sehr früh in mein Herz gelegt. Sie unterrichteten mich bereits in jungen Jahren sehr weise. Auch die Bücher meines Großvaters bekam ich bereits als Jugendlicher, allerdings hat man als Jugendlicher oft sehr rebellische Wesenszüge und erkennt manchen Wert eines Geschenkes erst später. Ich bewahrte das Wissen in meinem Herzen und die erwähnten Aufzeichnungen meines Großvaters in meinen Schränken. Als ich später wahrhaftig verstand, was in diesen Büchern vermittelt wurde, drehte sich meine gesamte Weltsicht und somit auch meine gesamte Realität. Ich erfuhr Wunder über Wunder in einem rasanten Zeitraum. Durch die persönlichen Notizen meines Großvaters bekam ich zusätzlich eine kleine Anleitung aus seiner persönlichen Erfahrung, welche Punkte ihm besonders halfen und welche möglichen Fehler in manchen Anwendungen liegen können. Jene hilfreichen Notizen werde ich in dieses Buch miteinfließen lassen. Ich halte sie für sehr sinnvoll und außerordentlich wichtig.

Nachdem ich angefangen hatte, die universellen Gesetzmäßigkeiten, die unser gesamtes Dasein bestimmen, zu begreifen, traute ich meinen Augen kaum. Es war, als ob sich eine völlig neue Welt in der mir bekannten, bereits existierenden Welt unverhofft öffnete.

Sicher kennst du auch das Gefühl, nachdem du einige, für dich bahnbrechende Erkenntnisse hattest und erleben durftest, welche kostbare Magie sich hinter dem Leben verbirgt. Welcher Strom aus synchronen Fügungen plötzlich sichtbar wird und welch ungeahnte Energie sich umgehend freisetzen kann.

Dort, wo zunächst nur Wände waren, öffneten sich traumhafte Pfade zu erfüllenden Wegen.

Noch jetzt staune ich jeden Tag über die unendliche Vielfalt der Möglichkeiten, die dieses Leben in jedem Moment, jeder Begegnung und jeder Kleinigkeit bereithält. Früher wollte ich besagte Wände stets mit einer Abrissbirne beseitigen. Die Abrissbirne knallte natürlich an meinen eigenen Schädel und die Mauern schienen sich in ihrer Höhe und Dicke verdoppelt zu haben. Heute lösen sich die Mauern wie von Zauberhand einfach auf.

Eigentlich logisch, wenn ich bedenke, dass sie ja nie existiert haben. Außer in meinem Geist.

Und das führt mich zum Anfang: „Es ist dein Geist, der deine Welt erschafft."

Ich wandte damals die ersten Techniken an und lernte schnell, dass jeder ausgesandte Gedanke in Verbindung mit dem entsprechenden Gefühl auf Dauer auch eine entsprechende Reaktion nach sich zieht. Zunächst begann es im Kleinen. Ich bekam plötzlich mehr Fans und auf einmal traten Menschen in mein Leben, die mir bei meiner Vision hilfreich zur Seite standen. Als ich mich dann immer tiefer mit der Materie befasste, wurden auch sämtliche Ergebnisse größer, spektakulärer und faszinierender. Wir kommen später noch einmal darauf zu sprechen ...!

Natürlich war ich zu Beginn auch skeptisch und stellte das Wissen für mich selbst unter Beweis. Allein die Tatsache, dass sich mein Leben in den alten Mustern abspielte, wenn ich nicht nach meinem neuen Wissen handelte, zeigte mir, dass an all diesen Dingen etwas dran sein musste.

Also vertiefte ich mein Wissen. Jeden Tag studierte ich Bücher und sank immer tiefer in den Ozean des alten Wissens ein. Ganz nach dem Maß meines Interesses zog ich plötzlich auch immer mehr Informationsquellen an. So kam ich auf magischen Wegen zu immer neuen Büchern, zu geistigen Lehrern, Heilern und zu magischen Begebenheiten durch das Leben selbst, welche mir immer mehr wundervolle Geheimnisse enthüllten.

Natürlich waren es keine Geheimnisse, denn wir sprechen von einem Wissen, das seit Tausenden von Jahren existiert, aber ich fühlte mich, als ob ich der erste Mensch wäre, der dieses Wissen empfangen dürfe. Ich werde dir den Verlauf meiner Geschichte in den nächsten Kapiteln Stück für Stück näherbringen – du wirst erstaunt sein.

Neben meiner Musik und meinem ersehnten Erfolg durfte ich die Macht des Geistes auch in anderen Bereichen meines Lebens erfahren. Seit ich ein kleines Kind war, konnte ich keine Früchte essen. Immer wenn ich einen Apfel, eine Erdbeere oder ein anderes Obst zu mir nahm, reagierte mein Körper mit unangenehmen allergischen Symptomen.

Ich wurde jahrelang von Schulmedizinern sensibilisiert und bekam wöchentlich Spritzen, um jene Allergie zu beseitigen. Stets ohne Erfolg. Also fand ich mich letztendlich damit ab, dass ich keine Früchte zu mir nehmen könnte. Bis ich von der grenzenlosen Macht des Geistes erfuhr. An dieser Stelle möchte ich darauf hinweisen, dass ich keinem Menschen empfehle, ärztliche Methoden gänzlich abzulehnen. Dennoch halte ich es für essenziell, sich der Macht des Geistes und der innewohnenden Selbstheilungskräfte bewusst zu werden.

Ich las seinerzeit also einige entscheidende Zeilen aus besagten Büchern, in denen logisch und klar vermittelt wird, dass eine solche Allergie nur ein Produkt des Geistes darstellt. Wie soll ich auf eine Frucht allergisch reagieren, die so wie ich selbst aus der Natur entspringt? Auf logischer Ebene betrachtet entspringen wir aus derselben Quelle. Also schien eine allergische Reaktion eher eine Einbildung von mir zu sein. Kein Wunder, nachdem meinem Unterbewusstsein über Jahrzehnte hinweg vermittelt worden war, dass ich ein „Allergiker" wäre, festigte sich diese Überzeugung in meinem Geist.

Parallel zu dieser Erkenntnis erfuhr ich von einem Experiment, welches mit Menschen, die an multipler Persönlichkeitsstörung leiden, durchgeführt wurde.

In jenem Versuch wurde bestätigt, dass die eine Persönlichkeit der Testperson allergische Symptome auf Früchte zeigte, während die andere überhaupt keine nachweisbare Symptomatik aufwies. Wohlgemerkt: bei ein und derselben Person! Keinerlei Symptome, in ein und demselben Körper. Darüber sollte man mal nachdenken. Das tat ich.

Dies war ein fundamentaler Moment meines Lebens. Nachdem ich mich in einen Zustand tiefer Ruhe begeben hatte und diese Wahrheiten in mir selbst akzeptierte, begann ich die Tafel meines Geistes neu zu beschriften. Ich verinnerlichte mir all diese Tatsachen und überzeugte mich selbst von der absoluten Wahrheit, dass ich keine allergische Reaktion auf Früchte zeigen könne, da dies ein Produkt falscher Denkweise gewesen sein muss.

Nachdem ich jene Technik mehrere Wochen wiederholt hatte und mir ganz sicher war, dass mein Unterbewusstsein die neuen Glaubenssätze voll akzeptierte und angenommen hatte, kaufte ich mir feierlich einen Apfel und eine Schale Erdbeeren.

Diesen Moment werde ich nie vergessen: Ich aß und hatte keinerlei allergische Reaktion.

Seitdem bin ich der größte Fan von Obst, den du dir nur vorstellen kannst. Jeden Tag genieße ich Früchte aller Art und staune noch immer täglich über die Macht des Geistes. Ich fühle mich stets wie im Schlaraffenland und entdecke Wunder um Wunder. Dies ist nur ein kleines Beispiel von vielen folgenden. Du darfst dich freuen!

Es ist dein Geist, der deine Welt erschafft!

Hintergründe

Ich möchte ganz easy beginnen. Ganz klar und logisch, um deinen Verstand an die Sprache meines Herzens zu gewöhnen.

In diesem ersten Kapitel geht es zunächst nur um deine Gedanken!

Wir erschaffen unsere eigene Welt tagtäglich durch unsere Gedanken.

Ganz viele Menschen konzentrieren sich heute intensiver auf die Fähigkeiten und Möglichkeiten ihres Smartphones als auf die Fähigkeiten und Möglichkeiten ihres Geistes!

Wenn jeder seinen Geist so sicher und genau bedienen würde wie sein Smartphone oder sein Navigationssystem im Auto, wären wir alle im Paradies! Und tatsächlich sind wir es auch schon jetzt – aber dazu später mehr!

Jeder Gedanke zeigt eine Wirkung.

Gedanken gehen allem voraus. Allem, was ein Mensch formt, erschafft, herstellt oder erfindet, geht zunächst ein Gedanke voraus.

Egal, ob es sich um eine Zeichnung, ein Musikstück, eine

Konstruktion, eine einfache Handlung oder um ein bestimmtes Vorhaben handelt. Allem gehen zunächst die entsprechenden Gedanken voran. Du denkst, du handelst!

Gedanken sind der Ursprung von jeder Handlung und jedem Ergebnis auf der materiellen Ebene. Jeder Gedanke trägt in sich, theoretisch und praktisch, den Drang zur Verwirklichung.

Dieser Drang ist von alleine vorhanden. Wir denken etwas und der Gedanke möchte verwirklicht werden. Dies geschieht vor allem durch unsere Überzeugung von der Wahrheit eines Gedankens. Halte es für wahr – und es ist wahr. So einfach ist das.

Du bist der Architekt deines Lebens!

Die Macht des Unterbewusstseins

Wie du wahrscheinlich weißt, sind wir in allem, was wir tun, zu ca. 90 Prozent unterbewusst gesteuert. Unser Bewusstsein besteht aus dem bewussten, gezielt gesteuerten und dem unterbewusst verankerten Denken. Du kannst dir dein gesamtes Bewusstsein wie ein mächtiges Kreuzfahrtschiff im Ozean deines Lebens vorstellen. Auf dem Deck des riesigen Schiffes stehst du mit deinem bewussten Denken und beobachtest den Weg deines Lebens. Tief unter dir verborgen sind die Maschinenräume, in denen unglaublich viele Antriebskräfte am Werk sind, die dein Schiff bewegen. Diese entsprechen deinem Unterbewusstsein.

Die Macht jenes Antriebs ist so groß, dass du ihn scheinbar zunächst nur sehr bedingt beeinflussen kannst. Dein Schiff besitzt die Kraft, dich überallhin zu steuern. Egal, ob es dich zu gefährlichen Klippen oder zu paradiesischen Gewässern lenkt. Nun liegt es an dir, deinem Schiff die entsprechende Richtung vorzugeben und den Verlauf deiner Reise zu bestimmen. Dein Unterbewusstsein ist weder schlecht noch heimtückisch. Es folgt lediglich den Anweisungen, welche ihm erteilt werden. Und jene Anweisungen entstehen durch deine Gedanken.

Wenn du davon ausgehst, dass deine Reise dich stets durch gefährliche Gewässer lenkt, wird dein Unterbewusstsein auch genau diesen Kurs einschlagen. Gibst du deinem inneren Antrieb allerdings bewusst und liebevoll die richtigen Befehle, wird er dich auch an dein gewünschtes Ziel lenken. Das Meer spielt dabei keine Rolle. Egal, ob es stürmt oder der Wind dreht. Die Richtung deiner Route wird stets von deinem Schiff bestimmt. Dein Unterbewusstsein ist 24 Stunden am Tag um dein Wohlergehen bemüht. Immer und überall. Erteile ihm bewusst die richtigen Anweisungen und wiederhole sie eindringlich. Du kannst diesen, in dir verborgenen, Teil deines Selbst sehr gezielt beeinflussen und anleiten.

Jeder Gedanke, der sich deinem Unterbewusstsein wiederholt einprägt, muss und wird von ihm verwirklicht werden. Entscheidend ist dabei das zugehörige Gefühl, welches die Kraft des Gedankens noch einmal deutlich verstärkt und ihm die entsprechende Power gibt.

Der Nährboden unseres Geistes

Wir alle leben, einfach gesagt, in vier verschiedenen Welten: in der physischen, der emotionalen, der mentalen und der spirituellen Welt. Alles, was du als Ergebnis in der physischen Welt erschaffen hast, fand seinen Ursprung in den anderen drei Welten. Ähnlich wie bei einer Pflanze entspricht der sichtbare Teil des Gewächses der physischen Welt. Der Keim, die Wurzeln und der nicht sichtbare Teil entsprangen allerdings deiner emotionalen, mentalen und spirituellen Welt.

Stelle dir hierzu deinen gesamten Geist einmal wie einen Garten mit sehr fruchtbarer Erde vor. Jeder Gedanke entspricht einem Keim, den du in die Erde pflanzt. Umso intensiver und öfter du einen bestimmten, dich erfüllenden Gedanken denkst und fühlst, desto eher wird daraus eine wundervolle und schöne Pflanze gedeihen.

Das funktioniert allerdings genauso bei jedem negativen Gedanken. Es liegt also bei dir, ob du den Garten deines Geistes mit wundervollen Orchideen oder mit Unkraut bepflanzt. Das Tolle dabei ist, dass du das Wiederholen deiner Gedanken wie das Gießen des Gartens verstehen kannst. Deine Liebe entspricht der Sonne. Deine Liebe entspricht an sich allem, aber auch dazu später mehr.

In dem Moment, in dem du aufhörst, einem negativen Gedanken Energie zuzuführen, wird er nicht weiter wachsen und du kannst ihn durch freudige Gedanken ersetzen. Somit kannst du die prachtvolle Schönheit deiner inneren Vielfalt an wunderschönen Blumen täglich vergrößern. Auch wenn du bis jetzt viele negative Keime gesät hast, kannst du von nun an ganz einfach beginnen, deinen Geist mit Schönheit zu erfüllen.

Ganz wie bei einer Pflanze, wird der Gedanke sich nicht über Nacht verwirklichen. Gib ihm Zeit. Habe Geduld und vertraue darauf, dass die Keime sprießen und sich wundervolle Blüten entfalten werden.

Du kannst jetzt damit beginnen!

Und hab keine Angst. In der Regel nimmt dein Unterbewusstsein einen Gedanken nach etwa 28 bis 90 Tagen an und somit hast du stets Zeit, dir deiner Gedanken bewusst zu werden und sie ganz gezielt in den Garten deines Geistes zu pflanzen.

Offene Tore

Es gibt zwei Momente im Verlauf deines Tages, in denen die Tore zum Unterbewusstsein besonders weit offen stehen. Morgens, nach dem Erwachen, und abends, vor dem Einschlafen. Es ist von großer Bedeutung, welche Gedanken zu jener Zeit gewohnheitsmäßig in deinem Geist vorherrschen. Schläfst du beispielsweise während eines Krimis vor dem Fernseher ein oder schaust dir die Spätnachrichten vor dem Schlafengehen an, wirst du mit ziemlicher Sicherheit besorgte, angsterfüllte oder beunruhigende Gedanken in dein Bewusstsein pflanzen. Das Gleiche gilt für den Morgen. Solltest du nach dem Aufstehen zunächst die aktuellen Katastrophenmeldungen und Krisenberichte aus der Wirtschaft oder dem Weltgeschehen durch die Zeitung oder aus dem Radio in dein Bewusstsein lassen, so sind die Auswirkungen auf dein Gesamtbefinden und damit auf dein gesamtes Leben weitreichender, als du vielleicht annimmst.

Deshalb ist es empfehlenswert, sich vor dem Einschlafen und nach dem Erwachen mit Gedanken der Liebe, der Freude, der Dankbarkeit und der Harmonie zu befassen. Egal, ob du meditierst oder dich mit den Gedanken deiner Wünsche befasst. Du kannst auch vor dem Einschlafen überlegen, für was du in deinem Leben dankbar bist. Nach dem Erwachen kannst du dich stets darauf konzentrieren, wie viel Liebe oder Luxus dich umgibt, dass du gesund bist, eine tolle Familie hast oder weißt, was du willst. Egal, was du in diesen Zeiten auch machst, achte darauf, dass du vor allem positive und konstruktive Gedanken in die Erde deines Bewusstseins streust.

Gerade zu dieser Zeit ist es sehr wichtig, sich gute Gedanken zur Gewohnheit zu machen. Anfangs mag es schwierig erscheinen, doch es ist nur eine Frage der Übung!

Alle Macht kommt von innen

> *„Unser Leben ist das Produkt unserer Gedanken."*
> (Marcus Aurelius)

Alle Macht kommt von innen. Jede Fähigkeit kann vergrößert, jede Eigenschaft kann verbessert werden. Du kannst Hirnareale ganz bewusst vergrößern, indem du ihre Aktivität durch Gedanken und stetige Wiederholung verstärkst.

Bei manchen neuen Gedankenmustern wird sich dein Verstand möglicherweise zunächst aufbäumen und dir sagen, dass es nicht möglich oder realistisch sei. Das ist völlig in Ordnung. Dein Verstand arbeitet nach den Erfahrungen, die er machte, und da versteht es sich von selbst, dass er sich zunächst gegen neue, große Träume und Visionen wehrt. Er analysiert und objektiviert.

Aber du bist der Dirigent deiner Gedanken. Also vermittle deinem Verstand im Falle des Zweifelns liebevoll, dass du genau weißt, was du da tust. Mir ist klar, das mag verrückt klingen, aber es ist eine tolle und effektive Methode. Dein Verstand ist nicht dein Feind. Genauso wenig wie dein Ego (darauf kommen wir später noch zu sprechen). Beide sind ein Teil von dir. Sie stehen nur oft etwas zu weit im Vordergrund oder werden falsch „bedient". Dennoch ist es sinnlos, sie komplett verbannen oder zwanghaft unterdrücken zu wollen. Kommuniziere harmonisch mit deinem Verstand und wiederhole deine neuen Denkmuster unbeirrt. Dein Unterbewusstsein ist stärker und somit wird dein Verstand nach gewisser Zeit auch das neue Muster annehmen und akzeptieren.

Ab dem Moment, in dem du die Funktionsweise dieser Gesetzmäßigkeiten voll und ganz verstanden hast, erlebst du eine tief greifende Erfahrung von Befreiung.

Ich möchte an dieser Stelle aber auch anmerken, dass jenes Wissen Selbstverantwortung mit sich bringt. Verantwortung für das eigene Leben – und zwar im wahrsten Sinne des Wortes.

Ich empfand dies als eine wundervolle Erfahrung der Selbstbestimmtheit!

In dem Moment, in dem du das schöpferische Gesetz deines Geistes verstehst, hörst du automatisch auf, anderen Menschen oder äußeren Umständen die Schuld für Abläufe in deinem Leben zu geben. Dir wird bewusst, dass äußerliche Begebenheiten niemals die eigentliche Ursache deines Erlebens sein können.

Der Gedanke, dass andere dein eigenes Glück bestimmen oder verringern können, oder die Ansicht, dass du gegen vermeintliche Konkurrenten kämpfen musst, um dich zu behaupten – all das und ähnliche Ansichten erweisen sich schlagartig als Unfug, indem du deine Gedanken als schöpferische Ursachen von allem erfasst.

Die Bibel umschreibt es in ähnlichen Worten:
„Denn wie ein Mensch in seinem Herzen denkt, so ist er."
(Sprüche 23,7)

Jesus, Buddha, Moses, Jesaja, Laotse und alle anderen erleuchteten Avatare und Propheten aller Zeiten verkündeten die gleiche Wahrheit. Erkenne die Liebe, verankere die Liebe, lebe die Liebe. Wie innen so außen, wie oben so unten, wie im Himmel so auf Erden. Auf jede Aktion folgt eine Reaktion, jede Ursache hat eine Wirkung. Ruhe und Bewegung sind zwangsläufig miteinander verbunden, so wie Eindruck mit Ausdruck oder Yin mit Yang.

Das Gesetz der Resonanz/das Gesetz der Anziehung

Eines der am meistbekannten Gesetze in der spirituellen Szene ist das Gesetz der Resonanz oder auch das Gesetz der Anziehung. Es besagt, dass Gleiches Gleiches anzieht und wiederum durch Gleiches verstärkt wird. Ungleiches stößt einander ab.

Dein persönliches Denken bestimmt dein Verhalten und das bestimmt wiederum deine gesamten Lebensumstände. Liebe zieht Liebe an. Angst und Zorn ziehen das Übel an.

Du bist also tatsächlich das, was du denkst. Du ziehst all das in dein Leben, was deinen täglichen Gedanken und Emotionen entspricht.

„Wir sind wie Musikinstrumente: Unsere Resonanz
hängt davon ab, wer uns berührt."
(Prof. Dr. Walter Moebius).

Es handelt sich hierbei um ein Naturgesetz. Du musst es weder analysieren oder verstehen noch nachvollziehen können, um danach zu leben. Ein Seemann hat vollstes Vertrauen in die Gesetzmäßigkeit der Navigation. Er erfand diese Gesetze nicht, er hat lediglich gelernt, sie zu nutzen. Die Gesetzmäßigkeit bestand schon vor ihrer Entdeckung durch den Menschen.

Das Gesetz ist auch nicht wählerisch oder von bösen Absichten getrieben. Wenn du in das Wasser springst, ist dir das Wasser schließlich auch nicht böse gesonnen. Es kann dich tragen, wenn du gelernt hast zu schwimmen, oder es kann dich ertrinken lassen.

Wenn ein Bauer einen Keim in die Erde pflanzt, weiß er, was er als Ernte erhalten wird. Er kann die genaue Ursache und den Hintergrund für das Wachstum der Pflanze nur sehr bedingt erklären, aber er weiß das Gesetz für sich zu nutzen. Und er weiß vor allem auch, dass er keine Kartoffeln ernten wird, wenn er Karotten säht – so simpel und abgedroschen der Vergleich auch sein mag.

Also wähle deine Gedanken mit Bedacht und sende täglich mindestens über 50 Prozent positive Gedanken aus. So stellst du sicher, dass du in deinem Leben eine glorreiche Ernte vorfinden wirst.

Das Erstaunliche ist, dass du nicht nur positive Menschen in dein Leben ziehst. Auf magische Art und Weise verknüpfen sich Umstände und Zuführungen, welche zu weiteren nicht planbaren Verkettungen von Begebenheiten führen, und am Ende darfst du staunend erkennen, dass scheinbar alles einer wundervollen Gesetzmäßigkeit folgt.

Den Ablauf wirst du nie planen können. Aber das Endergebnis kannst du in deinem Geist manifestieren. Lass dich überraschen.

Habe Vertrauen, schlafe nicht, beobachte wach und dankbar, was geschieht.

„Das, was in dir ist und dich vorwärts treibt, ist in den Dingen und Menschen, die du brauchst, und treibt sie zu dir."
(Wallace Delois Wattles – „The Science of Being Great")

Gedankenhygiene

Wir alle achten sehr genau auf unsere körperliche Hygiene. Es ist aber auch von größter Bedeutung, eine Form von gedanklicher Hygiene in seinem Geist zu etablieren. Es gibt Gedankenmuster, die dich unbewusst immer wieder herunterziehen. Hiermit ist der „Schmutz" gemeint. Nachdem Gedanken auch nur eine Form von Gewohnheit darstellen, egal, ob positiv oder negativ ausgerichtet, dürfte dir schnell klar sein, dass diese Gewohnheit deine täglichen Muster bestimmt. Die Gewohnheit ist eine nicht zu unterschätzende Macht.

Sie prägt dich und dein gedankliches Verhalten sehr intensiv. Das achtsame Beobachten der alltäglichen Gedankenmuster ist der Beginn der gedanklichen Hygiene.

Hierbei ist dein wichtigster Indikator das Gefühl. In dem Moment, in dem du ein dunkles, unangenehmes Gefühl in dir wahrnehmen kannst, wäre es sinnvoll, still zu werden, wahrzunehmen und in dich zu gehen. Ich spreche hier übrigens nicht zwangsläufig von Gefühlen wie Wut oder Trauer, denn solche Gefühle dürfen und sollen wir auch bewusst zulassen, durchleben und aufarbeiten. Es ist von essenzieller Bedeutung, dass du negative Gefühle und „Schatten" in dir nicht verdrängst, sondern sie wahrnimmst, anzunehmen lernst und sie letztendlich integrierst. Dazu später mehr.

Was ich im Fall der Gedankenhygiene meine, ist ein Gefühl, das eigentlich nicht zu dir passt. Wenn du achtsam bist und in dich gehst, wirst du schnell spüren, ob ein Gefühl angesehen werden will und soll oder ob es nur das Produkt eines falschen, negativen Gedankenmusters ist. Beispielsweise das ständige, gedankliche Kreisen um ein Problem, einen negativen Kommentar eines Arbeitskollegen oder um Situationen, die zwar schon vorbei sind, dich aber gedanklich noch „nerven".

Dann darfst du in der Stille beobachten, welcher Gedanke diesem Gefühl vorausging. Wenn du den Gedanken erfasst hast, darfst du tief durchatmen und verstehen, welche Erfahrung diesen Gedanken erschaffen hat. Oft sind es Erfahrungen aus der Kindheit, der Jugend oder aus äußerlich erschaffenen Bildern wie aus den Nachrichten oder den Medien.

Daraufhin folgt die Hygiene. Du kannst diesen negativen Gedanken nun ganz bewusst durch einen positiven ersetzen. Im Sinne
der Polarität gibt es zu allem ein Gegenteil, also gibt es auch zu
jedem negativen Gedankenmuster das entsprechende Gegenteil.
Diesen Gegenpol wählst du bewusst aus und richtest deine volle
Aufmerksamkeit darauf. Das entspricht der „Spülung" in deinem
Muster. Das klingt nun zunächst nach einem komplexen Prozess,
ist aber ganz einfach und funktioniert sehr bald wie von selbst.
Zu Beginn ist es allerdings mit Disziplin und Hingabe verbunden. Denke an die Gewohnheit. Wenn wir Autofahren lernen,
wirkt der gesamte Ablauf erst einmal sehr komplex und kompliziert. Nachdem die Abläufe sich aber zur Gewohnheit etabliert
haben, geschieht vieles fast wie von allein.

Ich selbst habe mich oft bei bestimmten Tätigkeiten im Alltag
damit befasst. Wenn du zum Beispiel Gemüse schneidest, deine
Wohnung putzt oder an einer Ampel stehst, werden unbewusst
bestimmte Gedankenmuster aktiv. Bei diesen Tätigkeiten kannst
du gut in dich gehen und dein Gefühl beobachten. Daraufhin
darfst du dir einmal bewusst werden, an was du gerade denkst
und in welche Richtungen sich deine Gedanken bewegen. Befasst
du dich unbewusst mit eventuellen Problemen in der Zukunft
oder mit unangenehmen Momenten der Vergangenheit (sei es der
„nervige Chef" oder der „unverschämte Kommentar" eines Bekannten), dann darfst du dir überlegen, ob dieser Gedanke nun

konstruktiv, also gut für dich ist oder nicht. Solltest du ähnliche, negative Muster der alltäglichen Gedanken in dir aufspüren, ist es sinnvoll, sie sanft und achtsam wahrzunehmen, um sie dann behutsam zu transformieren. Du darfst dich daraufhin also bewusst mit positiven Gedanken befassen und dich der Freude widmen. Wie das genau gelingt, erkläre ich dir später noch ganz genau.

Ich möchte hierbei noch einmal betonen, dass ich von den alltäglichen, gewohnheitsmäßigen Gedanken deines allgemeinen Tagesablaufs spreche. Wie schon gesagt: Gedanken der Wut oder der Trauer sollten nicht unterdrückt oder verdrängt werden.

Deine alltäglichen, „kleinen" Gedankenmuster (nennen wir es einmal „unnütze Sorgen") kannst du auf diese Weise ganz wunderbar transformieren und in die Liebe führen. Somit erhöhst du deine Empfindung von Freude und Glück für den gesamten Tag sehr intensiv. Nach dem Gesetz der Resonanz ziehst du dadurch natürlich auch wieder freudige und positive Situationen, Umstände und Menschen in dein Leben. Du erhöhst deine Schwingung und du sendest zwangsläufig gute Gedanken aus, weshalb du auch gute Umstände und Reaktionen anziehen wirst.

„Gotteskreis"

Auf diese Art und Weise entsteht das, was ich immer gerne als einen „Gotteskreis" bezeichne. Du kennst sicher Menschen, die scheinbar vom Pech verfolgt sind und sich ständig mit unangenehmen Situationen und negativen Menschen konfrontiert sehen. Sie denken die meiste Zeit negativ, erwarten Negatives und ziehen somit auch vieles davon an. Sie befinden sich also in einem klassischen „Teufelskreis".

Achtest du dagegen liebevoll auf deine alltäglichen Gedankenmuster und änderst sie im Sinne der gedanklichen Hygiene, kannst du einen „Gotteskreis" erzeugen. Es ist einfach ein Weg, der in die andere Richtung führt. Eine Glücksspirale, die dich stets weiter nach oben trägt. Und wenn du mit negativen Kleinigkeiten konfrontiert wirst, darfst du reflektieren, was deine gewohnheitsmäßigen Gedanken der letzten Minuten gerade getan haben. Oft gibt es auch kleine Signale, auf die du achten darfst. Immer, wenn mir etwas herunterfällt oder ich mich an einer Kante anschlage, überlege ich als Erstes, an was ich gerade gedacht habe.

Du wirst erstaunt sein, wie synchron solche Abläufe sind, wenn du sie bewusst und achtsam beobachtest und wahrnimmst.

Gedankenhygiene von „außen"

Alles, was du über deine Sinne wahrnimmst, beeinflusst dich, auch wenn du es nicht bemerkst. Deine Sinne sind ununterbrochen aktiv. Alle Informationen speichern sich unbemerkt in deinem Unterbewusstsein ab und prägen deine Realität.

Deshalb ist es enorm wichtig, was du in dein Bewusstsein lässt. Ich möchte niemandem vorschrieben, was er zu tun hat. Das ist nicht meine Aufgabe. Ich werde dir einfach ein paar simple Fragen stellen und du darfst dir durch deine Antworten selbst ein Bild machen.

Was denkst du? Wenn ein Mensch direkt nach dem Aufstehen im Radio von Kriegsszenarien, Naturkatastrophen und brutalen Morden erfährt, sich dann duscht und daraufhin in der Zeitung von Wirtschaftskrisen und anstehenden Börsencrashs hört, welche Auswirkung könnte das auf sein Bewusstsein und somit auf seine alltäglichen Gedanken bzw. sein Befinden haben? Wie schnell kann er nun Gedanken der Liebe aktivieren und verstärken? Wenn jener Mensch über den Tag verteilt siebenmal dieselben, angsteinflößenden Nachrichten über sein Radio, die Zeitung oder sein Smartphone vermittelt bekommt, welche Auswirkung könnte das auf sein gewohnheitsmäßiges Denken haben?

Was denkst du?

Fällt es einem solchen Menschen leicht, voller Liebe und Glück nur an das Gute in seinem Leben zu glauben, oder könnte es sein, dass er eher anfällig für Angst und Panik ist?

Wenn ein Mensch sich am Abend Filme über Vergewaltigung, Betrug, Mord oder Missgunst ansieht, welche Auswirkungen könnte dies auf seine Bewertung der Realität haben? Und was könnte wohl in seinem Unterbewusstsein geschehen, wenn derselbe Mensch nun auch noch regelmäßig vor dem Fernseher einschläft und die negativen, hasserfüllten oder verängstigten Stimmen der Schauspieler in Kombination mit dramatischer Filmmusik in sein Bewusstsein sickern lässt? Was wäre, wenn diese Abläufe sich über Jahre und Jahrzehnte wiederholen und die Menschen sich zusätzlich noch im Freundeskreis über all diese Themen unterhalten und ihre eigene Sorge und Angst schüren?

Was wäre, wenn wir diesen Ablauf drehen würden?

Wie würde sich ein Mensch fühlen, wenn er nach dem Aufstehen zunächst einmal tiefe Liebe, Frieden, Freude und Harmonie empfindet, diese verstärkt und sich darauf konzentriert? Wenn er für all die Fülle, den Luxus, die Sicherheit, das Essen, die Chancen, die Liebe und das Glück aufrichtige, tiefe Dankbarkeit spürt?

Wie würde sich der Mensch wohl weiterhin fühlen, wenn er sich nach dem Duschen auf das konzentriert, was ihm gefällt, was er erreichen möchte und was ihn glücklich macht? Wie würde es sich für ihn anfühlen, wenn er sich auf all das Gute in dieser Welt konzentriert und seine glücklichen Gefühle nach außen sendet?

Was würde nun mit seinem Bewusstsein geschehen, wenn er das Radio aus lässt und stattdessen erhebende Musik hört, die ihn beschwingt und zu noch mehr Freude führt? Wie wäre der Einfluss auf seine Umwelt, wenn er sich nun noch gezielter auf die Liebe in und um ihn konzentriert und diese den ganzen Tag verbreitet? Was wäre, wenn jener Mensch nun auch noch seinen Abend mit Gedanken voller Dankbarkeit und Frieden verbringt, wenn er sich gezielt auf Harmonie fokussiert und voller Zufriedenheit mit einem „Danke" auf den Lippen einschläft?

Was denkst du?

Würde sich in seinem Bewusstsein etwas verändern?

Ich überlege mir sehr genau, ob ich mich an Gesprächen über Themen der Angst wie Wirtschaftskrisen oder Kriegsbeschwörungen beteilige. Selbst das Lesen von bestimmten Posts über Facebook wäge ich sehr genau ab. Schon das Lesen von bestimmten Artikeln beeinflusst dein Denken und somit auch dein Bewusstsein.

Es geht nicht darum, sich nicht informieren zu wollen oder Themen zu verdrängen, sondern darum, bewusst zu wählen, welchen Dingen ich meine Aufmerksamkeit und somit auch meine Energie schenke. All den Themen, welchen du deine Aufmerksamkeit widmest, führst du zwangsläufig Energie zu. Beteiligst du dich an einer hitzigen Diskussion über Kriegspropaganda, führst du dem Thema Krieg und der damit verbundenen Angst Energie zu. Das Befassen mit Lösungsansätzen und dem Thema Frieden nährt dagegen den Energiefluss in die Richtung des Friedens, der Liebe und der Harmonie. Mutter Teresa sagte zu diesem Thema einmal sehr treffend: „Ich werde nie auf eine Antikriegsdemo gehen. Zu einer Friedensdemo können Sie mich aber gerne einladen!"

Das ist ein sehr gutes Beispiel für die gezielte Wahl dessen, auf was man seinen Fokus richten möchte. Anscheinend haben beide Demos dasselbe Ziel, allerdings ist der Zufluss der Energie ein entgegengesetzter. Es geht darum, für etwas zu sein, nicht gegen etwas. Befasse dich mit Lösungen statt mit Problemen. Mit Liebe statt Angst.

Deshalb habe ich meinen Fernseher verbannt, höre selten Radio und überlege mir sehr genau, auf welche Themen ich meinen Fokus richte. Ich informiere mich, aber ich muss nicht in Informationen ertrinken. Sehe ich mich mit negativen Themen konfrontiert, nehme ich diese bewusst wahr und fokussiere mich auf das, was ich wirklich will! Liebe!

Achte auf deine Worte

Nachdem jedes gedachte und gesagte Wort potenzielle Schöpferkraft in sich trägt, ist es von entscheidender Bedeutung, auf die eigenen Worte zu achten. Natürlich darfst du dich auch einmal ärgern, aber ich empfehle dir, deine gesprochenen Worte bewusst zu wählen.

In unserer Gesellschaft sprechen viele Menschen den ganzen Tag von Dingen, die sie nicht mögen. Viele Menschen lästern, ärgern sich über Medienberichte oder sprechen sehr häufig von ihrer Wut, Enttäuschung oder Angst. Nachdem jedes Wort auch eine Schwingung enthält, ist es entscheidend, wie du dein Sprechen gestaltest.

Halte dich nach Möglichkeit aus unnützen Lästereien, sinnlosen Streitgesprächen und Debatten über Zukunftsängste heraus. Konzentriere dich in deinen Worten lieber auf das, was du willst: auf Frieden, Liebe, deine Träume, deine Visionen und deine Wünsche. Achte auf deine Worte, denn aus deinen Worten erschaffst du mehr, als du zu denken vermagst.

Finde in dir selbst die Macht

Sobald du verstanden hast, dass alle Macht in dir selbst liegt, beginnt ein neues Leben. Du darfst begreifen, dass du kein Opfer bist. Du bist deinen Lebensumständen nicht ausgeliefert, um auf sie zu reagieren. Du darfst die Ursache in deinem Geist festlegen und die Wirkung im Außen beobachten. Manchmal wird es Momente geben, in denen du die äußeren Wirkungen nicht gleich verstehen oder nachvollziehen kannst, aber du darfst darauf vertrauen, dass sie von dir erschaffen wurden. Mit etwas Übung wird dir schnell klar, wie du diese Wirkungen zu deuten hast. Lebe selbstbestimmt! Erkenne deine Schöpferkraft!

Zu Beginn mag das ungewohnt sein, aber was gibt es Schöneres, als ein wirklich selbst bestimmtes Leben zu führen?

Du darfst deinen Weg wählen! Du darfst deine Gedanken gezielt auf das ausrichten, was du möchtest, und du darfst staunend beobachten, wie es sich nach und nach vor deinen Augen manifestieren wird. Nicht über Nacht, aber mit jedem Tag ein wenig klarer und deutlicher.

Habe Vertrauen! Das Leben zeigt dir den Weg. Das Leben führt dich zu den schönsten Erkenntnissen.

Das Leben leitet und liebt dich.

Wähle deine Gedanken mit Bedacht und genieße die Show.

Es ist die Show deines Lebens!

Songtext

Spirit

Spirit – find in dir selbst die Macht.
Es ist dein Geist, der deine Welt erschafft.
Aus einem Tropfen Weisheit wird ein Meer gemacht
und der mächtigste Gedanke wird im Herz gedacht.
Spirit – entflamm Glanz auf dunklen Wegen,
aus Gedanken und Gefühlen entspringt die Macht in unsrem Leben.
Vergib jedem seine Schuld und du erschaffst deinen puren Segen.
Alles zu verstehen bedeutet, alles zu vergeben.
Im Bestreben, Glück und Frieden außerhalb zu finden,
sucht man überall, aber schaut fast nie nach innen.
Blick in dich, folg der Liebe und bewahr das Licht.
Sie ist ein Antiseptikum gegen mentales Gift.

Pre-Chorus:
Du hältst das Licht in deinen Händen,
denn das Königreich des Glücks befindet sich im eignen Denken.
Es ist entscheidend, dass ich Gutes in Gedanken form,
denn auch ein Mammutbaum entsteht aus einem Samenkorn!

Chorus:
Spirit – find in dir selbst die Macht.
Es ist dein Geist, der deine Welt erschafft.

Aus einem Tropfen Weisheit wird ein Meer gemacht
und der mächtigste Gedanke wird im Herz gedacht!

Der Weg Richtung Himmel ruht auf reinem Vertrauen,
folg dem Gipfel und träum niemals ein` kleinen Traum.
Denke groß, fühl die Stärke und beschließ deine Wahl,
lass dann los, versetz Berge und – sieh durch das Tal.
Mal Gemälde aus Gedanken und erkenn deine Vollkommenheit,
durchdring die Schatten der noch nicht geborenen Zeit.
Entwirf große Visionen, setz ein` Fuß in das Licht,
folg dir selbst – und was du suchst, findet dich!
Der Glaube an dich vertreibt Angst und die Leere
verleiht glanzvolle Stärke und erschafft große Werke.
Auch der kleinste Keim gedeiht und treibt mit Kraft durch die Erde.
Der Geist erschafft die Materie!

Pre-Chorus:
Du hältst das Licht in deinen Händen,
denn das Königreich des Glücks befindet sich im eignen Denken.
Es ist entscheidend, dass ich Gutes in Gedanken form,
denn auch ein Mammutbaum entsteht aus einem Samenkorn!

Chorus:
Spirit – find in dir selbst die Macht.
Es ist dein Geist, der deine Welt erschafft.
Aus einem Tropfen Weisheit wird ein Meer gemacht
und der mächtigste Gedanke wird im Herz gedacht!

Es ist egal, ob der Wind dreht,
es sind stets nur die gesetzten Segel, die uns sagen, wo es hingeht.
Du findest den Weg blind zu Kisten voll Gold,
nicht Erfolg bringt dir Glück, sondern Glück den Erfolg.
Folg dem Himmel – auch wenn du schreist und fällst,
und vor allen Dingen – sei du selbst! (Sei du selbst)
Lausch der Stille und erwache – mit all deinen Sinnen.
Denn alle Macht kommt von innen!

Pre-Chorus:
Du hältst das Licht in deinen Händen,
denn das Königreich des Glücks befindet sich im eignen Denken.
Es ist entscheidend, dass ich Gutes in Gedanken form,
denn auch ein Mammutbaum entsteht aus einem Samenkorn!

Chorus:
Spirit – find in dir selbst die Macht.
Es ist dein Geist, der deine Welt erschafft.
Aus einem Tropfen Weisheit wird ein Meer gemacht
und der mächtigste Gedanke wird im Herz gedacht!

(Aus dem Album „Spirit" von SEOM)

Praxisaufgaben

1. Aktivierung

Die erste Aufgabe dieses Buches mag zunächst einfach erscheinen, dennoch fordert sie die meisten Menschen zu Beginn etwas heraus. Übe dich in der Wahrnehmung deiner Gedanken und anschließend in der behutsamen Anwendung von Gedankenhygiene!

Der erste Schritt besteht darin, deine automatisierten Gedankenmuster zu erkennen. Natürlich musst du nicht jeden Gedanken analysieren. Bei ca. 60 000 Gedanken am Tag wäre das auch ein sehr schwieriges Unterfangen. Beginne einfach bei deinen kleinen, alltäglichen Aufgaben. Was denkst du, wenn du unter der Dusche stehst? Welche Gedanken beschäftigen dich, während du an einer Ampel wartest? An was denkst du vor dem Einschlafen?

Sobald dir sich wiederholende, negative Gedankenmuster auffallen, darfst du reflektieren, ob diese Gedanken konstruktiv, also gut für dich und dein Leben sind oder nicht.

Sind sie es nicht, dann mache dir bewusst, woher diese Gedanken kommen, und ersetze sie durch positive, freudige und erhebende Gedanken! Mach dir bewusst, was du möchtest, was du wirklich liebst und was dich glücklich macht. Sobald du es weißt, konzentrierst du dich darauf, sobald dir auffällt, dass du dich wieder mit unnützen, dich bremsenden Gedanken befasst.

Das mag simpel klingen, ist zu Beginn aber eine mentale Höchstleistung.

Verzweifel nicht und mache einfach weiter. Die Macht der Gewohnheit wird dir helfen und dein göttlicher Verstand wird dich sehr schnell darin unterstützen, erhebende und liebevolle Gedanken in deinem Geist zu etablieren. Dein Herz wird jubeln!

2. Zur Vertiefung

Nachdem du die erste Aufgabe einige Tage lang verinnerlicht hast, ist es an der Zeit, deine Gedankenmuster dauerhaft zu ändern. Der Trick besteht für mich darin, mir stets vor Augen zu führen, dass meine Gedanken mein Leben bestimmen. Unter diesem Aspekt fällt es dir leichter, dich auf das scheinbar so belanglose Denken zu konzentrieren.

Nutze deinen Verstand und erinnere dich täglich so oft wie möglich daran, auf deine Gedanken zu achten und diese positiv zu transformieren. Das heilige Mittel der Dankbarkeit wird dir hierbei helfen. Versuche, deine Gedanken mit Dankbarkeit zu füllen, und verankere sie in deinem Herzen. Deine Emotionen werden dir hierbei immer den richtigen Weg weisen. Wenn sich der Gedanke gut anfühlt und du erfüllt bist, dann denkst du auch richtig. Bist du missmutig, genervt oder gestresst, gilt es, deine Gedanken zu reflektieren und etwas zu ändern.

Nach etwa 28 Tagen verankert sich deine „neue Art zu denken" in deinem Unterbewusstsein und du bekommst einen großen Schub an Kraft. Ab diesem Zeitpunkt unterstützt dich nämlich das System deiner eigenen Gewohnheit. Wie du weißt, musst du beim Fahrradfahren nicht darüber nachdenken, welches Bein du wie bewegen musst. Ähnlich verhält es sich mit deinem Denken. Du wirst durch die neuronale Verknüpfung in deinem Gehirn automatisch schneller auf Positives aufmerksam und somit auch liebevoller denken.

Dennoch ist das Beachten der täglichen Gedanken ein stetiger Prozess. Sobald du dich gut fühlst, ist alles in bester Ordnung, aber sobald du negative Gefühle wahrnimmst, empfehle ich dir, dein Denken zu reflektieren und zu beobachten, ob dein schlechtes Gefühl vielleicht nur durch einen „unüberlegten" Gedanken verursacht wurde.

Ich wünsche dir viel Freude und Erfolg bei dieser ersten Aufgabe!

KAPITEL 2

BERUFUNG

Folge deinem
himmlischen Ruf

Meine persönliche Geschichte

Mein Vater sagte einmal zu mir: „Kind, du musst dein Leben aus dem Holz schnitzen, das du hast, auch wenn es krumm und verzogen ist" – und weiß Gott, es war krumm und verzogen!

Ich hörte einmal eine Geschichte. Sie ging in etwa so: *Es war einmal ein junger Baum. An diesem Baum kam ein frustrierter, alter Mann vorbei. Jener Mann zweifelte am Sinn des Lebens. Frustriert und deprimiert, wie er war, nahm er einen dicken Steinbrocken und legte ihn dem jungen Baum mitten auf die Blattkrone und dachte gehässig: „Soll auch er sehen, wie er damit fertig wird!" Der junge Baum versuchte, die Last abzuwerfen. Er wiegte sich im Wind und schüttelte seine junge Krone. Doch – vergebens.*

Genauso habe ich mich viele Jahre lang gefühlt. Jahrelang hatte ich das Gefühl, eine riesen Last auf meinen Schultern tragen zu müssen!

Meine Lehrer sagten: „Aus dir wird nie etwas werden. Du bist vielleicht ein Früchtchen ..." Also dachte ich mir, ich sei ein Früchtchen, aber kein Baum. Ich dachte, dass mit mir etwas nicht stimme und dass ich vielleicht wirklich nie erblühen würde. Zum Glück dachte ich das nur für sehr kurze Zeit.

Man sagte mir, ich träume zu viel, ich sei nicht normal und wirke auf die Lehrer manchmal wie von einem anderen Stern. Ständig hörte ich, dass ich zu weit entfernt, zu sensibel oder zu feinfühlig sei. Auf die Idee, dass das eine wundervolle Gabe ist, kam zu dieser Zeit fast niemand!

Einige Jahre lang saß ich sogar bei einem Schulpsychologen, weil man davon ausging, dass mit mir etwas nicht in Ordnung wäre, nur weil ich anders dachte und das Recht beanspruchte, in meiner eigenen Welt zu leben und zu meiner eigenen, ganz persönlichen Blüte reifen zu wollen.

Wie sagt mein kleines Vorbild Pippilotta Viktualia Langstrumpf doch immer so schön: „Sei frech und wild und wunderbar!"

Nun, frech und wild war ich schon mal. Nur, dass ich wunderbar bin, das musste mir erst noch richtig bewusst werden.

Auch im Freundeskreis erlebte ich es ähnlich. Ich wollte immer Texte und Songs schreiben, um den Menschen meine Gefühle und Wahrnehmungen zu vermitteln.

Meine Freunde sagten in den ersten Jahren oft: „Lass es lieber, dir fehlt das Talent!" Doch ich habe mich entschlossen zu wachsen. Sag mal einem Baum, ihm fehle das Talent, das Talent, um zu wachsen. Der lacht dich aus! Mit seinem gesamten Wald! Zumindest würde er das tun, wenn er nicht so majestätisch still mit Wachsen beschäftigt wäre.

Aber wir, wir schaffen es irgendwie, mit dem Wachsen aufzuhören! Wir lassen uns einreden, dass wir nicht weiter wachsen könnten wegen „diesem oder jenem", wegen des einen oder anderen Grundes.

Wie soll denn auch etwas aus einem werden, wenn man ein Baum sein will und die Umgebung ständig sagt, man solle lieber ein dünner Grashalm auf einer riesengroßen Wiese sein?

Ich wollte kein dünner Grashalm bleiben. Ich wollte wachsen. Nachdem ich bereits mit 16 Jahren erste Demoalben geschrieben hatte, entschloss ich mich, einen Schritt weiterzugehen und in einem Tonstudio ein echtes Album aufzunehmen. Wie es die Zuführung wollte, fanden mich die richtigen Personen und schnell konnte ich meinen ersten kleinen Traum erfüllen. Ich hatte mein erstes Album. Meine eigenen 500 CDs. Leider interessierte sich fast niemand dafür. Also stand ich vor etwa 450 unverkauften Alben und einem Berg Schulden. Das war sehr frustrierend. Und was habe ich gemacht? Richtig, ich entschloss mich, weiterzuwachsen. Ich machte einfach weiter. Trotz Schulden und trotz vieler negativer Kommentare.

Jeden Tag habe ich Songs geschrieben und nebenbei bis zu elf
Stunden im Einzelhandel oder in anderen Jobs gearbeitet. Ich
habe meine Songs während der Arbeit auf kleinen Papierzetteln
notiert. Beim Regaleeinräumen, an der Kasse und in jedem Moment, in dem mir neue Ideen kamen, habe ich meine Zettelwirt-
schaft aus der Hose geholt und alles notiert, was durch meine
Kanäle floss. Zum Leidwesen mancher Kunden ...

Ich hatte damals sehr wenig Geld. In manchen Monaten konnte
ich mir nur Leitungswasser und Reis leisten. Reis zum Mittag-
und zum Abendessen, zwei Wochen am Stück. Aber der Punkt
ist, dass ich neben all dieser Belastung niemals vergessen habe,
was ich will.

Ich gründete eine kleine Band mit einem guten Freund und wir
feierten erste Erfolge. Durften in Berlin auf eine kleine Tour gehen und gewannen Wettbewerbe von Radiosendern. Nach etwa
zwei Jahren löste sich die Band auf, meine Bandmitglieder zogen
in eine andere Stadt und machten alleine Musik. Ich war wieder auf mich selbst gestellt. Ohne Plattenfirma, ohne Studio und
ohne Gleichgesinnte. Ohne eine Idee, wie ich weitermachen sollte. Aber ich wusste noch immer, was ich wollte. Ich wusste, wo
ich einmal hin wollte. Also habe ich mir ein Mikrofon für 200
Euro gekauft und begonnen, meine Songs im Wohnzimmer aufzunehmen. Jeden einzelnen Tag! Elf Stunden arbeiten, schreiben

und bis morgens aufnehmen. Täglich von vorne. Ich fing an, meine Alben gratis im Internet anzubieten, da ich es mir nicht mehr leisten konnte, erneut CDs pressen zu lassen.

Die einzigen Konzerte, die ich in meiner Kleinstadt geben konnte, fanden in einem Jugendzentrum vor ca. 50 Personen statt. Ich liebte diese Auftritte. Schon früh spürte ich, dass es meine Aufgabe ist, die Herzen der Menschen zu öffnen, und bei diesen Konzerten konnte ich genau das tun, von Angesicht zu Angesicht. Einmal im Jahr konnte ich die Menschen mit meinen Texten persönlich erreichen und sichtlich berühren, auch wenn es nur 50 Menschen waren. Diese Momente waren mir heilig.

So verging Jahr für Jahr. Album für Album. Ich machte mein Abitur nach und schrieb meine Alben. Ich machte mein Staatsexamen zum Logopäden, um nebenbei nicht nur Schuhe verkaufen zu müssen. So konnte ich meine Affinität zur Sprache weiter ausbauen und erweitern. Nebenbei schrieb ich wie verrückt. Über zehn Jahre lang habe ich Album um Album erschaffen. Mal am Rande erwähnt: zehn Jahre sind lang!

Nach und nach sagten mir die meisten, dass ich es nicht schaffen würde, mit Inhalten wie meinen, in der Musikindustrie erfolgreich zu sein. Man sagte mir ständig, meine Texte seien zu komplex oder nicht simpel genug, um in die Charts zu kommen. Ich ignorierte all diese Aussagen und folgte weiter beharrlich meiner Vision, meinem Traum, meinem Herzenswunsch.

Etwa 15 Jahre nach meinem ersten Song studierte ich dann intensiv jene Bücher von meinem Großvater, von denen ich im vorherigen Kapitel sprach. Das erste Buch handelte von der Macht des Unterbewusstseins, der Kraft der Gedanken und von der Energie des Kosmos. Ich studierte diese Bücher bis ins Detail, fühlte nach und nach, wer ich wirklich bin, und erfuhr mich erstmalig auf tiefer Ebene selbst. Ich sprach mit geistigen Lehrern, kaufte mir weitere Bücher und tauchte immer tiefer in die Materie ein. Mein Leben veränderte sich dadurch radikal. Zuvor war ich oft frustriert und traurig wegen meines scheinbaren Misserfolges. Nun erkannte ich Zusammenhänge und fing an, meinen Geist nach dem neu erlangten Wissen auszurichten. Ich war erfüllter, optimistischer und glücklicher als je zuvor in meinem Leben.

Ich erlebte eine Verbundenheit und Anbindung mit dem Leben selbst wie nie zuvor. Ich spürte plötzlich, wo ich herkam. Ich fing an, mich zu erinnern! Außerdem erkannte ich die synchronen Ereignisse meiner Vergangenheit, die durch das neue Wissen plötzlich einen tiefen Sinn ergaben. Also entschloss ich mich, genau jenes Wissen durch meine Musik zu transportieren und den Menschen durch meine Worte zu vermitteln.

Neben diesem Entschluss konzentrierte ich mich auf alle Erkenntnisse, die ich durch so viele Bücher verinnerlicht hatte. Ab
diesem Zeitpunkt geschahen magische Dinge. Ich wurde von
einer Plattenfirma entdeckt, unter Vertrag genommen und kam
innerhalb kürzester Zeit mit allen Menschen in Kontakt, die ich
brauchte, um meinen Traum zu verwirklichen. Später werde ich
es dir ausführlicher erklären.

Der Punkt ist, dass ich niemals aufgegeben habe. Ich habe meine
Vision nicht aus den Augen verloren und habe stets an meinen
Traum geglaubt. In jedem noch so schweren Moment.

Kannst du dich an die Geschichte des jungen Baumes erinnern?

An den alten, frustrierten Mann, der einen Steinbrocken nahm
und dem jungen Baum mitten auf die Blattkrone legte?

*Der Baum wiegte sich im Wind und schüttelte seine junge Krone.
Doch – vergebens. Also begann er, tiefer und fester in den Boden
zu wachsen, um stärker und kräftiger zu werden. Er schlug seine
Wurzeln immer tiefer in die Erde und verband sich so immer tiefer
mit ihr. Und wirklich: Seine Wurzeln erreichten neue, kraftspen-
dende Wasseradern. Die Kraft des Wassers aus der Tiefe und die
der Sonne vom Himmel machten ihn zu einem außerordentlich
starken Baum, der auch den Stein im Weiterwachsen mittragen*

konnte. Nach Jahren kam der alte, frustrierte Mann wieder, um nach dem Baum zu sehen. Da sah er einen besonders hohen, wunderschönen Baum und in der Krone trug er den Stein. Und wie er sich im Wind neigte, schien der Baum dem Mann zu sagen: „Ich muss dir danken! Die Last hat mich über meine Schwäche hinauswachsen lassen."

Hintergründe

In dir ruht die Unendlichkeit. In dir ruht die Magie der gesamten Schöpfung!

In jedem von uns liegt etwas Magisches, etwas Wundervolles und etwas wahrhaft Einzigartiges! Auch in dir!

Du bist auf diese Welt gekommen, um zu erblühen.

Jede Pflanze, jedes Tier und jede Lebensform erfüllt diesen einen Zweck. Sie erblüht, sie wächst und sie entfaltet sich zur größtmöglichen Vollendung ihrer selbst – sie gedeiht in Perfektion.

Es handelt sich hierbei um einen kosmischen Instinkt, einen universellen Urinstinkt.

Du bist mit einer Bestimmung geboren, mit einem göttlichen Talent gesegnet und mit einer himmlischen Aufgabe betraut. Finde sie. Und dann – lebe sie!

Folge deinem himmlischen Ruf. Manifestiere deinen Traum! Beschreite deinen Weg, deinen eigenen Pfad zur persönlichen Erfüllung. Warte nicht. Beginne. Jetzt!

Warte vor allem nicht darauf, dass sich deine Umgebung ändert, bis du zu handeln beginnst oder dein Verhalten änderst. Beginne, dein Verhalten jetzt zu ändern und entschlossen zu handeln, dann wird sich deine Umgebung auf zauberhafte Weise zu deinen Gunsten verändern.

Du wurdest dieser Welt gesandt, um dich voll und ganz zu entfalten, um zu strahlen und zu erblühen. Wachse, gedeihe, erblühe und erstrahle! Dir steht nichts im Wege, niemand – außer dir selbst.

Es ist an der Zeit, deine wahre Größe zu erkennen. Nicht nur zu erkennen, sondern wahrhaft anzuerkennen. Und wenn dir irgendjemand in deinem Leben sagte, dass du klein bist oder etwas nicht kannst, dann vertraue darauf, dass er sich irrte! Du bist nicht klein! Du darfst lernen, deine wahre Größe zu leben. In dir liegt etwas, das gelebt werden will. Jede Faser deines Seins ruft danach. Werde still und lausche. Kannst du es hören? Der Himmel ruft dich! Er möchte sich durch dich manifestieren. Jedes noch so kleine Teil in diesem Universum ruft nach dir und jedes noch so kleine Teil dieses Universums wird dir helfen. Der gesamte Kosmos wird Himmel und Erde in Bewegung setzen, um dir zu helfen. Vertraue! Deine Zukunft wird golden sein, wenn du loslässt, beginnst und vertraust.

Die Einzelheiten und Möglichkeiten werden sich ergeben. Der Weg wird sich dir entfalten. Umstände, Menschen und Begebenheiten werden arrangiert werden, um deine Träume in der sichtbaren Realität zu manifestieren!

Folge dem Ruf deines Herzens. Folge deinem himmlischen Ruf, dessen Klang die Göttlichkeit in deinem Innern erschuf.

„Wenn sie lieben, was sie tun, hilft ihnen das
mehr von dem tun zu können, was sie lieben."
(John F. Dermatini)

Folge deinem inneren Ruf! Folge dem, was dich wirklich bewegt, was du wirklich liebst.

Du hast das Recht darauf, in jeder Beziehung glücklich und zufrieden zu sein. Es ist lediglich deine Entscheidung. Glück ist eine Frage der geistigen Einstellung. Es klingt banal und einfach.

Und genau das ist es auch. Es ist an sich wirklich einfach.

Vielleicht scheitern viele Menschen an genau diesem Grund auf der Suche nach dem Glück. Sie können einfach nicht glauben, dass sich das Tor so einfach öffnen lässt. Sie denken vielleicht, man müsste jahrelang Yoga praktizieren, meditieren, alte Sünden aus vergangenen Leben reinwaschen, sich Steine um den Hals hängen oder mystische Praktiken anwenden.

Jedoch liegt der Schlüssel zum Tor des Glücks so nahe – er liegt direkt in dir.

Es ist verblüffend einfach und einfach verblüffend!

Natürlich musst du etwas Mut und auch eine notwendige Portion Disziplin aufbringen –, aber im Kern, in der Quintessenz, ist es einfach.

Wachse einfach und gib dich dem Urinstinkt des Universums hin!

Erblühe und gedeihe!

Deine Seele birgt eine Goldader! Du bist von einem unergründlich tiefen und endlos weiten Nährboden unschätzbarer Reichtümer umgeben.

Von der mächtigsten, glanzvollsten nur vorstellbaren Kraft.

So wundervoll, dass sie kaum in Worte zu fassen ist. Dennoch werde ich es versuchen.

Du bist hier, um körperlich, geistig und seelisch zu erblühen, und du hast ein unwiderlegbares Grundrecht auf alles, was dir den Sinn deines Lebens erfüllen hilft.

Also nimm dein Grundrecht in Anspruch und beginne zu wachsen!

Wachse nach oben – der Weg nach oben ist frei!

Wir Menschen reden sehr gerne darüber, was alles nicht geht, warum manches nicht möglich ist, wer uns bremst und was uns im Wege steht.

Doch manchmal wäre es vielleicht sinnvoll, in solchen Momenten zu schweigen und sich auf sein Gedeihen und Erblühen zu fokussieren.

Hör auf zu zweifeln – hör auf, dich zu beschweren – werde still und wachse!

„Jetzt und hier" statt „wenn und aber"

Viele Menschen laufen durch ihr Leben und machen sich etwas vor. Sie sagen sich selbst, dass sie keine speziellen Ziele oder Wünsche, Visionen oder Träume hätten. Sie geben sich mit dem „Normalen" zufrieden und verdrängen ihre immer wieder auftauchenden und flüsternden Sehnsüchte.

Es wirkt fast so, als ob viele von uns schlafwandeln würden. Wache auf!

Blockiere dich nicht selbst, indem du deine Sehnsüchte und Träume unterdrückst. Blockiere dich niemals, indem du dich kleinredest oder deine Träume als unrealisierbar betrachtest.

Unmöglich ist nur das, was du selbst für unmöglich hältst.

Es gibt so viele Dinge, Orte, Menschen und Erfahrungen, die auf dich warten. All diese Dinge werden leider allzu oft mit einem Wort begraben: aber!

Verbanne dieses Wort aus deinem Geist.

Wie oft sagtest du schon zu dir: „Ich würde ja meine Träume leben, aber …!", „Ich würde ja meiner Berufung folgen, aber …!",

„Ich würde mein Leben komplett neu ausrichten, aber …!"

Aber! Dieses Wort macht dich klein. Es bringt dich dazu, aufzugeben und nicht an dich zu glauben. Es rechtfertigt scheinbar all deine Ängste und es bringt dich dazu, nicht wirklich mutig und großartig zu handeln. Es veranlasst dich sogar dazu, echte Chancen nicht wahrzunehmen. Ein „Aber" findet sich in jeder Situation.

Streiche dieses Wort aus deinem Denken und beginne, Möglichkeiten ohne „Wenn und Aber" zu sehen. Fange an, deine Möglichkeiten anzuerkennen und sie auszumalen. Bitte setze Erfahrungen aus der Vergangenheit niemals mit deinem Charakter oder deiner Möglichkeit gleich. Ja, du hast vielleicht einmal versagt, doch du bist kein Versager! Sage dir nicht, dass du es versucht hast, aber …! Das ist zu einfach. Sage dir, dass du es versucht hast, einen Rückschlag erleben durftest und es dennoch weiter versuchen wirst. Das Universum kann dir nur helfen, wenn du beginnst zu vertrauen. Mit einem Wort wie „aber" kann auf dem Boden keine wundervolle Pflanze gedeihen. Sie wird ständig von der Last des Zweifels erdrückt. Beginne zu vertrauen und betrachte jeden Rückschlag als Lektion – als einen Weg, der dir zeigt, welche Richtung vielleicht falsch war. Doch bleibe nicht stehen. Bleibe niemals mit einem „Aber" auf den Lippen stehen.

Wie viele Menschen laufen leise und zurückhaltend mit ihren versteckten Träumen durch ihr Leben? Mache allen um dich herum vor, wie man beginnt, seine Träume zu leben. Ersetze jedes „Aber" konstant durch ein „Und"!

„Ich lebe meine Träume, und egal, wie oft ich fehlschlage, ich werde dennoch weitermachen." „Ich glaube an mich und ...", nicht „aber"!

Du wirst immer einen Grund finden, durch ein „Aber" aufzuhören. Doch du wirst auch immer zehn Gründe finden, durch ein „Und" weiterzumachen. Verschiebe nichts auf morgen. Beginne jetzt und hier! Stelle dich deiner Sehnsucht, suche deine Berufung, finde deine Vision und dann manifestiere deinen Traum! Lebe deinen Traum!

Träumer

Träumer sind die Architekten großartiger Dinge! Höre niemals auf zu träumen. Bewahre deine Vision jeden Tag in deinem Geist und in deinem Herzen. Du musst es sehen, bevor es jemand anders sehen kann. Fühle es, bevor es jemand anders fühlt. Mache deine Vision zu deinem Lebensinhalt.

Bewahre sie stets in dir. Rahme sie golden in deinem Herzen ein!

Wenn alle Menschen wirklich ihren Träumen folgen würden, bräuchte kein Mensch mehr einen Fernseher oder Ähnliches. Sitze nicht gelangweilt zu Hause und starre auf deinen Fernseher oder Computer, während du auf ein spannenderes und erfüllteres Leben hoffst. Lege los! Jetzt!

Warte nicht. Die Zeit des reinen Wünschens ist vorbei. Es ist an der Zeit, zu wünschen und deine Träume in die Tat umzusetzen. Es ist an der Zeit, deine Träume und Visionen zu manifestieren! Worauf wartest du? Deine Zeit ist gekommen. Erinnere dich jeden Morgen daran und vergiss deine Träume nicht. Was denkst du, wo deine Träume herkommen? Sie stammen aus der gleichen Quelle, aus der auch ihre Realisierung entspringen wird. Der Ursprung eines jeden Traumes ist zugleich der Weg und das Ziel zu seiner Erfüllung. Alles ist eins. All is one!

Finde deine Bestimmung

Lass dir nicht von den Medien diktieren, was du zu sein hast. Lass dir von niemandem deine Potenziale und Möglichkeiten kleinreden. Lass dich in deinen Fähigkeiten nicht beschränken und lass dir vor allem nicht einreden, dass du von deiner Vision nicht leben könntest. Wenn ich auf all die Menschen gehört hätte, die mir sagten, dass ich mit meinen Texten keinen Erfolg haben könnte, dann hätte ich schon hundertmal aufhören müssen. Du weißt tief in dir, dass es da etwas weitaus Kraftvolleres in deinem Zentrum, deinem wahren Selbst, gibt.

Eine tiefere, innere Bestimmung, die nur darauf wartet, von dir entdeckt, freigelegt und gelebt zu werden. Du bist frei! Frei, das zu tun, was dein Herz dir sagt! Was deine innere Stimme dir seit deiner Kindheit sagt. Manchmal scheint diese Stimme im lauten Trubel der Konditionierungen und der Medien nicht mehr wahrnehmbar zu sein, doch sie ist stets da. Sie war nie weg! Lausche ihr ...

Ich kann dir leider nicht sagen, was deine Bestimmung ist. Ich kann dir auch nicht sagen, wie du sie genau findest. Das wäre nicht aufrichtig von mir. Es gibt kein Patentrezept, um seine Bestimmung zu finden. Aber eins weiß ich: Wenn es etwas gibt, das dir über alle Maßen Freude bereitet, dir Tränen der Begeisterung in deine Augen treibt und dich vor Enthusiasmus erstrahlen lässt, dann lass es nicht los. Um Himmels Willen, folge genau dieser einen Sache. Mache sie zu deinem gedanklichen Zentrum. Mache sie zu deiner Mentalität. Folge ihr mit all deiner Kraft, deiner Begeisterung, deinem Tatendrang und deiner Leidenschaft. Egal, was es sein mag, wenn es dich erfüllt und du das Gefühl hast, dass du genau dafür gemacht worden bist, dann folge dieser einen Sache. Und zwar jeden Tag, mit ganzem Herzen!

Egal, was es sein mag. Wenn es dich das Essen vergessen lässt, wenn es dich bis spät nachts noch wach bleiben lässt, wenn es dir den Glanz in die Augen treibt, sobald du davon sprichst, dann ist es das Richtige! Das ist es. Lass es niemals los. Niemals!

Denke erst einmal nicht darüber nach, wie du damit Geld verdienen kannst, sondern folge einfach nur der Leidenschaft. Mache deinen alltäglichen Job, um dein Geld zu erhalten, und folge in deinen freien Stunden deiner Leidenschaft voller Liebe, Hingabe und mit leuchtendem Herzen. Der Rest wird von alleine kommen. Wenn du deine Leidenschaft wirklich lebst, werden sich Tore öffnen.

Ich kann dir nur davon erzählen, aber ich kann es dir nicht erklären. Es ist magisch! Die Welt wird sich zu deinen Gunsten drehen. Folge deinem himmlischen Ruf!

Du bekommst in dem Maß, in dem du gibst!

Ein ganz entscheidender Faktor für die Erfüllung deiner Wünsche besteht in der Handlung. Du kannst noch so viel affirmieren, visualisieren und denken, wie du willst, wenn du nicht gezielt und diszipliniert handelst, wirst du keinen Erfolg haben.

In vielen Büchern und Lehren wird dieser Aspekt meiner Meinung nach nicht ausreichend erklärt. Wenn du einen Weg zu

einem bestimmten Ziel vor dir hast, kannst du dich noch so intensiv auf dein Ziel konzentrieren, aber du solltest nicht vergessen,
auch loszulaufen. Wenn du jeden Tag einige Schritte gehst, wirst
du ankommen. Du darfst natürlich Pausen machen, um dich zu
erholen, deinen Kurs zu korrigieren und dein Ziel im Auge zu
behalten, aber du darfst auf Dauer nicht stehen bleiben.

Handlungen sind elementar

Ich selbst habe mir meine Ziele über Monate hinweg visualisiert
und jedem Wunsch meine volle Aufmerksamkeit geschenkt, bin
aber phasenweise einfach nicht losgelaufen. Ich sagte mir oft,
wenn ich nur einen Plattenvertrag hätte, dann würde ich die perfekten Songs schreiben. Also wartete ich – und nichts passierte. Erst,
als ich mich entschieden hatte, die perfekten Songs zu schreiben,
fügten sich die Umstände und ich bekam den besagten Vertrag.

Warte nicht darauf, dass sich deine Umgebung verändert, bis du
beginnst zu handeln. Beginne zu handeln und deine Umgebung
wird sich auf zauberhafte Weise verändern.

Natürlich ist es wundervoll zu meditieren, inneren Frieden zu finden und seine Träume zu visualisieren, doch wenn es nur darum
ginge, könntest du dich gleich in eine Höhle in Nepal setzen und
warten, bis deine Zeit auf diesem Planeten vorüber ist. Ich denke,

dass wir hier sind, um etwas zur Vollendung zu bringen, um unserem inneren Drang nach Erfüllung zu folgen und um uns voll und ganz zu entfalten.

Wir sind spirituelle Wesen, die eine menschliche Erfahrung machen, und das beinhaltet auch, dass wir diese Erfahrung bewusst machen sollen und dürfen.

Dazu gehört in meinen Augen auch die persönliche Selbstverwirklichung. Also verwirkliche dich und das, was durch dich verwirklicht werden möchte!

„Man sollte nicht auf Selbstverwirklichung hoffen,
sondern Hoffnung selbst verwirklichen."
(Gerhard Uhlenbruck)

Wenn du ein erfülltes Leben im Einklang mit deinen Zielen führen und deine Träume verwirklichen möchtest, dann darfst du auch voller Hingabe und Freude daran arbeiten.

Vergiss bitte niemals, dass deine tägliche Handlung sehr wichtig ist.

Egal, was du können oder werden willst: Wenn du es nur lange genug übst und entsprechend handelst, wirst du dein Ziel erreichen.

Es geht letztendlich um Disziplin. Auch wenn es langweilig und nervig klingt, ist Disziplin eine der wichtigsten Tugenden auf dem Weg zu wahrem, nachhaltigem Erfolg.

> *„Genie ist ein Prozent Inspiration und*
> *99 Prozent Transpiration."*
> (Thomas Edison)

Wir sind hier, um zu lernen und um zu üben – jeden Tag!

Thich Nhat Hanh sagte einmal: „Als menschliche Wesen haben wir das Recht, wütend zu sein, doch als Übende haben wir nicht das Recht, das Üben einzustellen."

Diese Worte lassen sich sowohl auf das Üben der Liebe und der Achtsamkeit sowie auch auf das tägliche Üben und Trainieren der eigenen Fähigkeiten beziehen.

Also steh auf und übe – tu etwas für deinen Traum, für deinen Wunsch, für deine Vision – und zwar jeden Tag!

Gelegentlich vergessen spirituell begeisterte Menschen genau diese Tatsache. Erfolg beginnt natürlich in deinen Gedanken und hängt von deinem Denken und deinen Gefühlen ab, aber du musst auch bewusst handeln, um deinen Erfolg zu manifestieren.

Mach die anderen nicht dafür verantwortlich, dass irgendetwas in deinem Leben nicht funktioniert. Mach dich dafür verantwortlich, dass es funktioniert.

„Habe den Mut deine Erkenntnisse in deinem eigenen Leben anzuwenden und du bekommst Flügel."

(Jeremy A. White)

Denke an diese Zeilen, bevor du das nächste Mal deinen Fernseher oder deinen Computer einschaltest. Wenn du etwas erreichen willst, musst du auch verzichten. Du verzichtest entweder auf einen bequemen Abend auf deiner Couch – oder auf deinen Erfolg. Du hast täglich die Wahl.

Verlass deine Komfortzone und betrete unbekannte Pfade. Zieh in die Welt der ungewohnten Gefilde und entdecke das wahre Leben. Magie wird nicht auf deiner Coach, nicht in deiner Komfortzone stattfinden. Wahre Magie findet weit außerhalb statt. Geh los!

Geh jeden Tag einen kleinen Schritt weiter Richtung Himmel.

Das Leben wird dich belohnen – und zwar fürstlich!

Songtext

Berufung

Du wurdest dieser Welt gesandt, um deine Kräfte zu entfalten,
und bist auserwählt, um wahre Stärke zu erhalten.
Trau dem Kompass deines Herzens, wenn du an das Ruder willst,
folg den Winden und tu stets, wozu du dich berufen fühlst.
Vertraue deinem Leben und den Zeichen auf den Wegen.
Du bist von einem Ozean von Reichtümern umgeben.
Setz die Segel, um Erfolg an Erfolg zu reihen.
Dein Potenzial zu entfalten und um stolz zu gedeihen.
Lass dich von den Zeichen leiten und du wirst sehr schnell erleben,
dass sich alle Einzelheiten wie von selbst ergeben.
In dieser Welt umgeben dich mehr Dinge, als du sehen kannst,
jede Angst verfliegt, wenn du Vertrauen in deinen Weg erlangst.

Pre-Chorus:
Du bist hier, um das Leben zu genießen.
Um zur Mündung der Bestimmung frei im Lebensfluss zu fließen.
Folg den Wellen der Erfüllung, lass dich von den Winden leiten.
Du wirst durch die Bestimmung Richtung Himmel gleiten.

Chorus:
Worauf wartest du? Folge deinem himmlischen Ruf!
Dessen Klang die Göttlichkeit in deinem Innern erschuf.

Du bist, was du tust, und du tust, was du bist,
wenn du nur das wahre Bild deiner Berufung erblickst. (Folge ihr …)

Du bist hier, um jeden Tag deiner Berufung zu folgen.
Und egal, was jemand sagt, deine Zukunft ist golden!
Vertrau auf deinen Weg und die Dinge fügen sich,
folge dem, was dich bewegt, und du fliegst ins Licht.
Du bist hier um deine Möglichkeiten voll zu entfalten
und um deine schöne Reise voll Erfolg zu gestalten.
Lass dich von den Zeichen leiten und du wirst sehr früh bemerken,
dass sich alle Einzelheiten wie von selber fügen werden.
Worauf wartest du? Folge deiner inneren Stimme.
Du hörst sie am klarsten in der Mitte der Stille.
In dieser Welt umgeben dich mehr Dinge, als du sehen kannst,
jede Angst verfliegt, wenn du Vertrauen in deinen Weg erlangst.

Pre-Chorus:
Du bist hier, um das Leben zu genießen.
Um zur Mündung der Bestimmung frei im Lebensfluss zu fließen.
Folg den Wellen der Erfüllung, lass dich von den Winden leiten.
Du wirst durch die Bestimmung Richtung Himmel gleiten.

Chorus:
Worauf wartest du? Folge deinem himmlischen Ruf!
Dessen Klang die Göttlichkeit in deinem Innern erschuf.
Du bist, was du tust, und du tust, was du bist,
wenn du nur das wahre Bild deiner Berufung erblickst. (Folge ihr …)

Du wurdest geboren, um deine Kräfte zu entfalten,
und bist auserkoren – um nur das Beste zu erhalten.
Du bist hier – um dich als groß, rein und wertvoll anzusehen
und jederzeit dem Ruf des eignen Herzens nachzugehen.
Und egal, was jemand sagt, deine Kraft ist rein,
denn was auch immer du willst, du kannst es sein.
Du fühlst dich manchmal klein – doch das bist du nicht,
denn du bleibst nicht im Dunkeln, wenn ein Licht erlischt.
Du bist hier, um deine Möglichkeiten voll zu entfalten
und um deine schöne Reise voll Erfolg zu gestalten.
Wenn du Keime reiner Liebe stolz in deinem Leben pflanzt,
raubt kein Tropfen deine Hoffnung, weil du im Regen tanzt.

Pre-Chorus:
Du bist hier, um das Leben zu genießen.
Um zur Mündung der Bestimmung frei im Lebensfluss zu fließen.
Folg den Wellen der Erfüllung, lass dich von den Winden leiten.
Du wirst durch die Bestimmung Richtung Himmel gleiten.

Chorus:
Worauf wartest du? Folge deinem himmlischen Ruf!
Dessen Klang die Göttlichkeit in deinem Innern erschuf.
Du bist, was du tust, und du tust, was du bist,
wenn du nur das wahre Bild deiner Berufung erblickst. (Folge ihr …)

(Aus dem Album „Spirit" von SEOM)

Praxisaufgaben

1. Aktivierung

Überlege dir, was dich mit Freude erfüllt. Bei welcher Tätigkeit vergisst du die Zeit und gehst vollkommen in ihr auf? Was verschafft dir ein Gefühl von Zufriedenheit und beflügelt dich, während du es tust? Denke nicht rational. Überlege dir in diesem Schritt nicht, wie du mit dieser Tätigkeit zu Geld kommen kannst, sondern konzentriere dich ausschließlich auf dein Gefühl. Was macht dich glücklich? Wofür bist du hier? Egal, ob es kochen, Yoga, malen, Sport, schreiben, rechnen oder fotografieren ist. Völlig egal, was es sein mag, das Einzige, was zählt, ist das Gefühl, welches die Tätigkeit in dir auslöst. Wenn es dich mit Freude und Euphorie erfüllt, ist es das Richtige! Suche und finde!

2. Zur Vertiefung

Werde aktiv! Sobald du weißt, was dich mit Freude erfüllt, hast du schon mehr als die halbe Miete. Im zweiten Schritt geht es darum, auch wirklich zu handeln. Kein erfolgreicher Mensch auf dieser Welt ist ohne konkretes Handeln erfolgreich geworden.

Zunächst geht es darum, dir zu überlegen, wie du mit deiner Berufung auch erfolgreich sein kannst. Schließlich willst du sie im Idealfall zu deinem Beruf machen und hast somit lebenslang bezahlten Urlaub. Hierfür empfehle ich dir, die Schwarmintelligenz zu nutzen. Lade deine Familie oder deine Freunde zu dir ein und starte ein Brainstorming. Erkläre ihnen, was du kannst, und bitte jeden, sich zu überlegen, wie man damit Geld verdienen könnte. Frage deine Arbeitskollegen und deine Freunde in einem ruhigen Gespräch. Du wirst erstaunt sein, auf welche Ideen Außenstehende kommen können.

> *„Manchmal reicht eine gute Idee!"*
> (Wickie aus Flake)

Anschließend darfst du dir überlegen, wem du mit dem Ausüben deiner Berufung dienen kannst. Welche Menschen suchen das, was dich erfüllt? Wer könnte sich genau für das interessieren, was du tust? Glaube mir, es wird immer jemanden geben.

Danach ist es an der Zeit, konkret zu handeln, um dich deiner Erfüllung mit jedem einzelnen Tag etwas näher zu bringen. Informiere dich über deine Möglichkeiten, beginne, täglich an deinen Fertigkeiten zu feilen, übe dich in dem, was du gerne tust.

Letztendlich darfst du all diese Punkte zusammenführen und dich konkret auf die gezielte Umsetzung deines Traumes fokussieren. Vollziehe jeden Tag ausnahmslos Handlungen, die dich auf deinem Weg nach vorne bringen. Du wirst erstaunt sein, wie schnell sich Wunder und magische Zuführungen ergeben werden. Auf die konkrete geistige Umsetzung zu diesem Thema gehe ich in einem späteren Kapitel ein!

Finde das, was dich erfüllt, informiere dich, trainiere deine Fähigkeiten und handle konkret für deinen Traum.

Folge deinem himmlischen Ruf – er führt dich zum Himmel!

KAPITEL 3

KINDER des LICHTS

Folge deinen
Kinderaugen

Meine persönliche Geschichte

Ich habe mir sehr oft anhören dürfen, dass ich zu kindisch sei – zu verträumt, zu unrealistisch oder zu „naiv" für diese Welt. Entweder wurde mir gesagt, dass meine Sichtweisen nicht ganz normal seien (doch was ist schon normal?) oder dass meine Ansichten zwar bewundernswert, aber dennoch nicht wirklich realistisch für die scheinbar harte Welt seien.

Zugegeben, für einen Träumer und Idealisten wie mich sind manche Vorgänge in unserer heutigen Gesellschaft wirklich etwas verletzend und nicht nachvollziehbar, aber dennoch ist es verblüffend zu sehen, wie viel Liebe und Freude man verbreiten kann, wenn man sein inneres Kind bedingungslos und offen zeigt. Ich staune jedes Mal von Neuem darüber, wie manche Menschen reagieren, wenn ich sie auf kindliche Weise anspreche, behandle oder ihnen zeige, wie sie die Welt noch sehen könnten. Allein das Balancieren auf Randsteinen, Mauern und Stufen (was ich täglich liebend gerne tue) scheint viele Menschen zu faszinieren, zu irritieren, aber auch zu inspirieren. Zumindest sagen mir das ihre Augen oft, wenn sie in Gedanken versunken an mir vorbeigehen. Ich liebe es außerdem, mit einem Lied auf den Lippen pfeifend durch die Gegend zu laufen. Meine Kollegen in der Rehaklinik können das bestätigen und kennen mittlerweile wohl alle Kinderliedmelodien anhand zweier Pfeiftöne.

Du wirst nicht glauben, wie viele Menschen durch eine gepfiffene Pippi-Langstrumpf- oder Wicki-Melodie aus ihrem grauen Alltag kurz auftauchen und dich überrascht anlächeln. Ich liebe es! Ich hüpfe in Pfützen, klettere über Geländer, tanze gelegentlich auf dem Weg und singe schrecklich schief selbst erfundene Lieder, wenn mir danach ist. Mir ist übrigens erstaunlich oft danach. Ich nenne es die „Welt der wahren Freiheit".

In dieser wundervollen Welt kann es schon einmal vorkommen, dass ich dir eine Geburtstagskrone aus gelbem Papier bastle, weil du vor drei Monaten Geburtstag hattest. Warum? Weil es Spaß macht, weil ich meine Freunde, Arbeitskollegen und alle Menschen gerne lachen sehe und weil ich ein frei lebender Quatschkopf bin. Ganz einfach.

Natürlich war auch ich nicht immer meiner offenen, kindlichen und natürlichen Euphorie treu und mir derer gewahr. Ganz im Gegenteil: Es gab Phasen in meinem Leben, in denen ich ziemlich ernst durch diese wundervolle Welt lief, und das Kind in mir täglich unterdrückte. Als ich jedoch erfahren durfte, welch ein Befreiungsschlag entsteht, sobald ich dem Kind in mir folge, begann ich, jeden Tag etwas kindlicher zu werden und mir meine unverfrorene Euphorie, freundliche Frechheit und Liebe zum Leben wieder zurückzuerobern.

Da ich als Logopäde sehr viele Kinder im Alter zwischen drei und fünf Jahren therapiere und viel Zeit in Kindergärten verbringen durfte, werde ich sehr häufig auf magische Weise inspiriert. Ein dreijähriges Kind kann uns so viel Weisheit vermitteln, dass mir oft die Worte fehlen und ich mich vor meinen kleinen Meistern verneige (ich tue dies übrigens wirklich, nicht nur im übertragenen Sinne).

Ich möchte dich kurz an einigen herzerwärmenden Geschichten meines Alltags teilhaben lassen, um dich vielleicht inspirieren zu können.

Eines Tages kam ich in einen Kindergarten, um einen vierjährigen Jungen zu therapieren. Der süße kleine Junge hieß Fabian und hatte eine schwere Mittelohrentzündung. Ich weiß nicht, ob du dich noch an das Gefühl einer schweren Mittelohrentzündung erinnern kannst, aber eines kann ich dir sagen: Sie tut weh! Jeder Erwachsene, der eine solche Entzündung hat, wird dir auf die Frage, wie es ihm gerade gehe, erklären, dass er an schlimmen Schmerzen leide, nicht richtig hören könne und so weiter. Er wird dir jedenfalls höchstwahrscheinlich sagen, dass es ihm nicht gut gehe.

Ich komme also in den Kindergarten, sehe den kleinen Fabian und sein übertrieben groß geschwollenes und gerötetes Ohr (allein der

Anblick hat schon wehgetan) und fragte ihn: „Hey Fabian, wie geht's?" Seine Antwort war: „Hey, mir geht es gut, nur meinem Ohr gerade nicht." Baaam – pure Weisheit, ein wahrer Lehrer!

Natürlich nahm er die Schmerzen wahr, aber er trennte die Befindlichkeit seines Ohres ganz klar von seinem allgemeinen Befinden. Er spielte, lachte und tanzte in dieser einen Stunde fröhlich und vergnügt wie immer mit mir.

Dieser kleine, vierjährige Meister hatte das begriffen, was wir oft völlig vergessen, nämlich dass wir mehr sind als das, was uns ein Symptom vermittelt. Wir „sind nicht krank", wir „haben" höchstens temporär eine Einschränkung. Das sollte aber nichts an unserer Laune und unserer Lust zu lachen ändern. Dem kleinen Fabian war das vollkommen klar. Dafür bewundere ich ihn sehr.

Nicht nur Kinder, sondern alle Menschen können uns so vieles beibringen und unser Leben tief bereichern, wenn wir unsere Augen dafür öffnen. Hierzu möchte ich dir noch eine rührende Geschichte aus meinem Arbeitsleben erzählen.

Ich arbeite in einem Therapiezentrum und darf dort jedes Jahr fachliche Fortbildungen zur Erweiterung meines Fachwissens absolvieren. Die Wahl dieser Fortbildungen bleibt mir selbst überlassen. Demnach suche ich mir stets Themengebiete aus, die mich auch wirklich interessieren und meines Erachtens nach bereichern. So kam es, dass ich mich vor einiger Zeit für eine Fortbildung zum „Klinikclown" entschloss. Es handelte sich um einen Workshop nach Patch Adams, dem Begründer des ehrenamtlichen Clownings in Kliniken, Palliativstationen, Obdachlosenheimen, Kinderklinikstationen und Altenheimen.

Was ich dort erleben durfte, war unsagbar bereichernd. Zunächst dachte ich, man lerne dort besonders viele Tricks und Gags, um Kinder zum Lachen zu bringen. Tatsächlich geht es beim Clownen darum, die Herzen der Menschen zu öffnen und zu berühren. Meine Lehrmeister waren selbst Klinikclowns und zugleich ausgebildete Ärzte. Sie erklärten mir sehr liebevoll, dass es nicht darum gehe, einen Menschen zum Lachen zu bringen, sondern sein Herz zu berühren, der Freude zu folgen und ihn voller Liebe wahr- und anzunehmen. Mit manchen Kindern oder kranken Menschen lachten wir voller Freude, andere nahmen wir weinend in die Arme. Manche sangen laut mit uns und manche sprachen sehr lange und offen von ihren Gefühlen, Hoffnungen und Ängsten.

Durch das Kostüm des Clowns öffnen sich die Menschen erstaunlich schnell und bedingungslos, da sie „nur" den Clown und nicht die fremde Person sehen. Und einem Clown können sie ja alles erzählen – es ist ja nur ein Clown.

In dieser Zeit machte ich wundervolle Erfahrungen. Wir lernten, das Feld der Liebe weit zu öffnen und Verbundenheit zu jedem Menschen herzustellen, egal, welches Schicksal er trägt. Die nächste Ebene bestand darin, sich mit den Menschen im Alltag liebevoll zu verbinden. Dies beginnt mit einem Blick, einer Geste oder einem kurzen Satz auf der Straße. Vertieft werden solche Aufgaben zum Beispiel in der Straßenbahn oder in einem Fahrstuhl, einem Ort, an dem jeder bemüht ist, den anderen nicht anzusehen. Unsere „Clownslehrer" nannten tolle Aufgaben, die dich vielleicht auch inspirieren. Stell dir zum Beispiel vor, du betrittst einen Fahrstuhl und hast nun während der Fahrt über zwei Stockwerke Zeit, den anderen liebevoll zum Lächeln zu bringen oder kennenzulernen. Zwei Stockwerke, das ist kurz. Was fällt dir ein? Nimm den Clown mit in den Alltag und verbinde dich kindlich mit deinen Mitmenschen.

Eine kleine, wundervolle Anekdote hierzu stammt von einem meiner ausbildenden Clowns. Er geriet mit seinem Auto in einen langen Stau auf der Autobahn und konnte beobachten, wie die Menschen in ihren Autos zunehmend genervter und gestresst wirkten. Also packte er seine Gitarre aus, kletterte durch sein Dachfenster und setzte sich mit baumelnden Füßen auf das Dach seines Wagens. Er malte sich lediglich einen roten Punkt auf die Nasenspitze und begann laut und freudig „Don`t worry, be happy" zu singen.

Liebevoll forderte er alle anderen Wartenden zum Mitsingen auf und nach wenigen Minuten sang ein Chor von knapp 40 Autofahrern voller Freude „Don`t worry, be happy" quer über die gesamte Autobahn. Die Menschen haben sich verbunden, ihre Herzen haben sich geöffnet und die kindliche Freude verbreitete sich. Welche Nachwirkungen dieser Moment für alle Beteiligten gehabt haben muss, dürfte dir klar sein. Die Freude verbreitet sich!

Eine weitere, interessante Geschichte erlebte ich auf einer Station für innere Medizin. Diese Geschichte soll dir zeigen, wie mache Menschen ihre Sichtweisen durch kleine Gesten ändern können. Wir zogen durch die Station und öffneten die Herzen von vielen Menschen. Schließlich kamen wir zum letzten Zimmer und trafen auf eine Frau mit sehr verbitterten Gesichtszügen. Sie schien vom Leben und von negativen Erfahrungen geprägt und gezeichnet zu sein. Wir sprachen liebevoll mit ihr und fragten nach ihren Wünschen, Sehnsüchten und Träumen. Leider wollte sie uns kaum Auskunft erteilen. Also fragten wir schließlich nach ihren Lieblingsliedern und sangen diese dann voller Freude für sie. Währenddessen jonglierten wir und versuchten, ihre Freude zu erwecken. Sie konnte sich mehrmals ein Lächeln nicht verkneifen und man konnte förmlich beobachten, wie sich ihr Herz langsam zu öffnen begann.

Irgendetwas in ihr kämpfte allerdings dagegen an und plötzlich verhärtete sich ihre Mimik wieder. Sie schaute ernst und sagte bezeichnenderweise: „Jetzt mal Spaß beiseite Herrschaften, wer schickt sie denn überhaupt?" Unsere Antwort: „Niemand schickt uns, wir sind nur hier, um Ihnen Freude zu schenken." Sie nickte etwas verwirrt. Wir sangen weiter, tanzten zudem fröhlich und sie entspannte sich wieder sichtlich. Nach einigen Minuten fragte sie: „Jetzt mal Spaß beiseite Herrschaften, wer bezahlt sie denn dafür?" Unsere Antwort: „Niemand bezahlt uns, wir sind nur hier, um Ihnen Freude zu schenken." Ein Blick voller Unverständnis und Verwirrung mischte sich mit leichter Entzückung. Nun begann sie sogar leise mitzusingen und lächelte immer deutlicher. Es folgte eine weitere, bezeichnende Frage: „Jetzt mal Spaß beiseite Herrschaften, es ist doch gar kein Fasching, wieso machen Sie das?" Unsere Antwort kannst du dir mittlerweile ja denken. Die scheinbar verbitterte ältere Dame erstrahlte förmlich, öffnete sich immer mehr und sang nach etwa zehn Minuten voller Inbrunst und mit Freudentränen in den Augen mit. Ein letzter fragender Versuch ihres, von Erfahrung geprägten Verstandes bestand aus den Worten: „Jetzt mal Spaß beiseite Herrschaften, wo kommen Sie denn her?" Wir erklärten ihr lachend, dass das völlig egal sei, solange wir es schaffen würden, ihr Freude zu schenken. In den darauffolgenden zehn Minuten erlebten wir eine strahlende Frau voller Liebe, Heiterkeit und Freude. Als wir das Zimmer verließen, rief sie uns fröhlich hinterher: „Herrschaften, Sie kann man nur empfehlen!"

Ich könnte dir noch Hunderte solcher Geschichten von meinen kleinen und „großen", jungen und alten Patienten erzählen. Das zeigt uns so deutlich, wie vielfältig, bunt und grenzenlos das Feld der Freude und der Liebe ist.

Du darfst darauf vertrauen, dass jeder Mensch ein göttliches Kind, das lachen, spielen und singen möchte, in sich trägt. Mache es dir zur Aufgabe, dieses Kind zu wecken. Oft reicht es schon, dieses Kind einfach anzusprechen, und es kommt lachend heraus.

Also sei ein Quatschkopf.

Folge der Freude und der Liebe des Kindes in dir und vergiss nicht, dass die größten Lehrmeister hierfür Kinder sind. Beobachte sie und lerne von ihnen.

Sie führen dich zum Licht!

Hintergründe

Wir sollten uns daran gewöhnen, die Welt wieder mit den Augen eines Kindes zu sehen: rein, unschuldig, offen und neugierig.

Ein Kind sieht mit Klarheit.

Die ursprüngliche und angeborene Intelligenz eines Kindes kommt aus der Reinheit seines Herzens.

Wenn wir älter werden, lernen wir zu analysieren, zu reflektieren und zu klassifizieren. Wir erschaffen Wertigkeiten, bilden Konzepte und erzeugen vorgefertigte Auffassungen. Doch dabei verlieren wir meist Leichtigkeit und Klarheit. Wenn wir die Eigenschaften und Denkweisen eines Kindes wiederentdecken, handeln und denken wir freier, leichter und klarer.

Wenn wir wieder lernen, wie ein Kind zu sehen, dann erkennen wir Blockaden, aber vor allem die notwendigen und einfachsten Lösungen viel schneller.

Deshalb erkenne das Kind in dir.

Dieses Kind wartet tief in dir – es war nie weg. Du hast es nur vergessen oder nicht mehr beachtet, doch wenn du tief in dich gehst, wirst du feststellen, dass es in dir einen Kern gibt, der niemals älter geworden ist und niemals älter wird. Dieser unschuldige Kern in dir selbst will jeden Tag aufs Neue die Oberhand gewinnen. Nur übertönen unser Ego, unsere Einstellungen vom Erwachsensein und unsere Gewohnheiten seine Stimme.

Versuche, dieser Stimme wieder zu lauschen.
Sie führt dich zum Licht.

Ein Kind staunt über alles. Über einen Schmetterling, ein Blatt, einen Baum, einen Käfer. Ja, sogar über ein Stückchen Holz, das im Wasser eines Baches treibt …

> *„Wie das Kind ist auch der Weise jemand,*
> *der über alles staunen kann.“*
> (Aus Tibet)

Also folge deinen Kinderaugen!

Als Kind lieben wir bedingungslos. Wir lieben mit offenem Herzen. Nur haben wir irgendwann gelernt, dass man uns scheinbar verletzen kann, wenn wir offen und bedingungslos lieben. Also haben wir irgendwann im Stillen, bewusst oder unbewusst, beschlossen, unser Herz zu verschließen. Wir errichteten einen Schutzwall, eine Mauer um unser Herz. Natürlich nicht aus böser Absicht heraus, sondern aus Gründen des scheinbaren Selbstschutzes.

Nun ist es an der Zeit, diese überflüssige Mauer einzureißen. Öffne dein Herz wieder. Höre auf die Stimme des Kindes in deinem Herzen. Wir haben vielleicht manchmal vergessen, wer wir sind, aber das Kind in unserem Herzen weiß es.

Lass die kindliche Freude wieder aufleben. Liebe, tanze, lache und singe. Lass dir nicht einreden, dass es verboten sei, zu tanzen, zu lachen und zu singen. Das ist es nicht!

Folge der Freude

Alles, was dich glücklich macht und dir in deinem Herzen wahre Freude bereitet, ist auch gut für dich. Also folge einfach der Freude! Ein Kind hat das begriffen!

Wenn es keinen Spaß macht, dann macht es meistens auch keinen Sinn …

Blicke in den Himmel und erbaue Luftschlösser. Spiele Streiche (zünde aber bitte keine Autos an), sprich für zwei Minuten lachend in einer Fantasiesprache oder führe einen Sonnentanz auf. Sei einfach frech und verrückt.

Entdecke die vielen Wunder, die du in einem Fluss finden kannst, und die unendliche Vielfalt, die in einem Wald verborgen liegt. Atme frei, fühle die Magie des Lebens und die Verbundenheit mit allem, was dich umgibt.

Sei neugierig und offen! Stelle Fragen. Wenn du so tust, als wüsstest du alles, wird das Leben sehr schnell schrecklich langweilig. Sei wach und bleibe offen, wie ein Kind.

Kleine Kinder denken nämlich nicht, dass sie alles wüssten. Sie räumen ihre Unwissenheit von Anfang an ein und öffnen sich damit automatisch für Wunder und erleuchtende Erkenntnisse!

Kinder wissen, dass sie sehr vieles nicht wissen, und bitten deshalb automatisch um Antworten.

Auch wenn wir älter werden, ändert sich daran eigentlich nichts außer der Tatsache, dass wir selbst denken, wir wüssten bereits alles. Und damit fängt das Dilemma an. Deshalb öffne deine Kinderaugen. Etwas nicht zu wissen ist ein unglaublicher Befreiungsschlag!

Erst wenn wir zugeben, nicht zu wissen, können wir wahrhaftig lernen und sind auch wirklich offen für all die Wunder, Geheimnisse und Abenteuer dieser Welt.

Wenn du die Welt mit solchen Augen siehst, wirst du viele nützliche Antworten erhalten.

Höre auf das innere Kind in dir. Kontrolliere und beurteile dich und dein Verhalten nicht ständig. Lass uns endlich wieder Kind sein, damit die Welt erwachsen werden kann!

Denke frei, sei ein Quatschkopf, handle kühn und stelle Blödsinn an.

Wenn du ein fröhliches, spielendes Kind beobachtest, wird dir auffallen, dass es förmlich zu leuchten scheint. Ich sehe jeden Tag leuchtende Kinder. Achte einmal darauf.

Ein Kind leuchtet von innen heraus. Und es leuchtet deshalb so bezaubernd, weil es nicht versucht, bezaubernd zu sein! Es ist deshalb so offen, weil es nicht versucht, offen zu sein, und es ist deshalb so bewundernswert, weil es eben nicht versucht, bewundernswert zu sein. Wenn wir uns eingestehen, einfach zu sein, ohne uns sclbst zu hinterfragen, dann leuchten wir besonders hell.

Also lass uns leuchten. Lass uns leuchten und unsere kindliche Liebe wird sich wie ein Licht verbreiten.

Dieser Glanz ist es, der jeden von uns umgibt, wenn wir unsere Kinderaugen öffnen.

Dieses Licht leuchtet in dir, wie in jedem anderen. Manchmal erkennst du es vielleicht nicht gleich, aber es ist stets da – auch wenn es manchmal nur leise zu flackern scheint.

Suche und erkenne das Licht der Kindlichkeit in dir und jedem anderen.

Betrachte alle Menschen als Kinder

Auch in der Betrachtung anderer Menschen verwandeln Kinderaugen unser Leben magisch. Wenn wir andere Menschen nicht nach ihrem Status, ihrer Macht oder ihrem Erfolg betrachten, sondern in ihnen nur das Kind sehen, verwandeln wir damit alles.

Egal, wie beeindruckend Menschen erscheinen mögen, wenn wir sie so betrachten, als seien sie Kinder, können wir sie besser verstehen. Wenn wir uns diese Kinder dann genau anschauen, sehen wir ihre unerfüllten Bedürfnisse, ihre Ängste und verstehen sie besser anzunehmen.

Die meisten Menschen werden nie wirklich reif, sie werden nur körperlich größer.

Sie selbst sehen es nicht, aber du kannst es sehen. Du musst es ihnen nicht sagen. Es reicht, wenn du es siehst, und du wirst verstehen.

Du wirst wissen, was zu tun ist und wie du ihnen die Last, die Angst oder das Gefühl der Enttäuschung nehmen kannst.

Wenn du deine eigenen Kinderaugen öffnest, dann verändert sich die gesamte Welt.

Sei du selbst

Bei meiner Arbeit mit Kindern als Logopäde darf ich immer wieder voller Staunen beobachten, wie riesengroß unsere Einzigartigkeit doch ist. Wenn wir älter werden, versuchen wir immer, ein wenig anders zu sein als wir sind. Wir alle sind einzigartig und das wissen wir prinzipiell auch.

Aus irgendeinem Grund versuchen wir uns aber oft zu etwas anderem zu entwickeln. Schon früh suchen wir uns Vorbilder und versuchen, mehr aus uns zu machen. In einem Kindergarten wird einem ganz besonders deutlich, dass jedes Kind unverwechselbar und zu hundert Prozent „es selbst" ist.

Bereits wenige Jahre später fällt in vielen Schulklassen auf, wie ähnlich sich viele Kinder und Jugendliche verhalten, wie ähnlich sie sprechen und handeln. In manchen Bereichen der „Erwachsenenwelt" wirkt es fast beschämend für das Leben selbst, wie angepasst sich viele Menschen verhalten. Sie vergessen ihre

Einzigartigkeit und versuchen etwas zu sein, das sie für etwas Besseres als sich selbst halten. Du kannst nichts Besseres als du selbst sein. Du bist perfekt!

Das Tolle ist: Du bist das Beste, was es gibt. Du bist einmalig.

Ein wundervolles Wesen mit unbegrenzten Möglichkeiten. Du bist so besonders, so einzigartig und so unverwechselbar, dass es deine Pflicht ist, du selbst zu sein.

Eine Rose ist eine Rose. Sie ist wunderschön.

Eine Lilie ist eine Lilie, auch sie ist wunderschön. Die Lilie versucht aber nicht, eine Rose zu werden, damit sie noch schöner wird. Sie gedeiht zu ihrer eigenen Perfektion – und genau das macht sie auch so wunderschön. Also gedeihe und erblühe zu deiner eigenen, unverwechselbaren Schönheit. Sei du selbst. Du bist liebenswert, göttlich und einzigartig!

Überall sind Wunder

Kinder kommen auf die Welt und wissen, dass alles möglich ist! Ihnen ist vollkommen klar, dass es keine Grenzen gibt. Sie erfahren alles, voller Staunen, als ein großes Wunder. Sie machen die Augen zu und können fliegen. Wäre ihr Haus am nächsten Tag rosa, weil sie es sich gewünscht haben, würden sie sich kaum wundern!

Wenn sie ein Wunder sehen, wundern sie sich nicht!

Wenn Kinder einen Vogel sehen, dann sehen sie ein Wunder. Doch das Besondere ist, dass Kinder in allem ein Wunder sehen und sich deshalb eben nicht wundern. Sie erwarten einfach nichts anderes. Wenn sie ein Wunder sehen, das wir Erwachsene selbst als ein „echtes Wunder" bezeichnen würden, sehen Kinder einfach das gleiche Wunder, das sie auch in einem Vogel sehen.

Für ein Kind ist alles wundervoll. Sie kennen keine Limits. Für sie ist alles möglich.

Genau diese Sichtweise dürfen wir auch wiedererlangen. Alles ist möglich, voller Wunder!

Sei fasziniert und optimistisch

Als Kind hat alles eine ganz besondere Faszination. Alles ist es wert, entdeckt und erforscht zu werden. Einem Kind den Mut zu nehmen, ist zunächst alles andere als einfach.

Ein kleines Kind ist prinzipiell optimistisch! Es kennt zunächst keine negativen Erwartungen, keinen Pessimismus. Ein Kind „ist" einfach – frei, klar und voller Mut.

> *„Es gibt kein Alter, in dem alles so irrsinnig intensiv*
> *erlebt wird wie in der Kindheit. Wir Großen*
> *sollten uns daran erinnern, wie das war."*
> (Astrid Lindgren)

Als Kind bist du begeistert und offen!

Wenn ein Kind das Sprechen lernt, macht es unglaublich viele Fehler. Es vertauscht Buchstaben, missachtet grammatikalische Regeln und bildet Wortneuschöpfungen. Wir wissen natürlich, dass dies zum natürlichen Prozess des Lernens gehört und dass das Kind Sprechen lernen wird. Aber das Kind weiß es eigentlich nicht. Es lässt sich von all den Fehlern nicht entmutigen. Schließlich könnte es sich doch auch sagen: „Puh, echt anstrengend – ich lass das mit dem Sprechen lieber." Aber nein, der angeborene Urinstinkt des Kindes lässt es so lange weiter üben und lernen, bis es sprechen kann.

Ähnlich ist es beim Laufen. Das Kind fällt immer und immer wieder hin. Dennoch steht es jedes Mal wieder auf und versucht es erneut. Es weiß aus irgendeinem Grund, dass es lernen kann, was es können möchte. Auch beim Fahrradfahren oder beim

Schwimmen versucht ein Kind selbst nach dem hundertsten missglückten Versuch immer wieder erneut das zu beherrschen, was es lernen möchte. Wir wissen das und sind uns sicher, dass das Kind lernen wird und alles schaffen kann, was es will, wenn es nur lange genug übt und sich nicht entmutigen lässt.

Doch was uns selbst betrifft, so sind wir oft sehr versteift und mutlos. Wir sehen, dass ein anderer etwas kann oder erreicht hat, und denken uns Dinge wie: „Er kann das vielleicht, aber ich bin dazu nicht in der Lage." „Er hat ein besonderes Talent, günstigere Faktoren oder Glück, aber ich ...!" Wenn ein Kind denken würde, dass ein anderes Kind mehr Talent zum Laufen besitzt, nur weil es schneller laufen kann, und es wegen dieses Gedankens aufgeben würde, könnte kaum ein Kind laufen. Jedoch besitzt ein Kind solche Gedanken nicht. Es versucht es weiter, bis es kann, was es können will.

Es folgt seinem Urinstinkt nach Wachstum und Entfaltung. Dieser Instinkt ist auch in dir veranlagt. Nicht nur auf das Sprechen bezogen. Leider denken wir uns als Erwachsene oft viel zu schnell, dass wir etwas nicht könnten, und geben auf. Vertraue darauf, dass du alles lernen kannst, wenn du nur dabeibleibst.

Als Kind fragst du dich nicht, warum du etwas nicht kannst, du probierst es einfach.

Und wenn du es nicht schaffst, dann probierst du es einfach wieder und wieder und wieder ...

... Du kommst als Kind nicht auf den Gedanken, warum du ein Ziel nicht erreicht hast.

Du bist gefallen, um wieder aufzustehen. Es gab keine Versagensängste. Es gab nur Mut und den immer wieder neuen Versuch, es zu probieren!

Sei optimistisch, sei du selbst, entfalte deine wundervolle Magie! Denke tollkühn, frech, mutig und voller Freude.

Tanze, singe, spiele und lache!

Entzünde Lagerfeuer, suche Engel am Himmel und erfahre Abenteuer. Erinner dich – an deine Kinderaugen!

Songtext

Kinder des Lichts

Lass uns noch einmal den Planeten mit den Augen eines Kindes sehen
und alles, was wir nicht verstehen, einfach blind hinnehmen.
Mit dem Leben tief vereint in jedes Abenteuer springen,
Fehler täglich verzeihen – und vor dem Lagerfeuer singen.
Lass uns tun, was uns gefällt, ohne an die Zeit zu denken,
und das Wunder dieser Welt in jedem kleinen Teil entdecken.
Jede Wiese zum Erlebnis machen, jeden Drachen schweben lassen.
Leben als ein Wunder sehn und über Fehler lachen.
Noch mal im Regen tanzen und die Dinge neu entdecken.
Nur an Heute denken, nichts bereuen – und täglich Träume wecken.
Freude schenken, lieben und stets ohne Sorgen spielen,
voller Frieden schlafen und behütet und geborgen fühlen.
Lass uns noch mal Fantasie wie einen riesen Schatz bewahren
und die Welt als einen wundervollen Spielplatz erfahren.
Lass uns noch einmal so kühn die eigne Norm erfinden.
Lass uns noch mal Kind sein – und von vorn beginnen.

Chorus:
Bitte erinner dich
an deine Kinderaugen!
Du bist ein Kind des Lichts.
Du kannst der Freude einfach folgen und dem Leben blind vertrauen.

Lass uns noch einmal den Planeten mit den Augen eines Kindes sehen
und alles, was wir nicht verstehen, einfach blind hinnehmen.
Lass uns noch einmal dem Leben voller Mut vertrauen!
Noch einmal schnell vergeben und noch einmal grundlos staunen.
Noch mal in die Zukunft schauen und sich einfach sicher fühlen,
glitzernd, kühn durch die Kälte rennen und im Winter spielen.
Einfach den Himmel berühren und nachts mit glitzernden Augen
Engel über Wolken fliegen sehn und an ein Christkind glauben.
Lass uns einfach laufen und durch Wälder oder Felder rennen.
In jedem Schmetterling das Wunder dieser Welt erkennen.
Einfach heiter wachsen, bis uns alle Schuhe drücken.
Purzelbäume schlagen und im Handstand lachend Blumen pflücken.
Noch einmal zurückgehen und gebannt den Schnee anschauen,
sich freuen und mit Freunden lachend dann ein` Schneemann bauen!
Einfach dem Leben vertrauen und ohne Sorgen singen.
Lass uns noch mal Kind sein und von vorn beginnen.

Chorus:
Bitte erinner dich
an deine Kinderaugen!
Du bist ein Kind des Lichts.
Du kannst der Freude einfach folgen und dem Leben blind vertrauen.

Tief in dir hörst du die Stimme, die uns führte, als wir Kinder warn.
Folg ihrem Klang – bitte erinner dich dran!
Wir sind alle Sternenkinder, die dem Boden vertrauen,
doch neben links und rechts vergessen wir, nach oben zu schauen.

Auch wenn wir größer werden und uns manchmal diese Welt verwirrt,
liegt tief in uns doch ein Kern, der niemals älter wird.
Du bist ein Kind des Lichts – ein Kind der Ewigkeit,
auch wenn dich das Gefühl beschleicht, du hast zu wenig Zeit!
Reib deine Kinderaugen!
Trau deinen Kinderaugen!
Folg deinen Kinderaugen!
Du kannst die Welt als Spielplatz sehen und dem Leben blind vertrauen.
Schau durch Kinderaugen!
Trau deinen Kinderaugen!
Reib deine Kinderaugen!
Du kannst die Welt als Spielplatz sehen und dem Leben blind vertrauen.

Chorus:
Bitte erinner dich
an deine Kinderaugen!
Du bist ein Kind des Lichts.
Du kannst der Freude einfach folgen und dem Leben blind vertrauen.

(Aus dem Album „Spirit" von SEOM)

Praxisaufgaben

1. Aktivierung

Finde heraus, was dich als Kind glücklich machte. Überlege dir genau, was dich so richtig fröhlich und glücklich stimmt. Versetze dich in deinen Gedanken intensiv in das Gefühl!

Reise in deine Kindheit.

Wenn du zum Beispiel liebend gerne in einem Wald gespielt hast, dann gehe in den Wald und erobere dir dein ganz persönliches Feld der Fantasie wieder zurück!

Betrachte jeden Ast, jeden Stein und jeden Fluss mit den Augen des Kindes in dir. Tue das, was dich als Kind glücklich machte, und tue es mit kindlicher Freude!

Wenn es dir gelingt, dieses Empfinden nach und nach wieder zu aktivieren, dann erweitere es!

Verlasse den Wald und erkenne den riesigen Abenteuerspielplatz, der dich umgibt. Alles, was dich umgibt, ist eine Einladung des Universums, um zu spielen, um zu lachen. Balanciere, springe, schwimme und erkenne! Alles will entdeckt und erfahren werden.

Versuche, deine Welt offen und unwissend zu betrachten.
Gehe auf Abenteuerreise.

Tue Dinge, die du noch nie zuvor getan hast, und genieße das
Abenteuer deiner Unerfahrenheit. Genieße den Moment der Erfahrung und der freudigen Aufregung. Betritt jeden Weg mit dem
Gefühl, ihn zum ersten Mal zu betreten. Begegne jedem Menschen
so, als würdest du das Leben selbst erstmalig bewundern dürfen.

Erkenne die Essenz des puren Lebens in jeder Person, in jedem
Moment und in jedem Gegenstand!

2. Zur Vertiefung

Wenn es dir gelingt, das Kind in dir wieder zu erwecken und die
Welt bunter, offener und freudiger zu betrachten, dann kannst du
deine Wahrnehmung auf andere Menschen ausweiten.

Betrachte jeden Menschen wie ein kleines Kind! Jeder Mensch
hat Bedürfnisse. Als Kind verleihen wir der Erfüllung jener Bedürfnisse sehr unmittelbar Ausdruck. Wenn du jeden Menschen
wie ein Kind betrachtest und seine Wut, Unzufriedenheit oder
seine Angst aus dem Blickwinkel der „nicht erfüllten Bedürfnisse" betrachtest, kann sehr schnell Verständnis und damit auch tief
greifende Heilung stattfinden.

Wenn dein Chef oder dein Partner das nächste Mal genervt wirkt, dann versuche dir einfach das Kind in ihm vorzustellen. Er wollte so gerne einen Lutscher oder eine weitere Fahrt auf dem Kettenkarussell – und nun ist er enttäuscht. Wenn du jene Enttäuschung wahrnehmen kannst, ohne sie von einem Hintergrund abhängig zu machen, dann siehst du das Kind in ihm. Versuche nur, das Kind zu beobachten, ohne es zu bewerten.

Auf dieser Ebene entsteht tiefes Verständnis.

Daraus entsteht wiederum Vergebung und aus Vergebung entsteht Liebe.

Du musst den Menschen in deiner Umgebung nicht sagen, in welcher Form du das Kind in ihnen siehst (ich habe es versucht und muss dir sagen, dass viele Menschen das Kind in sich nicht beobachtet sehen wollen – nur ein Tipp am Rande). Es reicht vollkommen, dass du es siehst, wahrnimmst und voller Verständnis anzunehmen lernst. Wärst du ernsthaft auf ein Kind wütend, nur weil es einen Lutscher möchte? Diese Betrachtung ist eine sehr befreiende und heilende Methode für dich, deine Umwelt und unser aller Verständnis!

Ich wünsche dir viel Freude dabei.

KAPITEL 4

Die QUELLE

Dein innerster Kern

„Immer gleich ist mein innerstes Wesen, ewig, absolut eins,
unversehrt, vollständig, vollkommen, unteilbar, zeitlos,
formlos und alterslos, ohne Gesicht oder Gestalt,
die stumme Gegenwärtigkeit im Herzen aller Menschen."

(Eine alte Meditation)

Meine persönliche Geschichte

Nachdem ich all die bereichernden und spektakulären Erkenntnisse über die, für mich ersten, universellen Gesetzmäßigkeiten verstanden hatte, las und hörte ich immer wieder von der Macht der Stille. Schon in früheren Jahren versuchte ich zu meditieren und stellte schnell fest, dass meine Gedanken sich nur schwer zur Ruhe bewegen ließen.

Als Kind lehrte mich meine Mutter, die Meditationslehrerin ist, bereits früh erste Meditationstechniken. Damals hörte ich liebend gerne Hörspielkassetten, von den „Meditationkids". Eine herzerwärmende Produktion über das Meditieren, ganz speziell für Kinder. Somit hatte ich das große Glück, schon sehr früh an das Thema „Meditation" herangeführt worden zu sein. Allerdings waren diese Techniken noch nicht mit „echter" Meditation zu vergleichen. Aber was bedeutet das schon ...!

In zunehmendem Alter versuchte ich immer wieder, die Stille zu finden und in diese sagenumwobene Quelle, von der ich immer hörte, einzutauchen. Ich wollte mich zwingen, die Stille zu hören, was natürlich ins Gegenteil uferte. Meine Gedanken wurden noch lauter. Je mehr ich mich bemühte, an nichts zu denken, umso mehr dachte ich an alles Mögliche – außer an „nichts". Irgendwann regte mich das ziemlich auf. Ich wollte doch so gerne die absolute Ruhe in meiner Mitte erlangen. Ich drehte mich in dieser Form recht lange im Kreis.

Bis ich irgendwann einmal begriffen habe, dass es eigentlich nicht darum geht, etwas zu erlangen, sondern sich an etwas zu erinnern, was jederzeit da war. Ich durfte erkennen, dass die Stille und die Ruhe mich immer und in jedem Moment begleiten und umgeben. Es ging nur darum, wirklich hinzuhören und mich darauf einzulassen.

Ich las von einigen großen Lehrern immer wieder, dass die Stille stets da ist. Sie ist in jedem noch so lauten Zug, auf jedem überfüllten Bahnhof und selbst in jeder lauten Bar zu hören. Und zwar zwischen den Geräuschen.

Eines Tages, auf einem von Menschen überfüllten Platz, konnte ich sie dann plötzlich hören. Ich hörte all die Geräusche, das Stimmengewirr und die vielen Töne, doch dazwischen erhob sich unbeschreiblich machtvoll etwas Tieferes, etwas Größeres. Es fühlte sich so an, als ob all die Geräusche lediglich kleine Nebendarsteller auf einer riesengroßen Bühne waren. In der Vergangenheit habe ich mich so sehr auf die Schauspieler konzentriert, dass ich das imposante Bühnenbild völlig übersah. Die Stille übertönte plötzlich alles! Ich verstand auf einmal, um was es ging. Nämlich darum, einfach das, was immer da ist, wahrzunehmen.

Mit diesen Erkenntnissen setzte ich mich eines Nachmittags an einen wundervollen Bach und ließ Stille einkehren. Ich ließ die Gedanken in der Stille einfach auf mich wirken, ohne Anstrengung. Es wurde so still, dass sich die lautlose Stille des gesamten Bewusstseins so deutlich fühlen ließ, dass ich sie in jeder Zelle meines Körpers spürte. Ich spürte die Wahrheit tief in mir und fand sie in der Stille. Es musste zwar von außen nicht still, aber in meinem rebellierenden Verstand ruhig werden, um sie zu hören.

Ich war bis zu diesem Moment irgendwie stets der Meinung, dass ich, um meditieren zu können, jahrelanges Training sowie unumgängliche Techniken bräuchte, die mich erst befähigen würden, tief in mich zu blicken. Wie so vieles andere, sollte sich dies in meiner Welt als ein Irrtum herausstellen.

Es lag nämlich wie so oft an meiner Erwartung. Ich erwartete, dass es schwer wäre. Bis ich auf einmal losließ und alles zu fließen begann. All die umherfliegenden Gedanken an der Oberfläche blieben zunächst da, nur sank ich einfach tiefer. Ich sank automatisch mit jedem Atemzug tiefer und tiefer in mein eigenes Selbst ein.

Die Zeit blieb stehen, nur die Uhr lief weiter.

Es war so einfach. Meiner Meinung nach kann jeder Mensch jene magische Stille in Momenten, die er sich selbst erschaffen kann, finden. Egal, ob vor einem Baum, auf einem Marktplatz, auf einer Parkbank oder zu Hause auf dem eigenen Sofa. Selbst inmitten von lärmenden Geräuschen lässt sich in meinen Augen Meditation praktizieren. In genau dem Moment, in dem ich völlig präsent im Hier und Jetzt bin, erlebe ich tief greifende Momente der Erfüllung. An sich ist es das.

Das Bewusstmachen des gegenwärtigen Augenblicks erschuf eine nie dagewesene Ruhe, Zufriedenheit und Stille. Seither kultiviere ich Momente der Stille.

„In der vollkommenen Stille hört man die ganze Welt."
(Kurt Tucholsky)

Natürlich waren auch die Erkenntnisse zunächst wichtig, das Entscheidende war jedoch die Ruhe meines Verstandes. Sie führte mich erst – und führt jeden von uns – zu Momenten der inneren, wahren Erkenntnis. Das war mein persönliches, stilles und geheimes Wunder! Und es sollte nicht das letzte sein.

„Der Mensch besieht sein Spiegelbild nicht im fließenden Wasser, sondern im stillen Wasser."
(Dschuang Dsi, Das wahre Buch vom südlichen Blütenland)

Von diesem Tag an machte ich es mir zur Gewohnheit, regelmäßig die Stille zu suchen. Vorzugsweise am Morgen, in einer kleinen Meditation, aber auch auf einer Wiese sitzend, auf einer Parkbank oder sogar in einer Straßenbahn gelang es mir bis heute, Momente der tiefen Ruhe und des Friedens zu erzeugen.

Jeden Morgen beobachte ich von Neuem, wie mein Verstand sich immer wieder ein klein wenig dagegen wehren will. Manchmal mehr und manchmal weniger. Er stellt sich Fragen, befasst sich mit unendlich vielen Möglichkeiten und möchte beschäftigt werden. Meine persönliche Taktik, ihn zur Ruhe zu bringen, liegt darin, ihn einfach sein zu lassen und einige Meter tiefer zu sinken.

Ich stelle mir meinen Geist dann stets wie einen großen Ozean vor und sinke in ihn ein. Die Gedanken dürfen weiter fließen, ähnlich wie die Wellen im Meer. Der Unterscheid zu früher besteht für mich einfach darin, dass ich nicht mehr versuche, die Wellen zu stoppen oder zu glätten, sondern einfach weiter nach unten sinke.

Umso weiter ich sinke, desto ruhiger wird es. Manchmal sinke ich etwas tiefer, manchmal nicht. Manchmal tauche ich schneller wieder auf und manchmal erreiche ich ungeahnte Tiefen. In diesen Tiefen erlebe ich regelmäßig unglaubliche Momente der Zufriedenheit und der Freude – ohne Zeit, ohne Raum, ohne Bedingungen. Das Wunderbare daran ist, dass mich die Ruhe, die ich morgens einatme, den ganzen Tag begleitet und mir unendlich viel Gelassenheit und Frieden schenkt.

Und jetzt kommt das Beste: Auch du kannst sie hören!

Wie jeder Einzelne von uns! Wie wir alle!

„Die besten Aussichten kommen durch Einsichten."
(Bruno Würtenberger)

Hintergründe

Erkenne die Quelle, die in dir entspringt und endlos in dein Leben fließt. Harmonsich, zeitlos und unendlich kraftvoll. Fließe mit ihr. Die absolute Stille in dir ist das unendlich tiefe, kristallklare und reine Bewusstsein unter den Wellen deiner Wahrnehmungen.

Stelle dir deinen inneren Kern inmitten deines Wesens wie das tiefe Blau eines nie endenden Ozeans vor. Oben verlaufen die Wellen der Wahrnehmung, die häufig aufgepeitscht, unruhig und rau sein können. Sie sind in der Regel immer da, manchmal größer und manchmal kleiner.

Darunter bewegen sich unheimlich viele Strömungen, deine Gewohnheiten, Erfahrungen und unbewusste Programmierungen. Doch wenn du immer und immer tiefer sinkst, kommst du an einen Ort, der fernab von alldem liegt. Viel tiefer. Viel stiller. An den Wellen vorbei, durch alle Strömungen hindurch bis in die tiefste Tiefe der Stille.

Dies ist ein heiliger Ort!

Eine unberührte Quelle. Eine unangreifbare, große Dimension, die niemals altert. Jede Religion hat ihre Bezeichnungen für jenen Ort, für diese magische Quelle in uns.

Du findest sie in der Stille und die Stille führt dich wiederum zum Erwachen!

„Das Herz des Erwachenden ruht in der großen Stille,
ja, es ist die große Stille selbst.
Die Stille verströmt sorgenloses Dasein,
verströmt Schönheit und Wonne. "
(Meister M – Mario Mantese)

Dein Körper, dein Gehirn, deine Intelligenz, deine Talente, deine Fähigkeiten und selbst dein Geist sind nur Instrumente, die durch etwas Größeres gespielt und in Bewegung versetzt werden. Durch die Quelle! Die tiefe Quelle in deinem Selbst!

Du selbst sagst ja schon, wenn du von dir sprichst: „Das ist mein Körper" oder „Das ist meine Einstellung, meine Persönlichkeit". Wenn du von „deinem Körper" sprichst, dann muss es doch auch einen tief greifenderen Besitzer für deinen Körper geben, oder nicht? Wenn du von „deiner Persönlichkeit" sprichst, wem gehört dann diese Persönlichkeit wirklich? All das bedeutet doch, dass es einen tiefergehenden Besitzer gibt – ein tieferes Bewusstsein – und das bist du! Dein wahres „Selbst".

Ein ewiger, unendlicher, nie versiegender Tropfen in einer unendlichen Quelle.

Ein göttlicher Funke, ein magischer Hauch der Unendlichkeit ruht in dir!

Dieser göttliche, heilige Funke ruht in jedem von uns – im innersten Mittelpunkt unseres Wesens, unseres Seins – und in der Stille kannst du ihn finden, denn dort wurde die Stille geboren.

Aber dein Verstand mag diesen Ort zunächst nicht!

Er mag ihn deshalb nicht, weil er sich jeder Kontrolle entzieht. Zumindest jeder verstandesgemäß erschaffenen, vermeintlichen Kontrolle. In diesem Ort findest du eine unendliche Kraft: Die Kraft der „Quelle"!

Diese Kraft existiert in uns allen. Jene Quelle, die das Leben erschafft und uns mit dem gesamten Kosmos verbindet.

Sie formt durch Eingebungen und Ideen kreative Meisterwerke, beflügelt Künstler, Dichter, Musiker und jeden Menschen seit Anbeginn der Zeit. Sie befähigt Komponisten und inspiriert Bildhauer, sie spricht durch Propheten, genauso wie durch das Fühlen und Denken eines jeden Einzelnen von uns!
Sie ist zeitlos, unsichtbar und unveränderlich! Sie wurde niemals geboren und wird niemals sterben. Sie „ist" einfach. Die ewige Quelle!

Diese Kraft, die Quelle, spricht zu uns mit der Stimme der Intuition oder Ahnung, der plötzlichen Erkenntnis, des Impulses, des instinktiven Drangs und durch schöpferische Ideen. Immer und unaufhörlich drängt sie uns, voranzuschreiten und uns zu immer größeren Höhen emporzuschwingen, um uns stets weiterzuentwickeln. Wir müssen nur lernen, ihr zu lauschen und ihrem Klang zu folgen.

Reine Energie

Für all meine „typisch männlichen" Leser, denen es bisher vielleicht an konkreten, wissenschaftlichen Erklärungen mangelt, ein ganz kurzer Ausflug in die Wissenschaft. Keine Sorge, ich halte es bewusst ganz kurz.

Alles beginnt mit Energie. Aus Energie entstehen und bestehen Atome. Atome sind die Grundbausteine der sichtbaren Substanz. Sie sind so gesehen reiner Sternenstaub, jede Form von Materie besteht aus reiner Energie.

Doch aus was bestehen Atome konkret?
Ein Atom besteht aus dem Atomkern (Protonen und Neutronen) und Elektronen.
Der Raum zwischen Atomkern und Elektron ist jedoch größtenteils leer.

Die Form ist formlos.

Die Materie, also auch wir selbst, besteht zu 99,999999999 Prozent des Raumvolumens aus „Masseleerem Raum". Wissenschaftler nennen es Vakuum oder dunkle Materie.

Wir sind also größtenteils: nichts!

Aber was ist dieses Nichts?

Das ist das allumfassende Bewusstsein.

Jene „leere" Masse enthält alle Informationen und somit den Bauplan des gesamten Lebens selbst.

Es ist das eigentliche Energiefeld unseres Universums – eine Art universelle, göttliche Matrix! Dieses Energiefeld ist in allem, um alles herum und mit allem verbunden!

Dr. Ulrich Warnke nennt es sehr treffend: „Das Meer aller Möglichkeiten".

> *„Dieses Nichts geht fließend über in alles um mich,*
> *in die Luft und schließlich in den Kosmos,*
> *bis in die Unendlichkeit des Universums."*
> (Dr. Ulrich Warnke)

All das hatte mich zutiefst geflasht. Ich sah mir nachts immer sehr gerne und häufig die Sterne an. Mein ganzes Leben habe ich sie als so entfernt und so getrennt von mir betrachtet, wie in dem bekannten Laternenlied: „Dort oben leuchten die Sterne und unten da leuchten wir." Nun kam das Gefühl auf, dass ich selbst aus nichts anderem bestehe und auch die Sterne aus nichts anderem als ich selbst.

Da stellt sich eine Welt schnell mal auf den Kopf. Oder besser gesagt vom Kopf auf die Füße. Wie auch immer ...!

Die universelle Matrix

Es handelt sich also um ein universelles Informationsfeld!

Aber wie beeinflussen wir diese universelle Matrix, dieses göttliche Informationsfeld?

Durch unsere Gefühle und unsere Überzeugungen! Denn durch unsere Überzeugungen beeinflussen wir die Quantenmöglichkeiten! Sich seiner Überzeugungen und ähnlicher Vorgänge im Inneren bewusst zu werden, bedarf wiederum der Stille.

Doch was sind Überzeugungen?

Eine Überzeugung ist die Vereinigung von Gedanken und Emotionen! Einfach gesagt, von unseren Gedanken und unseren Gefühlen! Die Vereinigung von unserem Kopf und unserem Herzen.

Wie unsere Überzeugungen entstanden sind, mag interessant sein, soll uns zunächst aber gar nicht interessieren. Es gibt massenhaft Bücher und Therapieansätze zu diesen Themen. Mir geht es vor allem darum, dir das Prinzip und meine Weise der Transformation zu erklären.

Es geht um eine Vereinigung von deinem Gehirn und deinem Herz. Wobei das Herz eine viel größere Rolle spielt, als die meisten annehmen würden. Das universelle Informationsfeld besteht aus elektrischen und magnetischen Feldern. Alles Leben wird letztendlich durch elektromagnetische Felder erzeugt und lebendig gehalten. Sobald wir das magnetische oder das elektrische Feld verändern, verändert sich das Atom in gewissen Anteilen. Nicht vergessen: Atome sind die Grundbausteine der Materie. Unser Herz erzeugt wiederum elektrische und magnetische Wellen.

Es ist also der Motor der Manifestierung. Durch unsere Gedanken und unsere Herzensenergie verändern wir die Welt. Hierzu noch einmal ein kurzer Ausflug in die Wissenschaft. Keine Angst, ich sagte „kurz".

Im Fall des Menschen bilden sich Moleküle aus Atomen, welche wiederum Zellen bilden. Jene Zellen stellen unseren grobstofflichen Körper dar. Wir sind also bestehende Körper aus Zellen mit einem ganzheitlichen, unterbewussten sowie verstandesgemäß gelenkten Bewusstsein. Genau das macht uns zu schöpferischen Wesen.

Wir bestehen allerdings aus zwei Körpern. In spirituellen Kreisen wird oft zwischen dem grobstofflichen, materiellen und dem feinstofflichen Körper unterschieden. Dies trifft es allerdings nicht ganz. Die Bezeichnung eines feinstofflichen Körpers würde noch immer die Bindung an Stofflichkeit, also Materie, beinhalten. Günstiger wäre vielleicht die Unterscheidung zwischen einem stofflichen und einem energetischen Körper.

Die stofflichen Körper sind scheinbar voneinander getrennt, aber die energetischen sind durch die allumfassende Energie alle miteinander vernetzt und letztendlich auch mit allem verbunden.

Und so bilden wir schließlich die Welt! In und durch einen allumfassenden Geist. Eben jene göttliche Matrix. Und dieser Geist ist eine Form von göttlichem Bewusstsein.
Reine Energie.

Und das führt uns zum Anfang.

Alles beginnt mit Energie. Aus Energie entstehen und bestehen Atome. Wie wir diese reine Quelle der Energie nun nennen, bleibt uns überlassen.

Burkhard Heim nannte den „Hyperraum", also die 12. Dimension, auf der alles miteinander verbunden ist, sehr treffend „den zeitlosen Webstuhl der Ewigkeit".

Mit allem verbunden

Ich bekam einmal eine Karte, auf der folgende Worte standen: „Als Gott dich schuf, legte er liebevoll ein Stück von sich selbst in dich hinein." Wie viel Wahrheit steckt in diesem Satz? Treffender geht es kaum.

Wir alle sind ein spezieller, individueller, perfekter und einzigartiger Ausdruck dieser unendlichen Quelle, deren Licht und Präsenz alle Wesen mit purer Lebensenergie durchdringt.

Doch wie können wir uns diese Quelle wahrhaft bewusst machen? Dies gelingt im Wesentlichen durch zwei Faktoren: durch die Stille und den Glauben.

Warum die Stille heute so schwer zu hören ist

Wir dürfen die Stille suchen, um Antworten zu finden.
Nur sind wir es eben nicht mehr gewohnt, die Stille zu suchen. Es erscheint manchen oft als sehr mühsam und anstrengend. Warum ist das so?

Wir sind darauf konditioniert worden, nicht mehr nach Stille und innerer Ruhe zu suchen. Ich fragte mich lange, warum es manchem von uns so schwerfällt, in die Stille zu tauchen und der absoluten Ruhe zu lauschen. Auch mir ging es lange Zeit genauso. Wir haben durch bestimmte Reize und Gewohnheiten gelernt, die Welt von außen zu betrachten. Dazu kommen erschaffene Überzeugungen wie Zweifel oder Sorge.

Hast du einmal versucht, den Moment zwischen zwei Gedanken wahrzunehmen? Nachdem du einen Gedanken gedacht hast und bevor der folgende beginnt, besteht eine Lücke. Sie ist kurz, sehr kurz. Aber sie ist vorhanden. Ähnlich wie die immer bestehende Stille, die sich zwischen zwei Geräuschen befindet. Diesen Lücken zu lauschen dient dem Erfahren von Stille. Leider haben wir im Trubel der hektischen Welt um uns herum oft vergessen, solche Momente wahrzunehmen.

Wenn du in einem Zug, in einer Fußgängerzone oder in einem Restaurant einmal ganz bewusst still wirst und auf alle Geräusche achtest, wirst du erstaunt sein, was du hören kannst. Zunächst wirst du die vermeintlich lauten, auffallenden Geräusche wahrnehmen. Danach fällt dir auf einmal das Ticken einer Uhr, die leisen Gespräche um dich herum oder das Plätschern eines Brunnens auf. Umso stiller du wirst, umso klarer wirst du jedes noch so kleine Geräusch wahrnehmen, bis du schließlich deinen eigenen Herzschlag hören kannst. Wenn du dich nun noch gezielter auf die Stille konzentrierst, wirst du feststellen, dass sich hinter jener Kulisse an Geräuschen ein viel tieferes, kraftvolles Feld befindet. Die Stille. Du kannst sie hören. Alles andere ist nur eine temporäre Ablenkung. Die Stille ist immer da, immer zu hören.

Durch das gezielte Schulen der Wahrnehmung und das achtsame Beobachten der „bewussten Momente" können wir diese Fähigkeit trainieren. Das „Hier und Jetzt" ist wieder einmal der Schlüssel, der die Tore zur Achtsamkeit öffnet. Viele von uns leben momentan aber noch nicht im Jetzt. Oftmals denken wir schon während des Kochens an das Essen und während des Essens an das Abspülen. Während des Abspülens stellt sich natürlich die Frage, was abends im Fernsehen laufen könnte und was zu tun wäre, wenn irgendein x-beliebiges Problem auftritt. Wir drehen uns im Kreis.

Rüdiger Dahlke formulierte es einmal sehr passend mit den Worten:

„Wir leben nicht ganz entspannt im Hier und Jetzt,
sondern völlig verspannt im Wenn und Aber!"

Wir sind – unterbewusst und bewusst – darauf programmiert, ständig in Bewegung zu bleiben. Wir haben gelernt, ständig zu „tun", und meist verlernt, einfach zu „sein".

Gerade junge Menschen werden in dieses Programm durch das Internet mit seinem App-Wahnsinn, dem Fernsehen, I-Phones und durch ständige Beeinflussung von außen hineingeboren. Das Fernsehen und die allgemeinen Medien treiben einen immer weiter hinaus in eine Flut von Konsumgedanken und das schleichende Gefühl von Unzufriedenheit.

Viele sind so sehr damit beschäftigt, ihr Leben auf Facebook zu verwalten, dass sie oft völlig vergessen zu leben – geschweige denn, die Stille zu suchen. Wir sind es in dieser lauten und schnellen Welt oft nicht mehr gewohnt, bewusst die Stille zu genießen und tonlosen Stimmen zu lauschen. Wie du ja bereits weißt, bestimmt unsere Gewohnheit auch unser bewusstes Handeln.

Außerdem wird auch fast alles, was vom analysierenden Teil des Geistes als ungewohnt eingestuft wird, auch als unbequem und anstrengend empfunden. Das Tolle ist jedoch, dass sich jede Gewohnheit schnellstens verlernen und durch neue Gewohnheiten ersetzen lässt. So kann aus einem analytisch einstufenden, ein intuitiv wahrnehmender Geist werden. Und das ist erst der Anfang!

„Die Natur reicht uns die Hand der Freundschaft, sie lädt uns ein, damit wir uns an ihrer Schönheit erfreuen; doch wir fürchten ihre Stille und fliehen in die Städte, wo wir uns zusammendrängen wie eine Herde Lämmer beim Anblick des Wolfes."

(Khalil Gibran)

Wie ändere ich die Gewohnheit des Bewusstseins?

Du kannst tatsächlich aus jeder Gewohnheit und dem daraus verstandesgemäß erzeugten Gefühl eine neue, selbstbestimmte, konstruktive und segenbringende Gewohnheit erschaffen. Du veränderst den Bauplan in der Matrix.

Durch ständige Wiederholung dessen, was du denkst oder tust, werden dem Unterbewusstsein automatische Reaktions- und Verhaltensmuster eingeprägt. Neurologisch betrachtet, entstehen einfach neue Verknüpfungen in deinem Gehirn und durch ständiges Trainieren werden die Netze deiner neuen Verknüpfungen dichter und komplexer.

Das einzige Hindernis auf dem Weg zum Erfolg sind deine eigenen, negativen Vorstellungen und Gedanken, Konditionierungen und Einstellungen!

Gefühle entsprechen oft Gedanken. Denkend hast du daher die Macht, alles aus deinem Geist zu verbannen, was dein inneres Gleichgewicht stören könnte.

„Verändert sich deine Art zu fühlen,
dann ändert sich auch dein Schicksal!"
(Rhonda Byrne)

Jede real ausgeführte Tätigkeit und jede Situation des Alltags wird mit einer ausgelösten gedanklichen Reaktion verknüpft. Trinkst du einen Cappuccino, denkst du vielleicht an Pause und fühlst dich entspannt, weil du dich daran gewöhnt hast, beide Erfahrungen zu verknüpfen. Stehst du im Stau, denkst du vielleicht an Verzögerung und fühlst dich gestresst. An sich ganz klar.

Du könntest im Stau aber auch an Erholung oder an eine Pause denken.

Die Verknüpfung basiert auf Gewohnheit und Erfahrung. Gute Ereignisse lösen gute Gedanken, also gute Gefühle aus. Vermeintlich schlechte, oder eben auch die meisten unbekannten Ereignisse und Erfahrungen, lösen das Gegenteil aus. So weit logisch. Das Problem ist nun, dass viele neue Erfahrungen gar nicht negativ wären, aber durch die gewohnheitsmäßige Verknüpfung oft als schlecht oder zumindest als anstrengend und unbequem eingestuft und somit empfunden werden – zum Beispiel, die „Stille wahrzunehmen".

Du kannst jedoch diese neuronale Verknüpfung durch das aktive Verändern der Denkgewohnheit und somit der Erfahrung auch wieder löschen und neue Verknüpfungen schaffen. Somit kannst du also durch die Veränderung deiner gedanklichen Reaktion auch jede ausgelöste emotionale Reaktion ändern.

Du hast Laufen, Schwimmen und Autofahren gelernt, indem du diese Tätigkeiten so lange geübt hast, bis sie sich deinem Unterbewusstsein vollständig und immer tiefer einprägten. Ab da übernahmen dann deine herausgebildeten Reflexe alles Weitere. Bei dieser genialen und bewundernswerten Meisterleistung deines Geistes handelt es sich um die gewohnheitsmäßige, unterbewusste Steuerung bestimmter Gedanken und Handlungen.

Und nun kommt die gute und zugleich die schlechte Nachricht: Jedem Menschen bleibt es selbst überlassen, sich gute oder schlechte Gewohnheiten zuzulegen und diese beizubehalten. Wer also eifersüchtige, kritische und allgemein negative Denk- und Handlungsweisen einübt, unterliegt schließlich dem Zwang der selbst erschaffenen Gewohnheit. Der Mensch ist ein Sklave seiner Gewohnheit … du kannst dich aber jederzeit von einem Sklaven zu einem Falken erheben.

Konkret heißt das: Du kannst absolut jede gewohnheitsmäßige Situation in deinem Leben, die bei dir Stress, Wut, Hektik oder Angst auslöst, ändern und verändert halten. Und zwar dadurch, dass du deine gedankliche Reaktion darauf bewusst veränderst und aufrechterhältst.

Klingt kompliziert? Ist ganz easy! Gedanken sind steuerbar. Nach wenigen Wochen wird dein Gehirn auf die vorher stress-, wut- oder angstauslösende Situation mit einer anderen Emotion wie Ruhe, Liebe oder Gelassenheit reagieren.

Ich spreche hier allerdings von den gewohnheitsmäßig erzeugten Gedanken und Gefühlen. Wenn du traurig bist, weil dir etwas wirklich Trauriges wiederfahren ist, dann sei bitte traurig. Schaue dir deine Trauer, Wut oder Angst an! Verdränge sie nicht. Schaue sie so lange an, bis sie sich verändert, und sie wird sich auflösen. Darauf kommen wir noch genauer zu sprechen.

Ungeachtet solcher Situationen haben es sich allerdings viele Menschen angewöhnt, gewohnheitsmäßig wütend oder zornig zu sein, beispielsweise beim Autofahren, beim Zeitunglesen oder in Hunderten anderen Situationen. Und genau von diesen gewohnheitsmäßigen Situationen spreche ich hier.

Du hast die Freiheit der Wahl

Du kannst dich für eine gute oder für eine schlechte Gewohnheit entscheiden.
So kannst du alle bekannten, dir angewöhnten Situationen von den ursprünglich ausgelösten gedanklichen und emotionalen Reaktionen lösen und neue Verknüpfungen erstellen. Du änderst nur die gedankliche Gewohnheit und dann geschehen die neuen, gedanklichen und emotionalen Reaktionen von alleine.

Aber dafür brauchst du Stille. Zumindest von Zeit zu Zeit.

Wenn du also die Stille gewohnheitsmäßig suchst und die Ruhe
einatmest, wenn du zulässt, dass sie sich förmlich in dir ausbreitet, dann vermehrt sie sich und du kannst sie im Alltag nutzen,
um Situationen und deine Gedanken darauf zu erkennen und zu
verändern.

> *„Stille ist das Element, in dem große Dinge heranreifen. "*
> (Thomas Carlyle)

Geistige Ruhe vertreibt zudem Angst! In der Stille mit offenen Oh-
ren, offenem Herzen und offenem Geist den Liedern der Wahrheit
zu lauschen, kann dich näher zur Essenz führen als irgendein ge-
sagtes oder geschriebenes Wort.

Die Antwort auf jede Frage

In der Ruhe liegt die Kraft! Es klingt so abgedroschen, so einfach
– und ist doch so wahr!

> *„Was immer du erwirbst, erwirbst du nur in der Stille,*
> *und göttlich ist nur, was im Schweigen geworden ist. "*
> (Sören Kierkegaard, Philosophische Schriften)

Du wirst durch die Stille vor allem lernen, deinen inneren Ruf zu hören. Er wird dich rufen und du wirst ihn hören, wenn du es wünschst. Im Geräuschedschungel der Konditionierungen können wir ihn aber leider oft nicht mehr hören. Doch du wirst ihn sehr genau und sehr deutlich wahrnehmen, wenn du darum bittest und dich der Stille voll und ganz hingibst.

Vertraue darauf!

Wenn du Momente der absoluten Ruhe in dir selbst erschaffst und diese immer weiter kultivierst, wirst du einen ungeahnten Schatz an Reichtümern vorfinden. Du nimmst in diesen Momenten Kontakt zur Essenz von allem auf. Egal, ob du es „Akasha", „das universelle Bewusstsein" oder „Matrix" nennen magst: Hier kannst du die Antwort auf jede Frage finden. Hier, in diesem Feld der Stille, ist alles abgespeichert.

Dort findest du alles und alles, was du suchst, findet dich dort ebenfalls.

Sinke in die Stille, in das unendliche Meer der unbegrenzten, zeit- und formlosen Quelle. Suche die Ruhe, atme sie ein, mache sie zu deinem treuen Begleiter, gewöhne dich daran, ihr zu lauschen, und vergiss sie nicht.
Sinke tief, dann tiefer und noch tiefer ... lass es still werden.

Songtext

Die Quelle

„Tauche tief in dich" – blick in dein Innerstes,
vorbei an Wellen der Gedanken, bis es stiller ist.
Vorbei an Werten der Erfahrung und Gewohnheiten,
die in uns unterbewusst wie durch einen Strom gleiten.
Tauche tiefer bis zum Grund deines Lebens,
bis zum innersten Mittelpunkt deines Wesens.
Tauche tiefer, bis es dunkel wird, dort ist es unberührt.
Hier liegt ein Punkt, der dich sekundenschnell zur Ruhe führt.
Du kannst ihn spüren, wenn du die herrliche Vision erkennst
in der Perfektion des eben gegenwärtigen Moments,
in diesem Meer der Möglichkeiten liegt die größte Macht,
also schöpfe aus dem Vollen deiner Schöpferkraft.

Pre-Chorus:
Tauche tief in dich ein, zu deinem innersten Kern,
manchmal wirkt er weit entfernt wie ein schimmernder Stern.
Doch er ist näher als nah und seine Macht ist so klar,
er birgt ein ozeantiefes, stilles Kraftreservoir.

Chorus:
Es ist die Quelle – die Quelle – die Quelle.
Finde die Quelle – die Quelle – die Quelle.

Sie ist der Grund und das Herz deines Lebens,
tief im Mittelpunkt – im Kern deines Wesens.

Blick in dein Innerstes, darin ist eine Quelle des Guten,
die nicht aufhört, unsre Welt durch ihre Wellen zu fluten.
Sie ist der Ursprung von Freude und von Leidenschaft,
alles entsteht und besteht nur durch eine Kraft.
Es ist die Macht, mit der sich Menschen schon sehr lang befassen.
Sie lässt Knochen wie von Zauberhand zusammenwachsen.
Sie lässt dich lachend tanzen, wenn sie im Leben durchklingt,
sie ist die Lebensenergie, die alle Wesen durchdringt.
Sie strömt überall hindurch, durch die Luft und die Meere:
die Quelle allen Seins – der Ursprung der Materie,
eine wortlose Stimme, zwischen tosendem Staub,
ein Denken ohne Gedanken, ein tonloser Laut!

Pre-Chorus:
Tauche tief in dich ein, zu deinem innersten Kern,
manchmal wirkt er weit entfernt wie ein schimmernder Stern.
Doch er ist näher als nah und seine Macht ist so klar,
er birgt ein ozeantiefes, stilles Kraftreservoir.

Chorus:
Es ist die Quelle – die Quelle – die Quelle.
Finde die Quelle – die Quelle – die Quelle.
Sie ist der Grund und das Herz deines Lebens,
tief im Mittelpunkt – im Kern deines Wesens.

Blick in dein Innerstes, darin ist eine Quelle des Guten,
die nicht aufhört unsre Welt durch ihre Wellen zu fluten.
Sie ist der Ursprung der Magie, die dein Wesen tief bewegt,
und die Essenz einer Idee von jeder Kreativität.
Sie bewegt den Lauf der Dinge und besteht in jedem Keim,
sie legt Zauber in die Stille und lässt Leben gedeihen.
Sie ist die Erde, ist der Wind und die Welle des Regens.
Der Baum der Erkenntnis – die Quelle des Lebens.
Deshalb folge ihrem Licht, dass den Schatten erhellt.
Sie ist und bleibt der feste Boden einer schwankenden Welt.
Jede Religion benennt sie, in Sprachen und Zeichen,
in Bildern und Tönen, die sich alle gleichen.

Pre-Chorus:
Tauche tief in dich ein, zu deinem innersten Kern,
manchmal wirkt er weit entfernt wie ein schimmernder Stern.
Doch er ist näher als nah und seine Macht ist so klar,
er birgt ein ozeantiefes, stilles Kraftreservoir.

Chorus:
Es ist die Quelle – die Quelle – die Quelle.
Finde die Quelle – die Quelle – die Quelle.
Sie ist der Grund und das Herz deines Lebens,
tief im Mittelpunkt, im Kern deines Wesens.

(Aus dem Album „Spirit" von SEOM)

Praxisaufgaben

1. Aktivierung

Suche dir einen bequemen Platz, an dem du ungestört sitzen kannst. Schalte dein Handy aus und lass Ruhe in dir aufkommen. Der erste Teil der Übung besteht einfach nur darin, still zu sitzen. Versuche, ohne Bewegung zu sitzen und deinen Körper wahrzunehmen. Anschließend konzentrierst du dich auf deinen Atem. Atme tief in den Bauch und achte darauf, wie sich deine Bauchdecke hebt und senkt. Spüre, wie dein Zwerchfell harmonisch und weich immer wieder reflektorisch in seine Mitte federt. Danach beobachtest du nur noch.

Beobachte einfach nur deinen Atem und fühle, wie die Luft ein- und wieder ausströmt. Schnell wirst du feststellen können, dass du nicht wirklich selbst atmest, sondern „geatmet" wirst. Das Leben atmet in dir. Das Leben beatmet dich. Du musst nichts tun, dieser Vorgang funktioniert völlig automatisch. Das Leben selbst atmet durch dich. Das Leben fließt durch dich. Sobald du dir dessen gewahr bist, wird es dir noch leichter fallen, deinen Atem einfach fließen zu lassen und ihn zu beobachten.

Als nächsten Schritt lässt du absolute Stille in dir einkehren. Fokussiere dich weiter auf deinen Atem und bei jedem Gedanken, der in dir aufkommt, denkst du an das Bild des Himmels. Dein Bewusstsein ist der Himmel und deine Gedanken entsprechen den Wolken. Lass sie einfach vorbeiziehen. Sie dürfen da sein, aber du beachtest sie nicht. Nach und nach lösen sich die Gedanken auf.

Du kannst natürlich auch mit dem Bild des Ozeans arbeiten und mit jedem Atemzug tiefer in dich und in die Stille sinken. Praktiziere diese Übung jeden Morgen und jeden Abend 20 bis 30 Minuten lang. Du wirst ein unwahrscheinlich großes Kraftreservoir in dir entdecken. Alleine diese Übung verschafft dir sehr viel Ruhe für deinen Alltag, fördert deine Konzentration und führt dich zu einer sehr harmonischen Grundstimmung.

Versuche, diese Methode nicht als Übung zu betrachten, sondern als Genuss. Es ist die Zeit, die du dir früh am Morgen selbst schenkst. Es ist deine ganz persönliche, heilige Zeit der Besinnung. Achte und ehre diese Momente voller Freude!

2. Zur Vertiefung

Sobald du die Stille mehr und mehr erfahren und darin eintauchen kannst, darfst du den nächsten Schritt vollziehen. Versuche zum Spaß einmal, zu Beginn deiner Atemübung auszuprobieren, ob du es schaffst, mit nur zehn Prozent deiner Lunge zu atmen. Natürlich geht das nicht wirklich, aber du darfst es dir einmal vorstellen. Atme für drei Minuten nur noch mit einem kleinen Teil deiner Lunge.

Anschließend erweiterst du deine Atmung langsam, von Atemzug zu Atemzug, auf 20 Prozent, dann auf 50 Prozent und schließlich auf 100 Prozent. Du wirst feststellen, dass du nun viel tiefer und bewusster atmest. Nun stellst du dir vor, über die 100 Prozent hinaus zu atmen. Du atmest bis unter deine Sitzfläche. Schalte deinen Verstand aus und stelle dir einfach vor, wie sich dein Atem in deiner Aura ausbreitet. Du atmest bis unter die Sitzfläche, um dich herum und weit über deinen Kopf hinaus. Danach öffnest du alle Grenzen, dehnst deinen Atem noch weiter aus und atmest bis weit über deinen Kopf, deine Beine und um deinen Körper herum. Das ist die natürliche Vollatmung.

Du wirst vollkommen verblüfft sein, wie intensiv und erfüllend dein eigener Atem sein kann. Es ist die pure Ekstase, ein göttliches Vergnügen.

Du kannst deine Gedanken im Übrigen auf die gleiche Weise ausweiten. Denke einen großen, wunderschönen Gedanken. Zunächst denkst du ihn nur in deinem Kopf. Danach versuchst du, diesen Gedanken in deinem Herz zu fühlen und ihn mit dem Herz zu denken. Als Nächstes erweiterst du den Gedanken und lässt ihn durch all deine Zellen fließen.

Du wirst ein Gefühl von großer Freude und Glückseligkeit empfinden.

Zur Krönung dessen erweiterst du dein Feld der Schwingung, wie
bei der Atmung, um deinen Körper herum. Dehne den Gedanken
und die Schwingung aus. Denke ihn über deinen Kopf hinaus,
aus deinem Herz, über das Dach deines Hauses, an die Landes-
grenzen und letztendlich um den gesamten Erdball. Versuche,
den Gedanken dann ganz bewusst noch weiter auszudehnen, und
du wirst klar und deutlich spüren, dass du mit dem gesamten Universum verbunden bist.

Wenn du, wie oben beschrieben, Stille einkehren lässt und dich
deinem wahren Bewusstsein öffnest, wirst du den friedvollsten
Frieden und tiefe Liebe erfahren!

Viel Freude dabei – es ist ein himmlisches Vergnügen!

KAPITEL 5

GLAUBE

Unser Herz bewahrt
das Reine

*„Glaube ist, daran zu glauben, was du noch nicht sehen kannst,
und die Belohnung dieses Glaubens ist, dass du das,
woran du glaubst, sehen wirst!"*

(Augustinus von Hippo)

Meine persönliche Geschichte

Vor ungefähr 24 Monaten hatte ich einen Gedanken.

Ich beschloss, ein Album zu produzieren, das den Menschen all
das Wissen, welches mir durch magische Fügungen offenbart
wurde, aufzeigen und ganzheitlich vermitteln sollte.

Ein nie da gewesenes Album samt folgendem Buch.

Damals war ich alleine. Ich hatte nichts außer dem Gedanken und
das Ziel vor Augen, jenes Album in die Welt zu tragen. Ich hatte weder einen Produzenten, geschweige denn eine Plattenfirma,
noch das nötige Geld, um einen solchen Plan umzusetzen.

Also begann ich, mein Wissen zu nutzen, und wandte alle Techniken an, die mir durch Bücher, Vorträge, geistige Lehrer und
das Leben selbst vermittelt wurden. Ich visualisierte täglich mein

Endziel und säte unaufhörlich Gedanken des tiefen Glaubens, der Dankbarkeit und der Liebe. Ich begann diesen Weg zu beschreiten, ohne zu wissen, wie sich mein Traum konkret verwirklichen lassen sollte. Dann passierte etwas Magisches:

Aus ganz Deutschland meldeten sich wie von Zauberhand Menschen, die mir all ihre Kraft, ihr Wissen und nicht zuletzt viel Geld zur Verfügung stellten, um meinen Traum zu verwirklichen. Aus Bonn, Köln, Berlin, Bremen, Düsseldorf, Augsburg und aus dem Allgäu traten Menschen, wie gerufen, in mein Leben. Das Erstaunliche war, dass ich sie nicht angerufen oder ihnen Mails gesendet habe, ich habe sie lediglich energetisch angezogen. Jeder Einzelne sollte ein Teil dieses wundervollen Mosaiks der Wunder werden. Zu Beginn konnte ich das allerdings nicht wissen.

Eine Plattenfirma, ein Verlag, Grafiker, Künstler, eine Sängerin, Heiler, Autoren und viele andere Menschen –all diese wundervollen Wesen flogen auf den Schwingen der Zuführung in meine Arme. Zu Beginn war ich alleine – nun habe ich viele Experten aus dem ganzen Land an meiner Seite – einen magischen Zirkel!

Sie alle gaben ihr Bestes in jedem ihrer Bereiche, um meinen Traum in die Tat umzusetzen. Allesamt Profis in ihrem Gebiet und mit nichts außer dem Vertrauen und dem Glauben in die Umsetzung meines Wunsches, meiner Vision.

Voller Ehrfurcht, Dankbarkeit und Demut darf ich nun staunend beobachten, wie sich mein Traum Stück für Stück manifestiert und der Keim des Gedankens zu greifbarer Realität wird.

Der gedanklich manifestierte Erfolg steht außer Frage.

Als ich die Gedanken der Veröffentlichung meines Albums „Spirit" säte, hatten meine Youtube-Videos ungefähr 200 Klicks. Für ein Format wie Youtube ist das nichts!

600 Kilometer entfernt entschlossen sich zwei Geschäftsführer einer Plattenfirma einen neuen Künstler zu suchen. Bis heute können sie mir nicht genau sagen, wie sie letztendlich auf mein Youtube-Video gestoßen sind. Jedenfalls hörten sie einen meiner Songs, kontaktierten mich und nahmen mich sofort unter Vertrag. Ich berichtete ihnen von meiner Vision zu „Spirit", dass ich ein nie da gewesenes Album mit rein spirituellen Inhalten auf moderne Art produzieren möchte. Sie glaubten an meine Vision, gaben mir freie Hand und zudem alle finanziellen Mittel zur Umsetzung meiner Vision.

Alleine diese Geschichte gleicht einem Wunder. 15 Jahre lang habe ich meine CDs an Plattenfirmen gesendet und wurde nie unter Vertrag genommen. Wenn ich zurückdenke, muss ich ehrlich zugeben, dass mein Glaube mir im Weg stand. Schon beim

Versenden der CDs dachte ich nämlich oft, mehr oder weniger unbewusst, dass meine Inhalte zu komplex sein könnten, um einen großen Vertrag zu erhalten. Ich hörte unbewusst auf die Meinung von vielen anderen Menschen und bildete daraus meinen Glauben.

Ich hörte viele „Experten", die erklärten, dass die Musikindustrie einfache Songs, stumpfe Texte und einfallslose Konzepte vorzieht und dass Songtexte wie meine nicht gefragt seien. Ich hörte Freunde, die mir sagten, ich sei zu speziell, um in der Musikbranche Fuß fassen zu können. Ich hörte so viele Meinungen, so viele Einschätzungen und Gedanken. Das Problem waren allerdings nicht die Meinungen. Das Problem bestand darin, dass ich aus all diesen Meinungen meinen Glauben bildete.

Mit der Zeit veränderte ich dann meinen Glauben und begann einfach zu schreiben. Ich ignorierte alle anderen Meinungen in meinem Geist. Ich ließ in meinen Gedanken einfach keine andere Option mehr zu. Zudem hörte ich auf zu diskutieren. War jemand anderer Meinung, lächelte ich sanft, blieb still, akzeptierte seine Auffassung und bewahrte meinen Glauben.

Ich säte voller Glauben ausnahmslos Gedanken des Vertrauens und verschickte ab diesem Zeitpunkt kein einziges Album mehr. Warum auch? Mein Glaube würde meine Geschichte neu schreiben.

Zur selben Zeit klickte ein Geschäftsführer aus Bonn auf besagtes Video mit 200 Klicks und rief mich kurz darauf an. Die darauffolgenden Wunder folgen noch im Verlauf des Buches. Dies war der Anfang. Der Anfang eines wundervollen Prozesses, basierend auf wahrem Glauben.

Dies ist meine Geschichte für alle „Träumer" da draußen. Wenn ihr einen Traum habt, dann beschützt und bewahrt ihn. Haltet daran fest und glaubt an seine Verwirklichung. Jeden Tag!

Die unendliche und wundervolle Macht dieses Universums wird Umstände, Personen und Begebenheiten arrangieren und euch auf unglaublich magische Weise helfen, eure Gedanken in Realität zu verwandeln.

Ich danke an dieser Stelle allen Beteiligten von ganzem Herzen für ihren Glauben an meinen Traum, ihre unerschöpfliche Ausdauer und für ihren Mut, Wege zu gehen, die zu Beginn kaum jemand für möglich hielt. Ihr seid meine gerufenen Engel!

Dies ist mein ganz persönlicher Beweis für die Tatsache, dass diese Welt das Gemälde unserer Vorstellung ist und dass der Geist die Materie erschafft. Mit Liebe und Glaube ist alles möglich! Deshalb verliere niemals deinen Glauben!

Hintergründe

Und als er nach Hause kam, traten die Blinden zu ihm, und
Jesus sagte zu ihnen: „Glaubt ihr, dass ich es tun kann?"
Sie antworteten ihm: „Ja, Herr!" Da berührte er ihre Augen
und sprach: „Nach eurem Glauben soll euch geschehen."
(Matthäusevangelium 9, 28-30)

Unser Glaube bestimmt unsere Möglichkeiten!

Bis zum Jahr 1954 war der allgemeine, gesellschaftlich aner-
kannte Glaube, dass ein Mensch eine Meile nicht in weniger als
vier Minuten laufen könnte. Die allgemein akzeptierte Meinung
war, dass ein Mensch physisch einfach nicht in der Lage wäre,
diese Zeit zu unterbieten. Es wurde immer und immer wieder
versucht, aber weil es kein Mensch schaffte, hielt es niemand für
möglich. Das war der allgemeine Glaube!

Zu dieser Zeit hatte ein bestimmter Mann eine Vision. Roger
Bannister setzte sich das Ziel, als erster Mensch die Meile unter
vier Minuten zu laufen. Er glaubte beständig daran und hielt es
stets für möglich.

Er folgte seinem Glauben und machte das Unmögliche möglich.
1954 lief er die Meile in weniger als vier Minuten.

Doch jetzt kommt das wirklich Erstaunliche: Nachdem er sein Ziel 1954 erreichte hatte, erreichten über 20 000 Menschen, inklusive Teenagern und Schülern, dasselbe Ziel. Was ist passiert? Was hat sich verändert?

Die Meile hat sich nicht verändert. Auch die Menschen haben sich körperlich in den ersten Jahren nicht verändert. Ihnen sind innerhalb eines Jahres sicherlich keine zwei Meter hohen Beine gewachsen.

Der Glaube hatte sich verändert. Über 20.000 Menschen wussten auf einmal, dass es möglich ist. Sie wussten, dass es jemand geschafft hatte, deshalb hat sich ihr Glaube verändert.

Ein neuer Glaube hatte sich etabliert.

Wenn irgendjemand irgendetwas erreichen kann, kannst du es auch! Selbst wenn es vor dir niemand schaffte, ist es dennoch möglich.

Es ist möglich! Egal, was du sein willst – es ist möglich!

Egal, wo du stehen möchtest, was du werden willst, was du sehen und fühlen willst – glaube daran, es ist möglich!

Dein Glaube verändert alles

Zur Verdeutlichung dieser wundervollen Tatsachen ist ein kurzer
Ausflug in die Medizin notwendig.

Du kennst sicher den Placeboeffekt. Er wird definiert als „wissenschaftlich nachgewiesene Materieveränderung, allein durch
Vorstellung und Erkenntnis – also geglaubtes Wissen". In der
Medizin treten mitunter 40 Prozent bis 60 Prozent Placeboeffek-
te auf. Mittlerweile wird sogar von Phantomoperationen berich-
tet, in welchen die Patienten lediglich dem Glauben unterliegen,
operiert worden zu sein, was wiederum den Heilungsprozess der
betreffenden Patienten auslösen kann.

Erwartung und Glaube beeinflussen also nachweislich und be-
weisbar die Struktur der Materie im submolekularen Bereich.
Um sich diese Eigenschaft zunutze machen zu können, ist es
hilfreich, die vereinfachte Funktionsweise unserer zwei Ebenen
des Bewusstseins zu verstehen.

Unser Bewusstsein teilt sich grob gesagt in zwei verschiedene
Hirnareale auf: in den Neocortex, als Sitz des Bewusstseins, und
das limbische System, als den zentralen Schaltmodus des Unterbewusstseins, welches die Informationen an den Solarplexus
weiterleitet und empfängt. Dieser befindet sich auf Höhe des

Zwerchfells und wird auch „Sonnengeflecht" genannt. Hier ist, wir wollen es einmal so nennen, der energetische Sitz des Seins. Über dieses Zentrum können wir erfahren, was umfassende Liebe bedeutet. Hier existieren Vollkommenheit und absoluter Frieden.

Jenes Sonnengeflecht wird oftmals auch als das „Gehirn des Unterbewusstseins" bezeichnet. Stark vereinfacht lässt sich sagen, dass das Bewusstsein einen Gedanken fasst, der im zerebrospinalen Nervensystem eine entsprechende Schwingung auslöst. Nun ist der Neocortex wiederum ein Lernsystem, welches die Effekte des limbischen Systems auslöst. Das gesamte Bewusstsein lässt sich also ganzheitlich beeinflussen.

Das ist fantastisch!

> *„Glaubt, ihr habt empfangen,*
> *und es wird euch gegeben werden."*
> (Matthäus 7, 7–8)

Step by Step

Vertraue stets darauf, dass du dein Ziel erreichen wirst, auch wenn es noch so weit entfernt scheint. Mache einfach weiter und betrachte im Geist stets das Endziel. In deinen Handlungen konzentrierst du dich nur auf den nächsten Schritt. Den ganzen Weg

kannst du sowieso nicht überblicken, aber du kannst jeden neu-
en Schritt mit ganzem Herzen und voller Mut und Kraft gehen.
Mach es wie der Straßenkehrer in „Momo". Betrachte nicht die
ganze Straße, die noch zu fegen ist, sondern nur den nächsten
Besenstrich. Du wirst ankommen.

Wenn du auf den höchsten Berg der Welt steigen willst, musst du
irgendwann anfangen loszulaufen. Alles Visualisieren wird dich
nicht auf den Gipfel tragen, wenn du nicht losläufst. Wenn du
versuchst, den Berg an einem Tag zu besteigen, wirst du am Ende
des Tages völlig erschöpft und frustriert zusammenbrechen. Also
gehe einfach an jedem Tag ein paar Schritte. So hast du stets
genug Kraft und kannst deine Schritte mit Bedacht wählen. Du
kannst dich den Sauerstoffverhältnissen anpassen und wirst niemals zu müde sein, um weiterzugehen. Es mag sein, dass du
deinen Kurs öfters korrigieren musst, um zu deinem Ziel zu gelangen, aber das spielt keine Rolle. In deinem Geist behältst du
währenddessen stets den Gipfel vor Augen. So wirst du sicher
ankommen. In deiner Kraft und voller Ruhe. Außerdem kannst
du so auch den gesamten Weg und die Wunder am Rande des
Pfades wahrnehmen und genießen.

Solltest du einmal an deinem Erfolg zweifeln, dann mach dir bewusst, dass jeder Zweifel wieder vorbeigeht, wenn du nur deinen
Glauben aufrechterhältst! Glaube!

„Erfolg haben heißt, einmal mehr aufzustehen,
als man hingefallen ist."

(Winston Churchill)

Der Unterschied zwischen erfolgreichen und erfolglosen Menschen liegt zu großen Teilen darin, dass die Erfolgreichen beharrlich bleiben. Sie geben nicht auf. Sie glauben an sich und ihren Weg. Auch sie machen Fehler, doch wenn sie einen Misserfolg erleben, sehen sie lediglich ein, dass es so nicht geht. Also machen sie es anders. Sie wählen einen anderen Weg, aber sie bleiben niemals stehen.

Bleibe niemals stehen

Egal, was passiert: Bleibe niemals stehen. Lerne aus deinen Fehlern, aber höre niemals auf weiterzugehen. Die Macht der Gedanken ist grandios und wird dich überall hinbringen, dennoch musst du selbst loslaufen. Dich nur auf deine Vision zu fokussieren, wird dich nicht voranbringen, wenn du dich nicht selbst bewegst. Jeden Tag hast du die Chance, deinem Traum entgegenzulaufen. Jeden Tag kannst du aufs Neue deinen goldenen Pfad beschreiten. Viele Menschen, die ich kennenlernen durfte, machen leider allzu oft den Fehler, dass sie ihren Traum klar vor sich sehen, aber vergessen, täglich daran zu arbeiten.

Auch wenn du müde bist, wenn du Angst hast oder frustriert bist, gehe weiter. Deine Angst wird verfliegen, sie wird wiederkommen und sie wird dich öfters begleiten, als dir lieb ist. Aber wenn du an dich glaubst, weitergehst und entschlossen an dir und deinem Traum arbeitest, wird sie zu deinem Freund werden. Sie wird dich wachsen und reifen lassen. Glaube an deinen Weg und gehe ihn mit deinem ganzen Herzen. Nichts und niemand hat die Macht, dich daran zu hindern. Nichts und niemand.

Selbst wenn es manchmal so scheinen mag. Jeder Zustand, jeder Rückschlag und jede Enttäuschung ist nur temporär. Also gehe weiter und bleibe niemals stehen. Du wirst ankommen!

Warum geschieht manchen das Gegenteil von dem, was sie sich wünschen?

Wenn ich dich auffordern würde, über die Sitzfläche einer Parkbank zu laufen, wäre das mit Sicherheit kein Problem für dich. Du könntest problemlos auf diesen 50 Zentimetern balancieren und würdest dich sogar trauen, auf einem Bein darauf zu stehen. Aber nehmen wir einmal an, dieselbe Parkbank befände sich in 100 Metern Höhe über einer tiefen Schlucht und du wärst nicht gesichert. Wäre dein Balanceakt dann genauso spielerisch und leicht? Klar, du hättest schon noch den Wunsch, jene 50 Zentimeter zu überqueren, aber deine Angst herunterzufallen würde dich sehr deutlich hindern! Die selbstinduzierte Angst würde dich mit ziemlicher Sicherheit abhalten oder zumindest stark verunsichern. Der Wunsch, den Balanceakt zu bestehen, würde sich ins Gegenteil verkehren und die erzeugte Sorge würde die Angst vor einem Fehlschlag verstärken!

Jeder geistig erzeugte Druck und jede seelische oder mentale Gewaltanstrengung führten stets das Gegenteil dessen herbei, was sie bezwecken wollten. Das selbst erzeugte Gefühl der Hilflosigkeit behält somit die Oberhand und beherrscht den Geist.

Denke an das Phänomen, wenn dir ein Begriff nicht einfällt. Je mehr du dich damit befasst, den Begriff zu aktivieren, desto schwerer fällt es dir, die Wortform aus deinem Sprachzentrum abzurufen. Doch wann fällt dir der Begriff ein? In dem Moment, in dem du aufhörst, bewusst darüber nachzudenken! Eine interessante Tatsache deines Gehirns ist übrigens, dass es sich, während du dich mit anderen Dingen befasst, auch weiterhin mit der Suche nach dem Begriff beschäftigt. Du bekommst es aktiv zwar nicht mit, aber bestimmte Areale in deinem Gehirn arbeiten bis zur Lösung daran, den Begriff zu finden. Lass einfach los! Der Schlüssel liegt im Loslassen! Je geringer der Energieaufwand, desto besser!

Versuche deshalb, nach positiven Bejahungen und Visualisierungen nicht wieder in negative Denkmuster zu verfallen, sondern halte deinen Glauben stabil aufrecht.

Wenn du einen Samen in die Erde pflanzt, kommst du ja auch nicht auf die Idee, nach zehn Minuten mit einem Stock in der Erde herumzustochern, um zu sehen, ob dort schon eine Blume gedeiht. Der Samen muss Wurzeln schlagen und benötigt Zeit, um zu wachsen. Genauso verhält es sich mit den Keimen, die du in das ewig fruchtbare Erdreich deines Geistes pflanzt! Negative Gedanken sollten möglichst nicht gesät, aber unter keinen Umständen bewässert werden. Positive, liebende und erfreuliche Gedanken sollten dagegen täglich gehegt und gepflegt werden! Das Wachstum zeigt sich zwar nicht sofort, aber wenn du es in der materiellen Welt erstmalig erblicken kannst und weiter glaubst, explodiert es plötzlich.

Der Bambus zeigt dir das sehr schön:
Der Farmer setzt den winzigen Bambuskeimling in die Erde und vertraut. Er vertraut der Gesetzmäßigkeit des Universums. Das schlafende, ungeborene Pflänzchen bleibt nun bis zu vier Jahre lang unsichtbar unter der Erde verborgen. Jeden Morgen wässert der Farmer vertrauensvoll und gläubig die Sprossen. Jeden Tag. Vier Jahre lang. Nach vier Jahren kommt das kleine Pflänzchen endlich zum Vorschein.

Dann passiert etwas Erstaunliches!
Der Bambus wächst schlagartig mit jedem Tag bis zu einen Meter hoch!
Er wächst innerhalb von nur 90 Tagen etwa 20 Meter!
Manche Bambusarten wachsen bis zu 38 Meter hoch.

Während der vergangenen vier Jahre wusste der Farmer überhaupt nicht, ob das kleine Pflänzchen jemals durch die Erde brechen wird, aber er hatte Vertrauen. Er verlässt sich auf seinen Glauben. Er pflegt das kleine Pflänzchen jeden Tag!

Und genau diese Überzeugung brauchen wir auch. Bei allem!
Die Kunst ist, wahrhaftig zu glauben und wahres Vertrauen in die Gesetze dieses Universums zu entwickeln.

Es ist möglich!

„Alles ist möglich, dem der glaubt."
(Markus 9, 23)

Nun führen wir die vorangegangenen Kapitel kurz zusammen.

Entspanne dich und lasse jede bewusste Anstrengung los. Suche die Stille.
Glaube wie ein Kind! Treu und ohne Zweifel.

Nach einiger Zeit beherrschst du es, wenn du nur daran festhältst. Zu Beginn reicht es, wenn du dir das gewünscht Ereignis einfach nur vorstellst! Du wirst anfangs die Erfahrung machen, dass sich deine Vernunft oder deine Logik gegen diese Einstellung auflehnt, aber lass dich davon einfach nicht beeindrucken oder beirren. Bewahre einen einfachen, kindlichen und wunderwirkenden Glauben. Versetze dich in das erfreuliche Gefühl. Genieße dabei vor allem die Euphorie, die Begeisterung und vermeide jede Form des „Wenn und Aber"-Denkens.

Der einfachste Weg ist immer der beste!

Glaube, glaube, wie du noch nie geglaubt hast! Glaube an Liebe, glaube an dich, glaube an Frieden und glaube an eine bessere Welt. Glaube ohne Zweifel! Das Beste daran ist, dass dir deinen Glauben niemand nehmen kann! Es liegt stets bei dir. Egal, was jemand sagt, wie sehr er kritisiert oder dich einengen will – das Bewahren deines Glaubens liegt einzig und allein bei dir.

> *„Suchet und ihr werdet finden, klopfet an,*
> *und es wird euch aufgetan werden."*
> (Matthäus 7,7)

Bewahre deinen Glauben wie einen heiligen Schatz!

Songtext

Glaube

Man kann einen Mensch in einen grauen, kalten Keller sperren.
Doch man kann niemals seinen Glauben aus dem Herz entfernen.
Man kann Menschen unterdrücken, grausam foltern und beleidigen
und dennoch werden sie den Glauben stolz verteidigen.
Man kann Menschen alles einreden, kann sie zweifeln lassen,
kann sie dazu bringen, sich entzweit im Streit zu hassen.
Man kann Menschen weinen lassen, sie bekriegen und verbiegen,
doch man wird es niemals schaffen, ihre Liebe zu besiegen.
Denn egal, wie oft ein Mensch in Krisen bricht,
man kann ihm alles nehmen aber ein Gefühl wie dieses nicht.
Man nimmt ihm nie die Fantasie, nimmt ihm nie die Kraft der Liebe,
nimmt ihm niemals die Magie und nimmt ihm nie die Macht der Güte.
Man kann Menschen Angst machen bis zu Panikattacken.
Kann in Medien alle Nachrichten durch Wahnsinn verpacken.
Doch egal, was sie machen, keiner wird uns dazu bringen,
unsre Liebe zu verlieren und unsre Lieder stumm zu singen.

Chorus:
Raubt uns alle Pfade, baut 1000 Mauern als Fassade,
ihr könnt vieles nehmen, doch nie unsren Glauben an das Wahre.
Ganz egal, was ihr sagt, unser Herz bewahrt das Reine,
mit dem Glauben an das Gute ist ein Mensch niemals alleine.

Raubt uns alle Pfade, baut 1000 Mauern als Fassade,
ihr könnt vieles nehmen, doch nie unsren Glauben an das Wahre.
Ihr könnt wegsehen oder vor uns wie ein Fels stehen,
doch uns nie unseren Glauben an eine bessere Welt nehmen.

Ihr könnt uns knebeln oder in einen dunklen Kerker stecken,
doch den Glauben an das Gute niemals mehr zerbrechen.
Ihr könnt uns wegsperren, in Dreck zerren, verleugnen und hassen,
doch auf keinem Weg kriegt ihr je unsre Träume zu fassen.
Ihr könnt Lügen verbreiten, unsre Zügel zerschneiden,
unsre Herzen werden trotzdem stets die Flügel ausbreiten.
Könnt uns quälen, könnt uns lähmen und die Augen verbinden,
aber seht niemals die Kräfte unsres Glaubens verschwinden.
Ihr könnt Häuser verbrennen, uns in Zäune einengen.
Aber werdet es nicht schaffen, unsre Träume zu pfänden.
Ihr könnt heute beenden, was gestern begann,
unser Glaube ist zeitlos und lässt sich nicht fangen.
Ihr könnt hetzen und dann Angst und Schrecken verbreiten,
könnt sagen, wir kämpfen in schrecklichen Zeiten.
Könnt denken, dass Menschen sich ständig nur streiten.
Doch keinen Mensch dran hindern, solch Texte zu schreiben.

Chorus:
Raubt uns alle Pfade, baut 1000 Mauern als Fassade,
ihr könnt vieles nehmen, doch nie unsren Glauben an das Wahre.
Ganz egal, was ihr sagt, unser Herz bewahrt das Reine,
mit dem Glauben an das Gute ist ein Mensch niemals alleine.

Raubt uns alle Pfade, baut 1000 Mauern als Fassade,
ihr könnt vieles nehmen, doch nie unsren Glauben an das Wahre.
Ihr könnt wegsehen oder vor uns wie ein Fels stehen,
doch uns nie unseren Glauben an eine bessere Welt nehmen.

(Aus dem Album „Spirit" von SEOM)

Praxisaufgaben

1. Aktivierung

Wähle ein wahrhaft großes Ziel für dein Leben aus. Ein Ziel, das so groß ist, dass du es mit deinem alten Wissensstand für unmöglich halten würdest.

Wähle dieses Ziel vor allem unter dem Gesichtspunkt aus, dass es dir Freude bereitet. Du solltest dich überglücklich und euphorisch fühlen, wenn du an die Erfüllung dieses Zieles denkst.

Schreibe nun auf einen Zettel die Worte „Es ist möglich!" und hänge diesen Zettel über deine Türklinke an deine Haustür. Jedes Mal, wenn du deine Türe öffnest oder schließt, machst du dir nun bewusst, dass es möglich ist, dein Ziel zu erreichen. Denke an all die vielen Menschen, die trotz widrigster Bedingungen, entgegen allen Wahrscheinlichkeiten, ihr Ziel erreicht haben.

Denke an Roger Bannister und an all die anderen großartigen Träumer, die mit ihrem Glauben Berge versetzt haben. Egal, was du sein willst, es ist möglich. Jedes Mal, wenn du deinen Zettel mit diesen Worten siehst, prägst du deinem Unterbewusstsein ein, dass es möglich ist, jenes Ziel zu erreichen.

Versetze Berge!

2. Zur Vertiefung

Lege einen Zettel mit den Worten „Es ist möglich" neben dein Bett und betrachte ihn jeden Tag vor dem Einschlafen und nach dem Aufstehen. Versetze dich jedes Mal intensiv in das freudige Gefühl der Glückseligkeit, die du spüren wirst, wenn das Ziel erreicht ist.

Lege einen zusätzlichen Zettel mit den Worten „Es ist möglich!" in dein Auto, in deine Hosentasche und an deinen Arbeitsplatz.

Und das wichtigste: Glaube daran! Auch wenn dein objektivierender Verstand sich zunächst aufbäumen mag, fahre unbeirrt fort. Dein Unterbewusstsein wird die Information aufnehmen, umsetzen und deinen Glauben mit jedem Tag verstärken. Und wenn du zweifeln solltest, weil nach einigen Tagen keine Ergebnisse zu sehen sind, denke an den Bambus!

Habe Geduld! Glaube und vertraue. Es ist möglich!

„Das Gegenwärtige ist begrenzt,
das Mögliche ist unermesslich!"
(Abraham Lincoln)

KAPITEL 6

BALANCE

Licht und Schatten

Ohne Ruhe gäbe es keine Bewegung,
ohne Licht gäbe es keinen Schatten.

„Suche nach Ruhe, aber durch das Gleichgewicht,
nicht durch den Stillstand deiner Tätigkeit."
(Friedrich Schiller)

Meine persönliche Geschichte

Ich war in meiner Vergangenheit, als Jugendlicher und junger Erwachsener, voller Hingabe in der Graffitiszene aktiv. Ich erzähle dir das nicht, um eine Grundsatzdiskussion über Graffiti auszulösen, sondern um meinen jüngeren Lesern die Harmonie der Widersprüchlichkeit näherzubringen. In der Nacht ein Bild zu malen ist zunächst nicht richtig und nicht falsch, es ist einfach nur ein Resultat menschlicher Ausdrucksform. Dieses Phänomen ist weltweit zu beobachten. An welchem Ort und in welcher Weise diese kreative Form des Selbstausdrucks stattfindet, steht auf einem anderen Blatt. Die Bewertung des Malens von Graffiti liegt nicht bei mir, sie findet nur in unseren Köpfen statt.

Wenn du nachts ein Bild malst und mehrere Stunden an einer Wand verbringst, um ein Kunstwerk zu erschaffen, ist es sehr wichtig, nicht gesehen zu werden. Also besteht die Kunst darin, sich lautlos und möglichst unsichtbar zu bewegen. Ich fühlte mich im Dunkeln immer sehr wohl. Durch meine Leidenschaft für das nächtliche Malen war ich schon in jungen Jahren ein Freund des Schattens und der Nacht. Ich liebte es einfach, mich unsichtbar im Dunkeln durch Städte an Wänden zu bewegen, um die Welt am Morgen etwas bunter wiederzufinden.

Ich fand den Gedanken der enthaltenen Widersprüchlichkeit immer sehr amüsant. Es ist doch sehr ambivalent, sich nachts versteckt im Dunkeln zu bewegen, um die lichterfüllte Welt etwas bunter zu gestalten. Eigentlich verrückt, sich mit schwarzer Kleidung durch die Nacht zu schleichen, nur um ein schönes, farbenfrohes Bild, das die Menschen mit Freude erfüllen soll, zu hinterlassen.

Ähnlich ist es beim Schreiben. Ich schreibe meine Texte vor allem in der Nacht und nutze die Stille der Welt, um meine Texte zu erschaffen. Letztendlich sollen jene Texte Menschen sanft aufwecken. Paradox, dass ich die Nacht nutze, um Menschen mit dem Ergebnis wecken zu dürfen. Ich nutze die Nacht, um Licht zu erzeugen. Somit schätze ich die Magie der Nächte sehr!

Später, als ich mich aus spiritueller Sicht immer weiter entwickelte, konzentrierte ich mich sehr stark auf das Licht. Ich habe den

Schatten verdrängt. Natürlich war mir das lange nicht bewusst, aber irgendwann kam ich an einen Punkt, an dem mir diese Erkenntnis deutlich vor Augen geführt wurde.

Nachdem ich all die bisher beschriebenen Gesetze verstehen und erleben durfte, fühlte ich mich sehr beflügelt. Um genau zu sein, fühlte ich mich wie im Paradies.

Von purem Licht durchflutet. Von reinem Licht umgeben.

Dann war es an der Zeit, eine weitere, wichtige Lektion erfahren zu dürfen: Dort wo Licht ist, ist auch stets Schatten!

Nicht nur außen, sondern vor allem innen.

Zunächst wusste ich nicht, was mich in meiner Entwicklung noch bremste, aber irgendetwas schien mich noch aufzuhalten. Irgendetwas schien mich innerlich noch zu hindern. Es ist schwer in Worte zu fassen. Äußerlich lief alles wie am Schnürchen, aber ein Teil von mir wehrte sich noch ein wenig. Nachts, vor dem Einschlafen, konnte ich es oft am deutlichsten spüren. Es fühlte sich an, als ob mich ein Teil von mir selbst ungewollt sabotieren würde. Als ob sich „etwas" in meinem Inneren noch vor dem nächsten Schritt fürchten würde.

Ich wusste noch nicht so recht, welche Kraft in mir sich gegen die erzeugten Gedankenmuster wehren würde, aber irgendwo schien in meinem Geist noch eine Handbremse angezogen zu sein. Eine Bremse, welche mir die freie Fahrt zu ganzheitlichem Erfolg deutlich erschwerte. In mir schienen noch Schattenseiten verborgen zu liegen, welche es anzusehen und willkommen zu heißen galt. Diese Tatsache hatte ich bis zu jenem Punkt meiner spirituellen Entwicklung völlig außer Acht gelassen. Jede negative Gemütsregung wurde zwar von mir erfasst, doch dann auch sofort wieder unter dem Deckmantel des positiven Denkens in den Schatten verdrängt.

Ich hatte das besonders große Glück, schnell lernen zu dürfen, dass dies der falsche Weg war. Also stellte ich mich meiner Wut. Ich stellte mich meinen Schattenseiten. Im Gegensatz zu meinen bisherigen Erkenntnissen war diese Erfahrung zunächst alles andere als angenehm und erfüllend. Ganz im Gegenteil. Sie war ekelhaft und sehr anstrengend. Um ganz ehrlich zu sein, fühlte ich mich beschissen. Ich durfte mich all meinen negativen Schattenseiten und verdrängten Dämonen stellen – einer Crew, bestehend aus neidischen, wütenden, traurigen und enttäuschten Teilen innerhalb meines Wesens. All diese Teile waren stets ein Teil von mir, nur hatte ich sie erfolgreich aus meiner bewussten Wahrnehmung gedrängt.

Ich durfte feststellen, dass da neben all meinem Licht und meiner wundervollen Liebe Dinge in mir verborgen lagen, die all dem voll und ganz zu widersprechen schienen. Natürlich widersprachen sie der Liebe nicht wirklich, sie wollten nur angesehen werden. Und ich?

Ich wollte es erst mal nicht so recht wahrhaben. Eine absolute Frechheit! Ich war doch so von Liebe erfüllt – und nun das! Eine Unverfrorenheit! Ich hatte doch keine Schatten! Ich doch nicht! Ich fühlte mich doch schon so weise und so nah an der Erleuchtung, als wäre ich Buddha persönlich. Pustekuchen!

Also durfte ich mich an die Arbeit machen. Ich reiste in meine Kindheit (ich weiß, das klingt jetzt komplett nach dem klassischen „Erzählen sie mir von ihrer Mutter"-Klischee) und durfte all die verdrängten Ängste, Frustrationen und unbewusst erschaffenen Glaubenssätze erkennen und erneut durchleben. Habe ich schon erwähnt, dass das ekelhaft war?

Da war ein kleiner Junge, der sich einsam fühlte, der Angst vor der Erwachsenenwelt und deren Verpflichtungen hatte, der sich ausgegrenzt und missverstanden fühlte. Dieser Junge von damals war noch immer tief in mir verankert, nur eben im Schatten der Verdrängung verborgen. Von dort aus zog er die Fäden meines gesamten Verhaltens. Natürlich ohne dass ich davon wusste.

Er hatte damals clevere Methoden erfunden, um wieder in die vermeintliche Balance zu kommen. Genau diese Methodik bestimmte nun den Großteil meines Verhaltens als Erwachsener. Ganz schön mächtig, so ein Schatten!

Also nahm ich all diese Seiten in mir erstmals bewusst wahr. Und dann? Dann war ich wütend! Ich war richtig wütend. Zum ersten Mal im Laufe meiner magischen Entwicklung der vielen Erkenntnisse erlaubte ich mir, richtig wütend zu sein. Ich war traurig, verbittert, enttäuscht, ängstlich und wütend. Zum einen, weil ich all das noch einmal durchleben durfte, zum anderen aber vor allem, weil es mich so aufregte, dass ich mich so viele Jahre scheinbar selbst brillant ausgetrickst und sabotiert hatte. Ich erzähle dir das nicht, um dir Angst zu machen, sondern um dich zu beruhigen. Solltest du in diesem Prozess wütend werden, dann ist das völlig normal und in Ordnung. Es ist sogar gut für dich.

Nachdem ich mir, nach und nach, all der sabotierenden und verdrängten Muster gewahr wurde und mich den damit verbundenen Gefühlen schutzlos stellte, passierte etwas Erstaunliches: Frieden kehrte ein!

Als ich mich der Wut bewusst, komplett und nackt auslieferte, bis hin zu tiefsten Tränenergüssen, kehrte plötzlich Frieden und Stille ein. In dem Moment, in dem ich dachte, es würde mich vor

Wut, Angst oder Enttäuschung zerreißen, lösten sich die Wolken am Himmel schlagartig auf und ich empfand tiefe, innere Ruhe. Von da an freundete ich mich nach und nach mit meinen Schattenseiten an. Ich nahm sie ganz bewusst an und trage sie seither stets mit einem Lächeln bei mir. Sie entfernen oder verleugnen zu wollen, macht sowieso keinen Sinn, aber in dem Moment, in dem ich sie voll und ganz in mir willkommen heiße und bedingungslos akzeptiere, können sie mich nicht mehr sabotieren.

So lernte ich, die verschiedenen Seiten in mir zu nutzen. Ich durfte erkennen, dass sich immer dann, wenn ich die alten Denk- und Verhaltensweisen aktivierte, all die unangenehmen Situationen meiner Vergangenheit in der Gegenwart wiederholten. Das war hochinteressant zu beobachten.

Wenn ich als Kind so richtig wütend und frustriert gewesen war, verankerte sich ein Gefühl mit einem entsprechenden Glaubenssatz in mir. Diesen Glaubenssatz durfte ich nun erkennen und analysieren. Natürlich stellte sich in fast allen Fällen heraus, dass der Glaubenssatz nicht der Wahrheit entsprach, also konnte ich ihn auch auflösen.

Ich erkannte nach und nach, dass ich ganz bestimmte Bedürfnisse besitze, die es zu erfüllen gilt. In dem Moment, in dem ich sie auf Dauer nicht erfülle, werden Schattenseiten aktiv, die dafür sorgen, dass die Balance wiederhergestellt wird. Meine Aufgabe bestand also darin, meine Bedürfnisse zu erkennen und den Schatten somit zu integrieren.

So konnte ich beginnen, die Balance wiederherzustellen. Ich durfte ganz einfach erkennen, dass jede Frustration durch ein nicht erfülltes Bedürfnis entstand. Nachdem ich meine Bedürfnisse, die als Kind nicht voll befriedigt worden waren, erkannt hatte, konnte ich sie so im entsprechenden Fall erfüllen, ohne den Schatten zu verdrängen.

Erstmals erkannte ich, dass auch das ein sehr beachtlicher Teil von ganzheitlicher Liebe ist – nämlich die Liebe zu allen Seiten in mir. Das war eine zunächst schmerzhafte und anstrengende, aber im Endeffekt höchst erfüllende Erkenntnis.

Und genau diese Erkenntnis führte mich wieder zum Ursprung zurück– zur Liebe.

Den Schatten zu integrieren und somit die innere Balance herzustellen, ist eine bereichernde und höchst befreiende Erfahrung, denn nur so entsteht wahres Gleichgewicht.

Balance.

Hintergründe

Eine der wichtigsten Aufgaben in unserem Leben besteht darin, stets das Gleichgewicht zu halten. Das gesamte Universum beruht auf Polarität. Die Harmonie von allem, was ist, beruht auf der ausgeglichenen, stetigen Balance aller Teile in sich.

Finde die wahre Balance in dir und du wirst eine ausgeglichene Welt vorfinden.

Die Balance zwischen Anspannung und Entspannung, zwischen deinen männlichen und deinen weiblichen Anteilen, zwischen Ruhe und Bewegung und zwischen Licht und Schatten.

Alles besitzt Pole. Alles ist gekennzeichnet von Gegensätzen. Gleich und Ungleich sind im Grunde dasselbe und jedes Paradoxon wartet darauf, in Einklang gebracht werden – in seine ausbalancierte Mitte.

Yin und Yang

Wir alle kennen die berühmte Unterscheidung in Yin und Yang. Gemeinsam bilden Yin und Yang, mit ihren männlichen und weiblichen Anteilen, die Harmonie des Ganzen. Es handelt sich um ergänzende, nicht voneinander trennbare, zueinander im

Gleichgewicht stehende und sich ständig verändernde Elemente, die zugleich Voraussetzung für alles Leben sind. Genauso verhält es sich auch in uns. Sobald jene Vereinigung stattfindet, bildet sich wahre Balance.

An sich ist es ganz einfach. In dem Moment, in dem du deine weiblichen und männlichen Anteile in ausgewogener Balance verschmelzen lässt, entsteht Harmonie.

Heutzutage erkennen Männer ihre weiblichen und Frauen ihre männlichen Seiten glücklicherweise immer offener an, wobei ein jeder von uns lernen darf, seine verschiedenen Anteile noch klarer auszuleben. Frauen zeichnen sich in der Regel eher dadurch aus, dass sie besonders klar fühlen, wobei Männer ihren Fokus oftmals eher auf das Handeln richten.

Frauen stehen eher für das Sein und Männer für das Tun. Männer lieben es oftmals zu planen, während Frauen eher ihrer Intuition folgen. Während Männer oft entschlossen handeln, verstehen es viele Frauen eher, entspannt loszulassen. Natürlich sind beide Anteile sowohl im Mann als auch in der Frau veranlagt. Es geht nur darum, sie bewusst zu erkennen, anzunehmen und in ausgeglichene Harmonie zu ihren scheinbar gegensätzlichen Polen zu bringen.

Hierbei hilft dir vor allem dein reines, kindliches Herz!

Kannst du dich an das Kapitel „Kinder des Lichts" erinnern? Genau hier liegt der Schlüssel. Als Kind befinden sich in deinem Denken nämlich kaum Schranken. Die Trennung zwischen männlichen und weiblichen Eigenschaften ist zu Beginn kaum vorhanden. Sie wird dir erst später auferlegt und anerzogen.

Männer müssen beispielsweise früh lernen, dass ein Mann nicht weint. Ein Mann muss tapfer sein, klar und entschlossen handeln und sich ausschließlich auf das Erledigen von Aufgaben fokussieren. Das ist natürlich totaler Quatsch!

Frauen müssen sich um die Bedürfnisse ihrer Männer kümmern, dürfen nicht selbstbestimmt handeln und sollten sich eher auf das Fühlen konzentrieren. Auch das ist Quatsch.

Wir alle sind wundervolle, sensible, ganzheitliche und einzigartige Wesen!

Jeder von uns ist in der Lage, zu fühlen, zu weinen, zu lachen, zu planen, zu träumen, zu handeln, loszulassen und festzuhalten. Ein Kind kommt von alleine nicht auf die Idee, dass es nicht weinen dürfe, nur weil es als Junge geboren wurde. Es würde sich auch niemals selbst sabotieren, indem es sagt, es könne keinen Pferdestall konstruieren, nur weil es ein Mädchen ist. Kinder lassen ihre gesamten Anteile ineinander übergehen und leben deshalb ganzheitlicher als viele Erwachsene.

Erst wenn wir lernen, dass alle weiblichen Anteile im Wesen des Mannes und auch alle männlichen Anteile im Wesen einer jeden Frau vereint sind, können wir diese auch bewusst ausleben. Und genau darum geht es!

An dieser Stelle ein Wort an all meine männlichen Leser. Wir befinden uns in der Zeit des Wandels, des Erwachens und der Transformation. Alle erschaffenen Dogmen über die vermeintliche Männlichkeit dürfen und sollen vergessen werden. Ja, es ist männlich, zu weinen und zu fühlen. Ja, es ist männlich, zu singen, zu tanzen und einfach zu sein. Ja, es ist auch männlich, seiner inneren Stimme zu folgen, zu meditieren, Yoga zu praktizieren, seine Schwächen und seine Gefühle offen zu zeigen. Sollte dein Verstand sich jetzt zu sehr aufregen, dann sage dir, dass es „menschlich" ist, all diese Dinge zu leben!

Natürlich auch ein Wort an all meine weiblichen Leserinnen. Wir befinden uns in einer heiligen Zeit des Wandels, des Erwachens und der Transformation. Alle erschaffenen Werte und Regeln der alten Zeit dürfen und sollen neu definiert werden. Ja, es ist weiblich, entschlossen zu handeln, sich liebevoll durchzusetzen und fokussiert zu planen. Ja, es ist auch weiblich, zu seinen Werten zu stehen, diese zu vertreten und auf ganzer Linie erfolgreich zu leben. Es gibt weder Unterordnung noch Überordnung. Es gibt lediglich ganzheitliche Liebe zu allen Teilen in sich. Durch die Verbindung der gegensätzlichen Elemente entsteht allumfassende, ganzheitliche Vollkommenheit.

Ohne Oben kein Unten, ohne Yin kein Yang. Daraus entsteht Harmonie. Das Leben besteht aus dem harmonischen Miteinander, dem Geben und Nehmen der Elemente und Kräfte, die im gesamten Universum wirken. Das muss kein Widerspruch sein. Viele Männer sehen sich als Krieger. Viele Frauen erkennen vor allem den Frieden.

Vereine alle Anteile deines Selbst voller Harmonie in dir und werde ein friedvoller Krieger, eine friedvolle Kriegerin der Liebe!

Wenn man seinen gesamten Weg voller Hingabe und erfülltem Vertrauen geht und mit dem Fluss des Lebens fließt, kann auch ein kurvenreicher Verlauf des Flusses mit all seinen Strömungen als schön und gewinnbringend betrachtet werden – weil er uns stets voranbringt!

Positiv und negativ

Ich wurde oft von vielen Menschen gefragt, ob spirituelles Denken und ein Leben in ganzheitlicher Liebe nicht falsch seien, weil man doch die Augen vor dem Schlechten verschließe. Scheinbar haben viele Menschen den Eindruck, dass positives Denken bedeuten würde, die Existenz von allem Negativen zu leugnen.

Die Frage besteht einzig und allein im Umgang mit allem Negativen.

Hierbei gilt es zu unterscheiden, ob wir von den eigenen Schattenseiten oder von negativen Beeinflussungen durch unsere Umwelt sprechen.

Negatives in unserer Umwelt

Auf das Weltgeschehen und die gesamte Politik bezogen ist klar, dass alle Entwicklungen nötig sind, um zu einer Form von Vollendung hinzustreben. Die Welt ist somit sicherlich nicht vollendet, aber in ihrer bestehenden Form perfekt zum jetzigen Zeitpunkt. Sie ist vollkommen perfekt, um zur Vollendung hinzustreben.

So war es zu jeder Zeit unserer Geschichte. Wir durften erkennen, dass es unserer Entwicklung nicht dient, einen König anzubeten.

Es ist manchmal nötig, Korruption und Unterdrückung erkennen zu können, um sie für die Zukunft nicht mehr entstehen zu lassen. Jede Krise war nötig, um bestehende Systeme zu optimieren. Die Welt war damals und ist auch heute vollkommen, nur noch nicht vollendet. Alles dient dem höheren Ziel der vollkommenen Entwicklung. Also rege dich nicht zu sehr über die Politik und ihre Vertreter auf. Alles wird sich ändern und ist bereits im Prozess des Wandels. Du darfst wachsam sein, musst dich aber nicht den ganzen Tag beschweren und über jede Entwicklung schimpfen. Alles ist gut, wie es ist – alles muss jetzt, im Moment, genau so sein, wie es ist.

Auf persönlicher Ebene werde ich oft gefragt, ob Wut und Zorn denn nicht auch zum Leben gehören. Natürlich ist dies richtig. Allerdings liegt der Schlüssel im Umgang mit diesen Emotionen, egal, ob von außen oder von innen.

Eigene Wut

Du darfst wütend sein. Es ist in Ordnung! Solltest du bei jeder roten Ampel schreiend auf dein Lenkrad einschlagen, bis der Airbag ausgelöst wird, würde ich mir Gedanken machen und die vorherigen Kapitel noch einmal lesen, aber wenn du berechtigterweise wütend bist, dann ist das völlig in Ordnung.

Wären wir nur reine Liebe, ohne Wut zu empfinden, dann hätten wir gleich oben, im Reich der absoluten Liebe, bleiben können. Wir haben uns aber entschieden, auf diesem wundervollen Planeten Erfahrungen zu sammeln. Ausschlaggebend ist hierbei, wie du persönlich mit diesen Erfahrungen umgehst. Du kannst sie nämlich annehmen oder auch verdrängen.

Wenn du wütend bist, empfehle ich dir, deine Wut bewusst wahrzunehmen. Ich meine konkret, dass du die Emotion so lange und intensiv zu spüren lernst, bis du das Gefühl hast, dass es dich schier zerreißt. Dann darfst du nämlich voller Staunen feststellen, wie sie sich auflöst. Betrachte sie so lange, bis sie verschwindet. Das ist letztendlich genau das Gegenteil von „Wegsehen". Die Wut wird nicht ignoriert, sondern in Liebe aufgelöst. Der Unterschied zum „normalen" Denken besteht darin, dass viele es gewohnt sind, immer wieder auf die Wut zu achten, sich immer wieder darauf zu fokussieren, aber im entscheidenden Augenblick den Fokus zu verlassen. Somit befasst man sich im Tagesbewusstsein zwar viel häufiger mit der Wut, löst sie allerdings nicht auf.

Das ist das Geheimnis. Es liegt im bewussten Auflösen durch bewusstes Betrachten und Wahrnehmen. So wird das, worunter du vermeindlich leidest, zu dem, was dich heilt.

Nachdem sich die Emotion aufgelöst hat, kehrt plötzlich Frieden ein.

Absolute Ruhe! Und daraus entsteht wiederum die Balance.

Die Liebe kehrt zurück in dein Blickfeld. Sie war nie weg!

Und sie ist das heiligste aller Mittel!

Liebe von Anfang an – es rentiert sich!

Wenn du daran festhältst deine Gefühle und Empfindungen immer voller Liebe anzunehmen, wirst du von einem unendlichen Gefühl des Friedens durchströmt sein.

Es gibt zwei Seiten

Letztendlich besteht die Welt unserer Gefühle und Handlungen aus zwei grundlegenden Dingen: aus Liebe und Angst. Es ist die Dualität, die viele Menschen mit Himmel und Hölle oder mit Gott und dem Teufel vergleichen.

Die Liebe entspricht dem Himmel oder Gott, die Angst entspricht der Hölle oder dem Teufel. Doch diese Metaphern sind nicht wirklich wichtig. Es ist an sich sehr einfach zu verstehen. Alle positiven Gefühle entspringen der Liebe. Freude, Euphorie, Hingabe,

Dankbarkeit, Güte: All das entspringt aus dem Quell der Liebe.

Alle negativen Gefühle entspringen der Angst. Egal, ob Hass, Wut, Neid, Eifersucht – der Ursprung all dieser Gefühle ist die Angst.

Trägst du Liebe im Herzen, strahlst du auch Liebe aus. Also ziehst du Liebe an und vermehrst die Liebe in deinem Leben. Du beeinflusst die Welt auf höchst positive Weise.

Trägst du allerdings die Angst täglich in deinem Geist, manifestiert sich Angst in deinem Herzen, du strahlst Angst aus und wirst wiederum Angst anziehen. Diese Lebensweise ist für dich und die gesamte Welt höchst destruktiv.

Die Liebe wird jedoch immer stärker sein. Für jemanden, der noch nie etwas davon hörte, mögen diese Worte abgedroschen und kitschig klingen. Wer allerdings auch nur ein Mal im Ansatz erlebte, was bedingungslose Liebe bedeutet, der weiß, dass sie das stärkste aller Gefühle, die stärkste Kraft und höchste Schwingung ist.

Eine Welt voller Licht oder ein dunkles Kapitel

Die Liebe lässt sich mit der Sonne vergleichen. Sie ist stets da. Sie verschwindet niemals. Sie hält uns am Leben. Die Angst entspricht den Wolken am Himmel. In dem Moment, in dem dein

Bewusstsein von zu vielen angsterzeugenden Dingen beeinflusst wird, erscheint deine Welt dunkel. Die Angst kann so stark werden, dass deine Welt scheinbar sehr düster ist.

Doch es kann noch so viele Wolken am Himmel geben, die Sonne wird immer stärker sein und ist unauslöschlich. Durch Angst wird deine Welt manchmal so dunkel, dass du glauben magst, es gäbe keine Sonne mehr am Himmel. Doch dem ist nicht so. Die Sonne ist stets da. Wenn du lernst zu verstehen, dass die Wolken der Angst nur deine strahlende Sonne der Liebe verdecken, wird es dir leichter fallen, die Wolken verschwinden zu lassen, den Himmel zu erkennen und das wahre, leuchtende Licht wiederzuerkennen.

Sie ist immer da – sie verschwindet nicht. Selbst jetzt, an dem Ort, an dem du dich befindest, bist du umgeben von Liebe. Du musst dich ihrem diamantengleichen Schein nur öffnen.

Sie ist da!

„Am Anfang gehören alle Gedanken der Liebe.
Später gehört dann alle Liebe den Gedanken."
(Albert Einstein)

Liebe und Angst

Angst ist an sich nichts Schlechtes. Sie warnt uns, sie will uns schützen und ist das, was uns beigebracht und durch uns selbst letztendlich immer tiefer verankert wurde. Sobald wir die Angst jedoch anzunehmen lernen, sind wir frei. Kennst du das Gefühl, wenn du vor irgendeiner Sache richtig Angst hast und dich der Aufgabe trotzdem stellst? Du überwindest deine Angst und sie verschwindet oder wird zumindest sehr viel schwächer. Die Liebe ist allerdings immer da. Sie kann vielleicht verdeckt oder verschleiert werden, doch sie wird für immer bei dir sein. Sie ist allgegenwärtig existent.

Sie ist deine wahre Realität, dein Sinn und deine gottgegebene Leidenschaft – dein Zeck zu leben, die Bedeutung des Lebens selbst. Liebe und Angst stehen sich gegenüber wie Schatten und Licht. Doch letztendlich ist die Angst nur ein Signal für einen Mangel an Liebe.

Wir brauchen Liebe

Wir brauchen Liebe. Ähnlich wie eine Pflanze die Sonne benötigt, um zu wachsen, benötigen wir Liebe, um zu leben und um zu gedeihen. Sie ist unser Lebensantrieb. Unser Drang nach Liebe ist so essenziell, dass Kinder ohne Liebe sterben. Kinder, die

körperlich mit allem versorgt werden, denen aber jeder menschliche Kontakt wie Geborgenheit und Zuneigung entzogen wird,
verkümmern und sterben letztendlich.

Wir sind aus Liebe entstanden und benötigen sie, um weiterzu-
leben. Wir bestehen aus Liebe und können letztendlich auch nur
mit Liebe weiterbestehen.
Also liebe!

Liebe ohne Objekt

Verwechsle die Liebe, von der ich spreche, bitte nicht mit der
Liebe zu einer einzigen Person. Dies ist nur ein kleiner Aspekt
des großen Ganzen. Die romantische Liebe ist wundervoll, doch
auch sie entspringt dem großen Ganzen, der universellen, ganzheitlichen Liebe.

Die Griechen haben hierzu schon von über 2000 Jahren eine
wundervolle Unterscheidung in der Semantik der Begriffe ge-
troffen. Eros, die „romantische Liebe", und Agape, „Liebe ohne
Objekt". Das ist ganzheitliche Liebe. Sie ist bedingungslos und
an keine Person, kein Objekt und kein Wesen gebunden.

Liebe ist stets bedingungslos. Liebe ist ein Gefühl ohne Besitzan-
spruch, reine Bewunderung ohne Verehrung. Manchmal machen

wir den Fehler, unsere Befindlichkeit und unseren Glückszustand voll und ganz von einem Partner abhängig zu machen. Vielleicht kennst du solche Gedanken wie: „Wenn ich endlich jemanden hätte, der mich liebt, wäre ich glücklich" oder „Wenn er oder sie sich anders verhalten würde, wäre ich glücklich". All das sind selbst konstruierte Fallen, die uns von unserem wahren Weg abbringen können.

Wenn du liebst, ohne jemanden dafür zu brauchen, ohne etwas dafür zu besitzen und ohne dass jemand etwas dafür tun muss, dann bist du frei. Der andere ist dann übrigens auch frei. Ich kenne Menschen, die ihren Partnern immer wieder die Aufgabe auflasten, sie glücklich zu machen. Kein Partner der Welt kann eine solche Aufgabe erfüllen. Wenn wir allerdings glücklich sind und auf einen Partner treffen, der ebenfalls glücklich ist, erfahren wir wahre Freiheit – alles andere ist Abhängigkeit.

Sei frei

Der wundervolle Autor Thaddeus Golas sagte einmal: „Wenn du lernst, die Hölle zu lieben, bist du im Himmel." Genau das ist es. In dem Moment, in dem wir unsere eigene Wut annehmen und lieben lernen, sind wir frei. Wenn wir es schaffen, einen Menschen für seine Fehler zu lieben, sind wir frei. Wenn wir unsere Schwächen lieben, sind wir frei!

Wenn wir unsere Angst liebevoll annehmen, uns dafür bedanken, über unsere Grenzen schreiten und wieder Angst empfinden, welche wir dann wieder liebend annehmen, sind wir frei. Der Schlüssel zur Freiheit liegt in der bedingungslosen Annahme der Dinge, die uns stören. Liebe die Hölle und schon bist du im Himmel. Sei frei!

Vergib jedem seine Schuld und versuche zu erkennen, dass du selbst es bist, der dein Schicksal bestimmt. Nimm dich voll und ganz an. Nimm deine Mitmenschen in der gleichen Weise an und liebe sie für das, was sie sind – und schon bist du frei!

„Alles, was wir unseren Mitmenschen schulden, ist Liebe", sagte der heilige Paulus.

Songtext

Balance

Ich glaub weiter an mich und verzweifle auch nicht,
denn ich weiß, dass nichts bleibt oder scheint, wie es ist.
Ich wende die Münze und erweiter die Sicht,
denn irgendetwas Gutes hat jede Seite an sich.
So schreit ich ins Licht auf den herrlichsten Wegen.
Die Geliebte meines Herzens heißt Leben.
Ich glaub immer noch, die Welt zu verändern,
und dass man mit Wärme die Kälte verdrängen kann.
Ich glaub an Bestimmung und glaub an Berufung,
ich glaub an das Gute und vertrau auf die Zukunft.
Ich glaub, dass wir hier sind, um Liebe zu schenken
und somit tief in uns den Krieg zu beenden.

Pre-Chorus:
So seh ich in jedem Moment eine Chance,
denn das Gute hält stets mit dem Schlechten Balance.
Und ich glaube daran, ja, ich glaube daran,
denn wo Hoffnung endet, fängt Vertrauen an.

Chorus:
Ich glaub an so vieles, ich glaub an das Leben.
Ich glaub an die Liebe und lauf ihr entgegen!

Ich glaub, wir sind hier, um vor Freude zu sprühen,
um das Leben zu lieben und stolz zu erblühen.

Ich glaub an den Frieden und lächelndes Schweigen.
Ich glaub, dass es stark ist, Schwäche zu zeigen.
Gerechtes Verhalten und ehrlicher Ehrgeiz
bleibt für mich unentbehrlich – und wer weiß,
vielleicht sehen es viele gleich,
aber denken, der so fühlt ist weich.
Das Spiel ist leicht, wenn man stets nur das Schlechte verdrängt
oder denkt, dass die Wahrheit verletzt oder hemmt.
Doch ich denk – jeder trägt was Gutes in sich,
jeder glaubt, was er fühlt, egal, ob du oder ich.
Jeder sucht nur sein Licht und – geht seinen Weg,
ganz egal, ob man Schwächen und Fehler versteht.

Pre-Chorus:
So seh ich in jedem Moment eine Chance,
denn das Gute hält stets mit dem Schlechten Balance.
Und ich glaube daran, ja, ich glaube daran,
denn wo Hoffnung endet, fängt Vertrauen an.

Chorus:
Ich glaub an so vieles, ich glaub an das Leben.
Ich glaub an die Liebe und lauf ihr entgegen!
Ich glaub, wir sind hier, um vor Freude zu sprühen,
um das Leben zu lieben und stolz zu erblühen.

Ich glaub an so vieles, ich glaub und vermute.
Ich glaub an die Liebe und ich glaub an das Gute.
Ich glaub, wir sehn oftmals noch nicht, was wir brauchen
und dass es möglich ist, die Welt in Licht zu tauchen.
Wenn Stärke bedeutet, Schwächen zu zeigen,
und wir alle nicht nur das Beste beneiden,
dann wären wir bei Weitem nicht ganz so voll Schmerz,
doch ich glaube an Freiheit und Macht aus dem Herz.
Wenn Offenheit heißt, nur zu Tränen zu stehen,
und Entschlossenheit heißt, sein Leben zu drehen.
Wenn Macht heißen würde, seine Fehler zu sehen,
und wenn Kraft bedeutet, seine Wege zu gehen.

Pre-Chorus:
So seh ich in jedem Moment eine Chance
denn das Gute hält stets mit dem Schlechten Balance.
Und ich glaube daran, ja, ich glaube daran,
denn wo Hoffnung endet, fängt Vertrauen an.

Chorus:
Ich glaub an so vieles, ich glaub an das Leben.
Ich glaub an die Liebe und lauf ihr entgegen!
Ich glaub, wir sind hier, um vor Freude zu sprühen,
um das Leben zu lieben und stolz zu erblühen.

(Aus dem Album „Spirit" von SEOM)

Praxisaufgaben

1. Aktivierung

Wenn dir Wut von außen begegnet, gibt es eine wundervolle Übung, um dich aus der negativen Spirale zu befreien. Mal angenommen, du wirst mit wilden Anschuldigungen von einer Person konfrontiert. In der Regel löst das früher oder später Wut in dir aus. Du sitzt zu Hause und bist noch immer auf die Person wütend. Du denkst über die Unverschämtheiten, die zu dir gesagt wurden, nach und suchst nach Gründen, warum diese Person falsch liegt. Du bist wütend!

Mache ein neues Experiment. Blicke einzig und allein in dich und vergiss alles andere!

Versuche einmal, dich deiner eigenen Wut völlig schutzlos auszuliefern. Still, aber völlig offen. Lass die Barrikaden und die Geschütze deines Egos einmal, nur zum Spaß, fallen und stelle dich der Situation völlig nackt, ungesichert und wehrlos.

Dein innerster Kern, deine Quelle und dein liebevolles Selbst müssen sich vor der stürmenden Wut im Außen nämlich gar nicht fürchten. Sie halten diesen Orkanen problemlos stand und werden nicht einmal davon berührt. Lediglich dein Ego meint sich mit geschwollener Brust verteidigen zu müssen. Glaube dies nicht einfach, probiere es einmal ernsthaft aus.

Versuche einfach nur wahrzunehmen. Versuche zu beobachten, ohne zu bewerten. Achte darauf, wie sich die Energiewellen der Wut in dir ausbreiten und lass es völlig ruhig zu. Vertraue darauf, dass dir nichts geschehen kann und wird. Beobachte die Reaktionen in deinem Inneren und bleibe liebevoll in deiner Mitte, deiner Quelle.

Begegne einfach nur dem, was gerade da ist, ohne es zu bekämpfen ...

... und dann passiert etwas Magisches!

Du wirst hinter der Wut des anderen etwas sehen und hören, was du bisher niemals wahrgenommen hast. Du wirst hinter all den lauten und stürmischen Worten und Emotionen die wahren Gründe für seine Wut sehen. Seine unerfüllten Bedürfnisse. In den Stürmen eines aufgebrachten Geistes schlagen die Wellen oftmals zu hoch, um diese Dinge wahrzunehmen, aber wenn du still und ruhig beobachtest, wirst du es sehen.

Du wirst sehen und hören, was der andere dir eigentlich mitteilen will. Er hat an sich keine böse Absicht, er ist nur blind von seiner eigenen Wut.

Warte ab, bis die Wellen der Emotion ruhiger werden, und sieh hinter die Fassade – zum Grund der Dinge. Dann wirst du feststellen, dass du unangreifbar, aber dennoch stets offen für Lektionen von außen bist.

Sei dankbar für die Wut und erkenne sie als einen magischen Schlüssel an. Die Tür zu den wahren Botschaften kannst du mit einem ruhigen Geist öffnen.

2. Zur Vertiefung

Wenn du einmal wütend bist, dann gehe tief in dich und versuche zunächst zu erkennen, in welchen Momenten deines Lebens du diese Wut schon einmal empfunden hast. Der Ursprung unserer Frustrationen liegt meist sehr viele Jahre zurück.

Bei genauer Betrachtung wirst du feststellen, dass du dich wie früher, als wütendes Kind, fühlst. Der Ursprung deiner Wut liegt meist in einer Situation deiner Kindheit. Ich möchte es dir an einem kurzen Beispiel verdeutlichen.

Wurdest du als Kind von deinen Lehrern oder deinen Eltern oft kritisiert, dann warst du deshalb irgendwann frustriert. Wenn dich heute jemand kritisiert, fühlt sich ein Teil von dir wie das kleine Kind von damals. Natürlich bist du mittlerweile größer und hast viel gelernt, aber das Gefühl, etwas falsch gemacht zu haben und „nicht gut genug" zu sein, ist wegen der Verletzung von damals noch immer vorhanden.

Oft wiederholen sich diese Muster aus der Kindheit bis ins hohe Alter immer und immer wieder. Der Schlüssel liegt nun darin, die Frustration zu erkennen und aufzulösen. Was genau löst das Gefühl der Wut in dir aus? Welcher Satz, der zu dir gesagt wurde, trifft dich am meisten? Warum trifft dich dieser Satz besonders? Wenn du diese Fragen beantwortet hast, ist es an der Zeit, sich der alten Wut zu stellen und sie aufzulösen. Das gelingt dadurch, dass du die Wut nun ganz ohne Hintergrund betrachtest.

Fühle die Wut, die Enttäuschung, die Frustration von damals ganz ohne Hintergrundstory. Versuche nicht zu argumentieren, weshalb du Recht hast oder ein anderer Unrecht hat, sondern nimm das Gefühl an.

Lass es in dir still werden und stelle dich dem Gefühl ohne Rüstung, ohne deinen Verstand und ohne die Schutzschilder deines Egos. Fühle einfach! Zu Beginn wird das Gefühl immer stärker werden. Du wirst das Gefühl haben, gleich von deinem Schmerz zerrissen zu werden. Umso offener und liebevoller du das Gefühl annimmst, desto klarer wird es sich zeigen. Genau in dem Moment, in dem du meinst, gleich in Flammen aufgehen zu müssen, kehrt Ruhe ein. Du wirst erstaunt sein! Das Gefühl wartete schon so viele Jahre darauf, nicht mehr verdrängt zu werden. Sobald es von dir offen betrachtet wird, löst es sich auf. Das erfordert zunächst etwas Mut, doch danach wirst du klaren, leuchtenden Frieden erleben.

So lässt sich die Balance für dein frustriertes Kind in deinem Inneren wieder herstellen.

Bertrachte deine Gefühle voller Hingabe und erlebe, wie sie sich zeigen, wie sie angenommen werden wollen und sich dann in Liebe auflösen!

Sei tapfer! Sei ehrlich.

Du findest hier sehr viel Frieden.

Yin – weiblich	Yang – männlich
Sein	Tun
Fühlen	Handeln
Güte	Entschlossenheit
Loslassen	Beharrlichkeit
Intuition	Genaues Planen
Spüren	Visualisieren
Empfangen	Geben

= allumfassende, ganzheitliche Vollkommenheit (schöpferische Macht)!

„Wir alle sind wundervolle, sensible und einzigartige Wesen! Es gibt weder Unterordnung, noch Überordnung. Es gibt lediglich ganzheitliche Liebe zu allen Teilen in sich. Durch die Verbindung der gegensätzlichen Elemente entsteht allumfassende, ganzheitliche Vollkommenheit.

Ohne Oben kein Unten, ohne Yin kein Yang. Das Leben besteht aus dem harmonischen Miteinander, dem Geben und Nehmen der Elemente und Kräfte, die im gesamten Universum wirken. Das muss kein Widerspruch sein.

Viele Männer sehen sich als Krieger. Viele Frauen erkennen vor allem den Frieden.

Vereine alle Anteile deines Selbst voller Harmonie in dir und werde ein friedvoller Krieger, eine friedvolle Kriegerin der Liebe!"

KAPITEL 7

GEMÄLDE
aus
GEDANKEN

Die Staffelei des Geistes

Meine persönliche Geschichte

Ich möchte dir noch von ein paar „kleinen Wundern" meines Lebens berichten. Etwa einen Monat, bevor ich mich entschieden habe, meine Vision von „Spirit" zu verwirklichen, habe ich mich vor allem auf ein Problem konzentriert. Dieses Problem nannte sich „Geld". Natürlich ist Geld kein Problem, sondern ein wunderbares Tauschmittel, aber ich machte es damals zu einem Problem.

Zu genau dieser Zeit lernte ich sehr viel über die Macht der Imagination, also der Vorstellungskraft. Ich verstand, wie machtvoll geistige Bilder und deren tägliche Verfeinerung sind. Ich lernte sehr viel über die Kraft von Affirmationen und über die Magie der gezielten Visualisierung. Nach einiger Zeit des Übens beschloss ich, mich von nun an voll und ganz auf Reichtum zu konzentrieren. Für meine Ausbildung und mein Staatsexamen zum Logopäden musste ich nämlich eine sehr hohe Summe an Krediten aufnehmen und war hoch verschuldet. Das nervte mich sehr. Ich hatte zwar keine Ahnung, wie ich zu Überfluss im materiellen Sinne kommen sollte, aber ich hielt das Endziel ganz bewusst in meinem Geist fest.

Jeden Tag prägte ich meinem Unterbewusstsein das Gefühl von Reichtum ein, sah mein gefülltes Bankkonto vor meinem geistigen Auge und fühlte die Freude über den großen Geldfluss. Die

Art und Weise, wie dieses Geld zu mir kommen sollte, hielt ich völlig offen und fokussierte mich lediglich auf das angestrebte Ergebnis. Mein Ziel waren 50.000 Euro.

Zu dieser Zeit behandelte ich einen sehr wohlhabenden Patienten in meiner Tätigkeit als Logopäde. Er hatte einen Schlaganfall und dadurch eine sogenannte Aphasie – so wird die daraus resultierende Sprachstörung genannt. Ich therapierte ihn auf seinen Wunsch fast täglich. Dieser Mann war ein erfolgreicher Geschäftsmann, der allerdings sehr unruhig und leicht cholerisch veranlagt war. Er fuhr sehr schnell aus der Haut, wurde dann oft extrem laut und fand in meiner Beobachtung selten Momente der inneren Ruhe.

Während unserer Therapien sprachen wir oft sehr lange miteinander und ich vermittelte ihm auf Wunsch regelmäßig meine Sichtweisen zu Themen wie innere Ruhe, Frieden und Gelassenheit. Er interessierte sich immer mehr und mehr für diese Themen, nicht zuletzt wegen seiner vielen Krankheitssymptome. Neben der besagten Aphasie litt er unter anderem am sogenannten „restless legs"-Syndrom. Bei dieser Erkrankung bewegen sich die Beine oft stundenlang unwillkürlich. Die Zusammenhänge zwischen seiner Denkweise und seinem körperlichen Zustand schienen ihm immer bewusster zu werden.

Ihm wurde zunehmend klarer, dass diese und andere Erkrankungen als ein Symbol, welches ihm etwas sagen möchte, betrachtet werden können und sollen. Also sprachen wir über die Monate hinweg immer intensiver. Dieser Patient war ein wundervoller Lehrer und eine außergewöhnlich beeindruckende, starke und wichtige Person für mich. Ich schätzte ihn sehr. Auch wenn andere Therapeuten und Ärzte immer ein recht negatives Bild von ihm hatten, verteidigte ich ihn stets, weil ich wusste, dass er ein ganz wundervolles Wesen war. Das versuchte ich ihm zwischen den Zeilen stets zu vermitteln. Wir sprachen auch nach den Therapien über inneren Frieden, ganzheitliche Liebe und die Symbolik von Krankheiten. Ich liebte ihn! Wir tauschten uns voller Freude aus und lehrten uns gegenseitig – jeder auf seine Art und Weise!

Eines Tages fragte er mich, warum ich mich als Logopäde nicht selbstständig machen wolle, und ich erklärte ihm, dass das finanziell nicht möglich sei. Dann hatte er mich gebeten, einen Businessplan zu erstellen und auszurechnen, was eine große Praxis mit der Deckung meiner Schulden und allem, was ich bräuchte, kosten würde. Ich rechnete und plante eine Nacht lang, druckte meine Ergebnisse aus und legte sie ihm am nächsten Tag vor. Er sah die Summe, lächelte mich freundlich an und sagte, dass er mir helfen wolle und mir das Geld liebend gerne zur Verfügung stellt. Es waren gut 50.000 Euro.

Auch wenn du mich für verrückt halten magst, muss ich dir leider sagen, dass ich das Angebot abgelehnt habe. Ich hätte zwar meine finanzielle Situation schnell in den Griff bekommen, hätte es mir aber niemals verziehen, meiner großen Berufung, der Musik und dem Schreiben, nicht mehr folgen zu können. Also lehnte ich das Angebot dankend ab. Damals hielten mich fast alle, die von diesem Angebot wussten, für verrückt. Man könnte doch so ein Angebot nicht ablehnen, sagten sie mir. Doch, kann man!

Es war an der Zeit, mich zu entscheiden, und ich entschied mich für meinen Herzenswunsch. Zu dieser Zeit hatte ich übrigens weder einen Plattenvertrag noch eine Aussicht auf musikalischen Erfolg. Doch nun wusste ich mehr als früher ...! Ich wusste, dass ich meinen eigenen Pfad, meine Möglichkeiten, meine Chancen und alle scheinbar zufälligen Zuführungen durch die magischen Pinselstriche meiner Gedanken im Atelier meines Geistes beeinflussen und bewusst erschaffen kann.

Ich möchte dir mit dieser kleinen Episode einfach zeigen, dass du niemals wissen kannst, durch welche Umstände du an dein Ziel geführt wirst. Ich hatte damals Reichtum und Überfluss visualisiert und habe die Chance zur Verwirklichung auf magische Weise erhalten.

Nachdem ich mich gegen die eigene Praxis entschieden hatte und merkte, dass jene Techniken tatsächlich funktionierten, entschied ich mich, das Visualisieren gezielt für meinen musikalischen Weg einzusetzen, und bekam drei Monate später den erwähnten Anruf meiner jetzigen Plattenfirma.

Eine weitere Geschichte erlebte ich mit Veit Lindau, einem Bestsellerautor und Redner aus Deutschland. Etwa ein Jahr später hatte ich meinen Plattenvertrag unterschrieben und wünschte mir, auch als Songwriter tätig sein zu dürfen. Ich visualisierte mir also immer wieder Bilder, in denen ich für berühmte Personen oder Autoren Songtexte schrieb. Die erzeugten Bilder und die damit verbundenen Gefühle hielt ich täglich aufrecht und erweiterte sie. Auch hier ließ ich die Wege, auf denen ich das Ziel erreichen sollte, völlig offen.

Kurz bevor ich meinen Urlaub auf Bali verbringen wollte, ging ich in eine Buchhandlung, um mir eine Reiselektüre auszusuchen. Ich stand vor dem Buchregal und wusste nicht so recht, für welches Buch ich mich entscheiden sollte. Also entschloss ich mich kurzerhand, einfach blind in das Regal zu greifen und die Entscheidung abzugeben. Ich griff in das Regal und hielt das Buch eines Autors in den Händen, den ich bis dahin nur am Rande wahrgenommen hatte. Das Buch hieß „Seelengevögelt". Zunächst wollte ich es gar nicht mitnehmen, dachte mir aber dann, dass dieses Buch sicherlich nicht aus Zufall in meinen Händen lag. Ich habe es auf Bali gelesen und war beeindruckt von der wundervollen Art des Schreibstils und der Frechheit, mit der das Buch verfasst wurde. Zu Hause angekommen erschien, wieder einmal scheinbar zufällig, auf meinem Facebookprofil ein Link, den eine Freundin gepostet hatte. Dieser Link war von Veit Lindau. Ich klickte eher unbedacht auf die Seite und war auf der privaten Profilseite von Veit Lindau gelandet. Irgendwie schien mich der „Nachricht senden"-Button magisch zu rufen und ich folgte meinem Impuls. In wenigen Zeilen schrieb ich also eine Nachricht, in der ich Veit erklärte, dass ich sein Buch schön fand, und fügte einen Link eines älteren Liedes von mir hinzu. Etwa zehn Minuten später kam seine Antwort und er fragte mich ein paar Tage später, ob ich den einleitenden Text seines Buches vertonen wollte.

Noch eine Woche zuvor hatte ich am Strand auf Bali gesessen und dieses Werk gefeiert, nun sollte ich einen Text daraus vertonen! Kurzerhand schlug ich vor, auch einen Song aus dem Buchtext machen zu können. Gesagt, getan. Der Song hat Veit sehr gut gefallen und so entstand ein wundervoller Kontakt. Später schrieb Veit Rezensionen für mich und ich trat bei einem seiner Seminare auf.

Das Erstaunliche ist jedoch, dass ich erst viel später begriffen habe, was für eine Verkettung von Zuführungen zu diesem Kontakt geführt hatte. Ich visualisierte meine Arbeit als Songwriter für Autoren und griff ohne Absicht, blind in ein Buchregal. Wäre ich an diesem Tag nicht in dieser Buchhandlung gewesen und hätte dieses Buch blind ergriffen, wären wir uns vielleicht nie begegnet. Die Wege sind unergründlich.

Ich sah das Endziel, gab den Gedanken und die Bilder ab, habe gelernt loszulassen und durfte staunend beobachten, wie sich die Einzelheiten ergeben.

Nachdem ich am Rande schon von der traumhaften Zeit auf Bali berichtete, möchte ich dir hierzu noch eine kleine Geschichte erzählen. Mein bester Freund und ich beschlossen, diese wunderschöne Insel komplett auf eigene Faust zu erkunden und uns vom Leben und der Zuführung leiten zu lassen. Wir haben uns auf Bali also einen Roller organisiert und sind mit all unserem Gepäck auf den Schultern einfach losgefahren.

Nachdem wir beide wahre Seelenbrüder sind und auch den gleichen Wissensstand haben, beschlossen wir von Anfang an, gemeinsam die Kraft der Visualisierung für die gesamte Reise intensiv zu nutzen. Jeden Morgen konzentrierten wir uns voller Dankbarkeit darauf, dass wir abends an einem atemberaubenden Strand, in einer idealen Unterkunft und unter perfekten Bedingungen ankommen würden. Die Chancen, für drei Wochen, ohne

Führer, ausnahmslos perfekte Locations auf Anhieb zu finden, sind nicht die größten – selbst auf Bali.

Natürlich fanden wir stets sofort wundervolle Bungalows, Hotels oder andere, ideale Unterkünfte. Eines Tages fuhren wir durch einen recht verlassenen Teil Balis und konnten nichts finden außer ein paar zerfallener Holzhütten. Wir beschlossen, uns nun im Geiste ganz intensiv auf unser Ziel zu fokussieren, und erzeugten gemeinsam Bilder in unserem Geiste, wie wir abends in einem himmlischen Anwesen sitzen würden. Es dämmerte bereits leicht.

Anschließend fuhren wir weiter und fühlten nach einigen Kilometern instinktiv, dass wir anhalten sollten. Wir schauten uns um. Es war eine alte Straße mit ein paar krummen, sehr kleinen und zerfallenen Häusern – weit und breit keine Hotels oder Strandhütten zu sehen. Von dieser Straße führte ein Schotterweg etwa drei Kilometer weit nach unten, Richtung Meer. Der Weg endete an einer Gabelung direkt am Meer. Auch dort waren keine Häuser zu sehen. Aus irgendeinem Grund hat uns dieser Weg magisch angezogen.

Unser Roller wäre bei der anschließenden Kamikazefahrt über die Schotterpiste mit 50 Zentimeter großen Steinbrocken um ein Haar in seine Einzelteile zerfallen. Jeder andere Mensch hätte uns für verrückt erklärt. Wieso sollte am Ende dieses unbefestigten

Weges etwas auf uns warten? Wir spürten es und folgten unserer Intuition.

Am Ende der „Straße" schlängelte sich ein kleiner Pfad am Meer entlang. Wir folgten ihm für einige Kilometer und kamen schließlich zu einem paradiesischen Surfcamp. Dort erzählte man uns, dass hier ein sehr berühmter, Insidersurfspot sei. Es war ein magischer Ort und wir lernten dort bezaubernde Menschen kennen. Als wir fragten, ob wir hier auch übernachten könnten, sagte uns der Besitzer, dass das Camp ausgebucht sei, er könne uns aber eine Villa in den Reisfeldern, etwa fünf Kilometer oberhalb des Camps anbieten. Was dann geschah, war gigantisch. Wir wurden durch die Reisfelder gelotst und landeten in einer Villa, wie ich sie auf Bali fast nirgends gesehen habe.

Der Besitzer gab uns lächelnd die Schlüssel und wir durften die Villa für umgerechnet 30 Euro für drei Tage bewohnen. Dort waren wir ganz alleine. Inmitten eines Paradieses. Tagsüber im Surfcamp und abends in unserer Villa. Warum wir dieses Geschenk bekamen, kann mein Verstand bis heute nicht sagen. Man schenkte uns vollstes Vertrauen. Als wir abends gemeinsam auf der Dachterrasse unserer Villa saßen und uns klar wurde, dass wir dieses Geschenk nur entdeckten, weil wir spontan über einen gefährlichen Schotterweg gefahren waren, wurde es uns wieder schlagartig klar.

Du kannst niemals wissen, wie sich die Dinge fügen werden, aber du kannst das Ergebnis voller Freude auf der Staffelei deines Geistes ausmalen und dann die Show genießen. Ach ja, wo ich gerade schon beim Thema Show bin, noch eine ganz kurze Episode:

Ich hatte früher sehr wenige Möglichkeiten, Konzerte zu spielen. Einmal im Jahr trat ich für ein paar Euro in einem Jugendzentrum vor einem sehr kleinen Publikum auf und habe mich danach gesehnt, größere Konzerte geben zu dürfen. Mein Traum war es, in richtig schönen Locations spielen zu können. Also stellte ich mir genau das vor. Ich stellte mir jeden Morgen meine Auftritte in wunderschönen, liebevoll eingerichteten Konzerträumen vor und empfand das Gefühl der Freude und der Dankbarkeit möglichst intensiv. Durch Verkettungen von vielen, einzelnen Zuführungen werde ich nun regelmäßig für Kongresse in Seminarzentren gebucht. Ich spiele dort in pyramidenförmigen, mit Holz verkleideten Räumen oder auf wundervoll luxuriösen Gutshöfen.

Meine Konzerte bekommen immer schönere Auftrittsorte und ich bin nach wie vor ein staunender Beobachter der arrangierten Einzelszenen dieser großen, zauberhaften Show des Universums.

Ich freue mich sehr, dir später noch mehr magische Aspekte dieser Show erzählen zu dürfen. Denn es ist wahrlich wunder-voll!

Hintergründe

Alles, was du dir vorstellen kannst, ist in deinem Geist real. Alles, was in deinem Geist real ist, kannst du auch in deinen Gefühlen empfinden. Beginne, auf der Leinwand deines Geistes wundervolle Bilder, mit leuchtenden Farben und Linien voller Erfüllung zu erschaffen. Die Bilder, die du in der äußeren Welt siehst, entsprechen den Bildern in deinem Inneren.

Die Macht der Vorstellung

Wenn du einen Gegenstand siehst, ist ein bestimmtes Areal in deinem Gehirn aktiv. Dies ist heutzutage einfach und objektiv nachweisbar. Jetzt kommt das Erstaunliche! Wenn du deine Augen schließt und dir den Gegenstand nur vorstellst, ist genau das gleiche Hirnareal aktiv.

Denke darüber einmal genau nach.

Sehen nun deine Augen oder dein Gehirn?

Gedanken sind die Pinselstriche auf der Staffelei deines Geistes!

Gedanken gehen allem, fast immer, voraus. Wenn du Auto fährst, denkst du bereits an das Ziel oder zumindest an die nächste Ausfahrt. Besuchst du einen Bekannten, stehst du im Bild des Geistes schon vor ihm. Unsere Zukunft in Gedanken lebendig vor uns sehen zu können, ist derart normal, dass wir kaum noch darüber nachdenken. Dennoch verblüfft uns oft der Gedanke, dass wir durch die Bilder, die wir konkret von unserer Zukunft entwerfen, auch wirklich reale Begebenheiten und Erfahrungen manifestieren können.

Entscheidend ist, dass du beginnst, dein Leben aktiv zu planen, zu gestalten und voller Freude zu visualisieren. Die meisten Menschen planen ihr Wochenende meist sorgfältiger als ihr Leben. Das Leben passiert ihnen vielmehr als passiver Vorgang. Natürlich darfst und sollst du loslassen, aber wenn du einen Traum, eine Vision oder ein großes Ziel hast, dann darfst du es dir auch deutlich vor Augen führen. Es dauert nämlich genauso lange, einen großen, erhebenden Gedanken mit leuchtenden Bildern zu denken, wie einen kleinen, sorgenvollen und angsterfüllten Gedanken mit grauen Umrissen.

„Alles, was an Großem in der Welt geschah, vollzog sich zuerst in der Fantasie eines Menschen."
(Astrid Lindgren)

„Die Staffelei des Geistes"

Du musst dir deinen Weg und die vielen Schritte zum Ziel nicht konkret vorstellen, halte dir einfach das gewünschte Endresultat vor Augen!

Große Sportler, die bei den Olympischen Spielen teilnehmen, machen es ganz genauso. Sie stellen sich stets das erreichte Ziel vor. Sie gehen die idealen Bewegungen und die gewünschten Ergebnisse immer wieder vor ihrem geistigen Auge durch. Sie spüren das Gefühl des Sieges und des Erfolgs.

Astronauten, Piloten oder Rennfahrer stellen sich stets das durchzuführende Resultat vor und programmieren ihren Geist somit dauerhaft auf den Erfolg des Projektes.

Der Fußballer Philipp Lahm sagte in einem TV-Interview, dass er sich den Moment, in dem er den WM-Pokal in den Händen hält, über Jahre hinweg vorgestellt hatte.

Unzählige Künstler beschrieben immer wieder, dass sie ihre Karriere und sich selbst in den gewünschten Situationen immer wieder klar im Geiste ausgemalt haben, bis sie die Ergebnisse in der realen Welt sehen und erleben durften.

Der Schauspieler Ashton Kutcher sagte in einem Interview einmal, dass er sich als Jugendlicher immer wieder vorgestellt habe, in bedeutenden Filmen mitzuspielen und als erfolgreicher Schauspieler umjubelt zu werden. Er beschrieb weiter, dass er jeden Morgen auf seine Duschwand „I am an actor" schrieb.

Nachdem Felix Baumgartner seinen legendären Fallschirmsprung erfolgreich absolvierte, fragte ihn ein Reporter, wie er bei all den aufgetretenen Problemen in den vergangenen zwei Jahren so ruhig und fokussiert bleiben konnte. Seine Antwort war klar und eindeutig. Er sagte, dass er sich stets auf den Moment der erfolgreichen Landung nach seinem Sprung konzentrierte.

Die Liste von berühmten Personen, die die Kraft der Imagination für sich erfolgreich nutzten, ließe sich nahezu endlos erweitern. Reihe dich in diese Liste ein!

Denke an das gewünschte Ziel, halte deine Vision stets in deinen Gedanken fest und kümmere dich nicht um den Weg. Sei achtsam, nimm die Möglichkeiten wahr und dann folge den Wegen, die sich dir öffnen.

Gedanken bewegen die Welt

Unter „Imagination" versteht man das bewusste Zusammenführen von Bildern im eigenen Geist, um ein erwünschtes Szenario zu erschaffen. Es ist nicht mehr und nicht weniger als bewusstes Erschaffen.

Jenes Erschaffen ist allerdings auch eine Frage der Übung. Ähnlich wie ein Muskel, der nicht benutzt wird, atrophiert, verkümmert auf Dauer auch deine Vorstellungskraft ein wenig, wenn du sie nicht benutzt. Sobald du aber beginnst, deine Fähigkeit zur Imagination bewusst zu aktivieren und zu trainieren, werden sich deine Fertigkeiten immer weiter verbessern.

Die Auswirkung der erzeugten Bilder in den äußeren Ereignissen lässt sich sehr konkret beeinflussen. Aufgrund der Tatsache, dass Gedanken reine Energie darstellen, steht fest, dass unsere Gedanken nicht in unserem Kopf bleiben, sondern in die Außenwelt treten.

Nur weil du es nicht sehen kannst, heißt das nicht, dass deine gedanklichen Bilder in deinem Kopf bleiben.

Fühle die Kraft deiner Bilder

Es ist von entscheidender Bedeutung, die erschaffenen Bilder auch wirklich zu fühlen. Ohne Gefühle entfalten alle Affirmationen und Visualisierungen nur einen geringen Bruchteil ihrer Potenziale. Erst durch das Gefühl verleihst du deinen Gedanken und deinen Visionen die nötige Antriebskraft, um sich zu verwirklichen. Also erzeuge und fühle deine Bilder mit vollem Herzen! Verstärke sie so lange, bis dein Nervensystem ganze Ströme von Neuronen durch deinen gesamten Körper katapultiert. Fühle es in jeder Zelle, bis alles in dir kribbelt. Fühle es so intensiv, dass dein Herz vor Wärme und Freude zu leuchten beginnt.

Hierfür gibt es ein magisches Hilfsmittel: Euphorie!

Ich persönlich male meine Bilder jeden Morgen aus und stelle mir dann vor, die erzeugten Bilder seien bereits in der Realität manifestiert. Dann konzentriere ich mich intensiv auf das Gefühl von Euphorie und Dankbarkeit. Ich stelle mir vor, wie euphorisch ich nun wäre, wenn sich das erwünschte Bild bereits in der Realität abgezeichnet hätte. Dadurch entsteht eine unglaublich große Anziehungskraft. Dein spürbares Gefühl ist zugleich der beste Indikator für die Wirksamkeit deines Gedankens.

In dem Moment, in dem sich ein tief greifendes Gefühl von Freude,

Euphorie und Dankbarkeit einstellt, ist deine Bestellung sozusagen abgegeben. Die erschaffenen Bilder sind so etwas wie die
Bestellung der Vision und das Gefühl der Freude, der Euphorie
und der wärmenden Dankbarkeit in deinem Bauch stellen die
Bestellbestätigung dar. Sobald du spürbare, entzückende Emotionen beim Visualisieren verspürst, weißt du, dass du wirksam
arbeitest.

Die Energie der Überzeugung

Neben den präzise imaginierten Bildern ist noch ein weiterer
Faktor von besonderer Bedeutung: deine Überzeugung. In dem
Moment, in dem du vollkommen von der Wahrheit des in dir erschaffenen Bildes überzeugt bist, hast du dein Ziel schon so gut
wie erreicht.

Interessanterweise überträgt sich diese Überzeugung nämlich sofort in die Außenwelt. Umstände und Personen reagieren gezielt
auf deine Überzeugung!

Hierzu gibt es eine amüsante Studie, von der ich einmal gelesen
habe. Sie lief in etwa so ab: Ein Lehrer bekam die Aufgabe, einen schriftlichen Schultest zu überwachen. An jenem Test nahmen einzelne Schüler nacheinander teil. Er kannte die Schüler
vorher nicht. Dem Lehrer wurde gesagt, dass es sich bei dem

ersten Teilnehmer um einen lernbehinderten Schüler handele, der einen unterdurchschnittlichen IQ habe. Das stimmte nicht, aber der Lehrer ging davon aus.

Das Ergebnis war, dass der Schüler erstaunlicherweise extrem schlechte Leistungen in besagtem Test erzielte und weit unter seinem zu erwartenden Niveau lag. Er war ein normal intelligenter Jugendlicher, der in vergleichbaren Tests sehr viel bessere Leistungen zeigte. Der Test wurde mit vielen Schülern unter gleichen Bedingungen mehrfach wiederholt.

Der Lehrer hatte nicht einmal mit dem Schüler gesprochen, er sollte ihn nur beaufsichtigen. Die Überzeugung des Lehrers, dass es sich um einen sehr dummen Schüler handelte, beeinflusste die Leistung des Schülers scheinbar enorm und löste Blockaden in ihm aus. In weiteren Durchführungen der Tests, im Rahmen derselben Studie, wurde Lehrern glaubhaft versichert, dass es sich um hochbegabte Schüler handele. Auch dies war nicht wahr. Die Schüler, die für hochintelligent gehalten wurden, schnitten überdurchschnittlich gut in allen Tests ab und die vermeintlich benachteiligten Schüler zeigten alle ausnahmslos signifikant schlechtere Leistungen. Weder die Lehrer noch die Schüler wussten von der Durchführung der Studie.

Dies ist ein weiterer Beweis dafür, wie machtvoll unsere Überzeugungen sind. Die Studie belegte vor allem, in welch starker Form eine Überzeugung unsere Außenwelt beeinflusst. Einfach gesagt kann dich niemand für erfolgreich halten, wenn du dich selbst nicht für erfolgreich hältst. Die Menschen fühlen deine Überzeugung, ohne es selbst bewusst wahrzunehmen. Deshalb ist es so wichtig, von seinen Fähigkeiten und dem Erreichen seines Zieles überzeugt zu sein.

Affirmationen

Ein weiteres, machtvolles Werkzeug liegt in der korrekten Nutzung von Affirmationen. Eine Affirmation ist an sich nichts anderes als eine Bejahung, eine „sich selbst erfüllende Prophezeiung". Gerade bei diesem Thema liegen oft kleine Denkfehler in manchen Köpfen vor, weshalb die Nutzung jener Technik etwas in Verruf geraten ist. Eine Affirmation kann sehr machtvoll, aber zugleich auch nutzlos und somit frustrierend sein.

Der Schlüssel liegt ein weiteres Mal in dem empfundenen Gefühl, deiner Überzeugung und der gezielten Wahl der Affirmation. Zu Beginn meiner Arbeit mit diesem wunderbaren Werkzeug machte ich einen klassischen Fehler, den höchstwahrscheinlich viele begehen. Ich wählte einige Sätze und wiederholte diese jeden Tag intensiv in der Hoffnung, dass sich der besagte Inhalt möglichst schnell manifestiert. Ich vergaß dabei allerdings das Entscheidende: das Gefühl. Ich hoffte auf die Erfüllung meiner Prophezeiung, aber in allen Sätzen schwang auch eine gehörige

Portion Zweifel mit. Erst nach ungefähr einem Jahr konnte ich verstehen, wo mein Fehler lag.

Ein reines, verstandesgemäß gelenktes Heruntersprechen der gewählten Sätze ist nahezu wirkungslos. Das Blöde dabei ist, dass du irgendwann frustriert werden könntest, wenn du merkst, dass deine Affirmation wirkungslos bleibt. Durch diese Frustration könnte dein Verstand und somit auch später dein unterbewusstes Denken vom Gegenteil der gewählten Sätze überzeugt sein. Eigentlich logisch, denn wenn die gewählte Affirmation keine Wirkung zeigt, sagt sich dein Verstand, dass sie nicht wahr sein kann, und somit entscheidet er sich für das Gegenteil. Die Lösung liegt hierbei im bewussten Erzeugen von Gefühlen. Du darfst den gesprochenen Satz mit so viel Freude und Gefühl aufladen und wiederholen, dass er dich täglich erfüllt, euphorisiert und somit nachhaltig bestärkt.

Es ist von essenzieller Bedeutung die gesprochenen Worte intensiv zu fühlen. Außerdem ist es sehr wichtig, von seinen eigenen Sätzen wirklich fest überzeugt zu sein.

Einen Satz wie „ich bin reich" kann dein Verstand, bei einem vor dir liegenden Schuldenberg, nur sehr schwer akzeptieren und arbeitet somit im Stillen gegen deine Überzeugung. Einen Satz wie „ich habe beschlossen, reich zu werden", kann dein

Unterbewusstsein dagegen sehr viel leichter annehmen und für wahr erachten.

An sich ist jedes „ich bin" schon eine „sich selbst erfüllende Prophezeiung", jedoch ist es in meinen Augen sehr wichtig, dem eigenen Verstand nicht das Gefühl zu vermitteln, komplett verarscht zu werden. Klingt plump und widersprüchlich, ist aber sehr ernst gemeint. Ganz pragmatisch erklärt, kann dein Verstand bestimmte Inhalte sicherlich zunächst in Frage stellen und dennoch ist es dir möglich, ihn von der Wahrheit des Gedankens zu überzeugen. Zum Beispiel könnte es sein, dass du gerne mehr Menschen kennenlernen möchtest, aber etwas schüchtern bist. Hierbei kannst du deinem Verstand immer wieder Sätze wie „ich bin mutig, charismatisch und anziehend" sagen. Auch wenn sich dein Verstand zunächst etwas aufbäumen mag, wird er durch das ständige Wiederholen deiner Worte irgendwann akzeptieren, dass du beschlossen hast, dich in diese Richtung zu entwickeln. Somit wird sich dein Verhalten auch dementsprechend ändern.

Solltest du allerdings jeden Tag Mahnungen erhalten, kannst deine Miete nicht bezahlen und hast kaum Geld, um dir Essen zu kaufen, wäre eine Affirmation wie „ich bin Millionär" für deinen Verstand, auch nach der fünfhundertsten Wiederholung, nur sehr schwer zu akzeptieren. Es geht also darum, deine Affirmationen gezielt zu wählen und sehr überlegt zu formulieren.

In der aufgeführten Praxisaufgabe stelle ich dir einige Tricks vor, die mir sehr schnell und nachhaltig geholfen haben, mein Gefühl beim Affirmieren zu bestärken.

Wie ich bereits im ersten Kapitel beschrieben habe, ist unser Unterbewusstsein ein sehr mächtiger Faktor und der eigentliche Antrieb unseres aktiven Lebens. Genau hier setzt die Nutzung von „sich selbst erfüllenden Prophezeiungen" an. Wenn du deinem Geist einen präzisen Glaubenssatz, von dessen Wahrheit du überzeugt bist, immer und immer wieder einpflanzt, wird dieser in deinem Unterbewusstsein verankert werden. Entscheidend ist hierbei das stetige Wiederholen und Fühlen der gesagten Sätze. Dein Verstand wird früher oder später von alleine mit diesen Sätzen arbeiten und sie fast schon automatisch wiederholen. Dabei verwurzelt sich die Affirmation immer tiefer in deinem Unterbewusstsein und wird schließlich ein Teil von dir selbst. Ab diesem Punkt musst du die Pflanze des neuen Glaubenssatzes nur noch behutsam pflegen, stets gießen und mit den wärmenden Strahlen deiner Gefühle, des Glaubens und der Liebe gedeihen lassen.

Habe Geduld. Ich wiederholte bestimmte Glaubenssätze täglich weit über ein Jahr lang und stellte dann erstaunt fest, dass sie sich erfüllten. Du weißt nie, wann die gesetzten Keime sprießen und durch die Erde brechen.

Deine heilige Tafel

Nach meiner Erfahrung besitzt kein Bild mehr Kraft, als das, welches du in deinem Geist erzeugst und immer wieder aktivierst. Zur gedanklichen Stütze kannst du dir allerdings auch eine persönliche Tafel für deine Wohnung erstellen. Wähle einige sehr treffende Fotos oder Bilder von den Dingen aus, die du erreichen und erfahren willst. Schreibe danach deine persönlichen Ziele und Visionen zusätzlich auf deine heilige Tafel und schmücke sie mit allen nötigen Details aus. Mache sie zu deinem persönlichen Traumfänger.

Anschließend hängst du sie, gut sichtbar, in deiner Wohnung oder deinem Haus auf. Dies ist eine bekannte und effektive Methode, um dich täglich an deine Visionen zu erinnern.

Nach einigen Wochen wird sich dein Verstand natürlich an die erschaffene Tafel gewöhnen und so könnte die Gefahr bestehen, dass du sie nicht mehr wirklich wahrnimmst. Meine geliebte Mutter hat deshalb die Taktik entwickelt, ihre heilige Tafel der Visionen stets neu aufzuhängen. Alle vier Wochen sucht sie sich einen neuen Platz aus und hält ihren Geist somit stets aktiv, die erzeugten Bilder immer wieder bewusst von Neuem erfassen zu können. Wie ich aber bereits sagte, finde ich die rein mentale und emotionale Arbeit im eigenen Geist jedoch sehr viel entscheidender. Hierbei ist es wichtig, dass du dein Bild wie ein echtes Kunstwerk betrachtest.

Wähle deine Bilder sorgfältig und voller Freude

Sobald du weißt, was du wirklich willst, darfst du anfangen, deine Ziele in den prächtigsten Farben auszumalen und zu erweitern. Zunächst halte ich es für sinnvoll, klein zu beginnen. Betrachte deine Visionen tatsächlich wie ein Meisterwerk. Ein großes Werk wird nicht in drei Minuten erschaffen. Beginne mit einer Skizze. Wähle dein Ziel sorgfältig und male zunächst die schemenhaften Umrisse des Bildes. Nach und nach zeichnest du präzisere Linien und beginnst, erste Farben, also die Gefühle, einzusetzen. Du kannst bestimmte Teile des Bildes mit Euphorie ausmalen, andere mit tiefer Dankbarkeit, wieder andere mit großem Mut und weitere mit tief greifender Liebe. Jeden Tag fügst du deinem Kunstwerk weitere Linien, Farbverläufe und Schattierungen hinzu.

Betrachte auch die Eigenschaften, die du erlangen willst, um dein Ziel zu erreichen: also Mut, Charisma, Ausdauer, Stärke oder Selbstvertrauen. Ich persönlich male mein Gemälde jeden Morgen ungefähr 20 Minuten voller Freude aus. An manchen Tagen nutze ich Wartezeiten oder Momente der Ruhe während des Tages auch, um meine Leinwand zu betrachten.

Sobald du deine Bilder gewählt hast und sie jeden Morgen im Geist betrachtest, wunderschön schattierst und vollendest, erweitern sie sich von selbst. Das Geniale an deinem Verstand ist nämlich, dass er es liebt, beschäftigt zu werden. Sobald er regelmäßig konkrete Bilder von deinem gewünschten Ziel erhält, wird er sie erweitern. Plötzlich fallen dir immer mehr Einzelheiten zu deinem gewünschten Ziel ein. Das Gemälde malt sich zu gewissen Teilen dann von selbst und erweitert sich wie von Zauberhand immer weiter. Du bestimmst die Farben und die Inhalte deines persönlichen Meisterwerkes, die Details und Nuancen werden von deinem Geist ergänzt.

Es geht vor allem darum zu begreifen, dass wir selbst bestimmen können, was wir denken. Somit können wir die Verwirklichung des Gedankens und der damit verbundenen Bilder auch bewusst einleiten und erschaffen.
Wie auf einer Leinwand malen wir durch unsere Gedanken die Realität unseres späteren Lebens. Erschaffe also „sich selbst erfüllende Prophezeiungen"!
Male dein Bild in den schönsten Farben voller Glanz und mit Freude. Zeichne voller Liebe, werde zum Künstler deines eigenen Lebens!

Erschaffe dein persönliches Meisterwerk.
Tauch den Pinsel in Glück!

Songtext

Gemälde aus Gedanken

Wenn du dir etwas vorstellst, erschaffst du ein Gemälde
und mischst Farben aus Gedanken auf der Staffelei der Seele.
Jeder Pinselstrich erzeugt einen neuen Farbakzent,
bis du das Bild im Licht von jedem neuen Tag erkennst.
Manchmal mit leuchtenden Linien, glanzvoll golden gemalt,
dass alle Wolken verfliegen und die Sonne erstrahlt.
Manchmal dunkel schattiert und in Collagen verwischt,
mit schwarzer Tusche grundiert, sodass die Farbe erlischt.
Das Gemälde unsrer Vorstellung erschafft das eigne Leben
wie sich Orchideen aus einem kleinen Keim erheben.
Aus kleinen Wegen wird die Straße, die zum Himmel führt,
wo du sie findest, sagt die Stimme, die man in der Stille spürt.
Und die Wirkungen des Lebens kannst du kraftvoll bestimmen.
Denn du erschaffst sie von innen!
Mal die Bilder durch Gedanken in den allerschönsten Farben,
dass die Linien deine Schranken in die Höhe tragen.

Chorus:
Es sind Gemälde aus Gedanken, die den Lebensweg bestimmen,
auf der Staffelei des Geistes entsteht der Weg von innen.
Mit jedem Pinselstrich wird ein Bild im Geist erstellt,
die Kollektion mentaler Skizzen schafft das Bild der eignen Welt.
Es sind Gemälde aus Gedanken, die den Lebensweg bestimmen,
auf der Staffelei des Geistes entsteht der Weg von innen.

Mit jedem Pinselstrich wird ein kleines Werk erstellt,
die Kollektion mentaler Bilder schafft das Meisterwerk der Welt.

Bridge:
Es gibt auf jenen Wegen keine Schranke,
denn jeder Gegenstand war zunächst nur ein Gedanke!
Den Wandel deines Lebens kannst du kraftvoll bestimmen,
denn alle Macht kommt von innen!

Man sagt, Böses lauert hinter jeder Ecke, mir egal.
Denn das Schöne lauert überall! Kannst du es sehen?
Dann wähl die herrlichsten Farben – denn nicht die Tage
deiner Werke zählen, sondern die Werke in den Tagen.
Male Tag und Nacht die Bilder bis zu wildesten Rändern
und du kannst dein eignes Leben durch den Pinsel verändern!
Erkenne, was ein Mensch durch seine Vorstellung schafft,
denn diese Welt ist das Gemälde deiner Vorstellungskraft.
Sie hält dich wach und offenbart dir all die Möglichkeiten.
Deshalb mal dein Bild nur von den allerschönsten Seiten.
Wenn wir glauben und ein Wunder überall für möglich halten,
können wir wie Möwen gleiten und in die Höhe steigen.
Also nimm deinen Stift – und mal dein Leben wie noch nie.
Es ist egal, wo du bist, du bist umgeben von Magie!
Nichts bleibt bestehen, weil jeder Herrscher mal fällt,
aber Fantasie – bleibt die Werkstatt der Welt.

Chorus:
Es sind Gemälde aus Gedanken, die den Lebensweg bestimmen,
auf der Staffelei des Geistes entsteht der Weg von innen.

Mit jedem Pinselstrich wird ein Bild im Geist erstellt,
die Kollektion mentaler Skizzen schafft das Bild der eignen Welt.
Es sind Gemälde aus Gedanken, die den Lebensweg bestimmen,
auf der Staffelei des Geistes entsteht der Weg von innen.
Mit jedem Pinselstrich wird ein kleines Werk erstellt,
die Kollektion mentaler Bilder schafft das Meisterwerk der Welt.

Bridge:

Es gibt auf jenen Wegen keine Schranke,
denn jeder Gegenstand war zunächst nur ein Gedanke!
Den Wandel deines Lebens kannst du kraftvoll bestimmen,
denn alle Macht kommt von innen.
Nun tauch den Pinsel in Glück und mal mit freudigem Glanz,
mal mit träumender Hand und mal, so leuchtend du kannst.
Mal mit Linien voll Liebe und erheb dich aus den Schranken,
schöpfe tief, denn – du malst dein Leben aus Gedanken.

Chorus:

Es sind Gemälde aus Gedanken, die den Lebensweg bestimmen.
Auf der Staffelei des Geistes entsteht der Weg von innen.
Mit jedem Pinselstrich wird ein Bild im Geist erstellt,
die Kollektion mentaler Skizzen schafft das Bild der eignen Welt.
Es sind Gemälde aus Gedanken, die den Lebensweg bestimmen.
Auf der Staffelei des Geistes entsteht der Weg von innen.
Mit jedem Pinselstrich wird ein kleines Werk erstellt,
die Kollektion mentaler Bilder schafft das Meisterwerk der Welt.

(Aus dem Album „Spirit" von SEOM)

Praxisaufgaben

1. Aktivierung

Um deine Visualisierung besonders effektiv und wirksam zu gestalten, ist es sehr wichtig, dir im Klaren darüber zu sein, was du wirklich willst. Je detaillierter und präziser dein Bild ist, desto schneller und genauer wird es sich in der Außenwelt auch darstellen. Eine sehr effektive Methode hierfür ist das Erstellen einer Liste mit Kehrseiten.

Die Liste der Kehrseiten

In der Regel weiß jeder Mensch zunächst einmal sehr genau, was er nicht möchte. Diesen vermeintlichen Nachteil kannst du nun zu deinem Vorteil nutzen.

Schreibe dir zunächst auf, was du nicht willst. Gliedere diese Liste in verschiedene Lebensbereiche wie Beziehung, Geld, Berufung, Erfolg usw.

Hierbei ist es wichtig, sehr präzise zu arbeiten. Du solltest also nicht aufschreiben, dass dein Partner dich nicht nerven soll, sondern dir konkret überlegen, welche Situationen und Gefühle du nicht magst (z. B.: „Ich mag es nicht, überhört zu werden").

Was nervt dich ganz konkret?

Im Bereich Erfolg oder Geld darfst du dir überlegen, was dich ganz konkret stört. Welche Umstände sollten unbedingt verändert werden?

Sobald du in jedem der einzelnen Bereiche aufgeschrieben hast, was du nicht möchtest, darfst du die Kehrseite wählen. Nach dem Gesetz der Polarität hat alles ein Gegenteil. Finde das konkrete Gegenteil von dem, was du nicht möchtest.

Aus Angst wird Mut, aus Mangel wird Überfluss, aus „überhört" kann „anerkannt" und aus „genervt" kann „gelassen" werden.

Nachdem du deine Liste in jedem Bereich fertiggestellt hast, weißt du, was du willst.

Hierbei kannst du nicht zu sehr ins Detail gehen. Führe dir genau vor Augen, was du ganz konkret möchtest. Du kannst nicht genau genug sein!

Arbeite mit jedem Detail.

Anschließend erstellst du aus diesen Formulierungen deine persönlichen Affirmationen.

Nützliche Formulierungen

Nach meiner persönlichen Erfahrung ist es zu Beginn schwierig, sein Unterbewusstsein mit unglaubwürdigen Formulierungen neu programmieren zu wollen. Eine Formulierung wie „ich bin Milliardär" wird sich für deinen Geist zunächst sehr befremdlich anhören, wenn du dir nicht mal ein Bahnticket leisten kannst. Eine Formulierung wie „ich gestatte mir, reich zu sein" lässt sich von deinem Verstand und deinem Unterbewusstsein sehr viel schneller akzeptieren.

Der Schlüssel liegt hierbei in der Kunst, positive Gefühle der Freude zu erzeugen und gleichzeitig möglichst wenige Zweifel zu erschaffen. Hierfür möchte ich dir einige Formulierungen anbieten.

Wähle die wichtigsten Punkte aus deiner Liste aus und bilde daraus stimmige Affirmationen mit folgenden oder ähnlichen Ergänzungen:
- Mein Wohlstand (Erfolg usw.) ist nicht mehr aufzuhalten ...
- Ich gestatte mir, reich (glücklich, gelassen, friedvoll usw.) zu sein ...
- Ich bin auf dem besten Pfad, meine Berufung (meinen Traum usw.) zu leben ...
- Der Gedanke, meine Träume gezielt zu verwirklichen, erfüllt mich mit Freude ...

Solche oder ähnliche Satzkonstruktionen fühlen sich wahr, realistisch und vor allem „möglich" an. Sobald du ein wenig Übung hast, kannst du in deinen Formulierungen natürlich freier und tollkühner werden. Ich persönlich verwende stets die Worte „ich bin ...", um mich möglichst präzise auszurichten. Hierbei sind deiner Kreativität keine Grenzen gesetzt.

Das Wichtigste ist, dass dich die gewählten Worte mit Freude und einem Gefühl von Euphorie erfüllen. In dem Moment, in dem ein gewählter Satz sich nicht richtig anfühlt, darfst du ihn so lange verändern, bis das Sprechen des Satzes dich mit einem Gefühl von freudiger Erwartung erfüllt. Konzentriere dich während des Sprechens auf deine Dankbarkeit. Fühle die Dankbarkeit, die du bei der Erfüllung deines Wunsches empfinden wirst, bereits jetzt – mit jeder Faser deines Seins.

2. Zur Vertiefung:

„Das Gefühl ist das Gebet."
(Mönchsweisheit aus Tibet)

Nachdem du deine Affirmation voller Dankbarkeit und Freude gesprochen hast, darfst du beginnen, deine ganz persönliche Leinwand zu gestalten. Du beginnst, dein Meisterwerk zu erschaffen.

Hierbei darfst du zunächst den für dich wichtigsten Bereich aus deinen Listen auswählen und beginnen, erste Bilder in deinem Geist zu erzeugen.

Schließe die Augen, atme tief und stelle dir deinen Geist wie eine Kinoleinwand vor. Du bist der Hauptdarsteller/die Hauptdarstellerin deines Filmes. Beginne mit einem Bild, erweitere dieses Bild um zwei weitere Bilder und lass diese dann immer mehr Bewegung und Fahrt aufnehmen.

Visualisiere dein gewünschtes Ziel stets so lange, bis du ein tiefes Gefühl der Freude und Dankbarkeit in dir empfindest. Das ist die erwähnte Bestellbestätigung per E-Mail des Universums an deinen Geist, dass die Bestellung angekommen ist.

Stelle dir das Ergebnis so vor, als sei es bereits eingetreten. Das Gefühl ist dein Indikator, ob du es richtig machst. Sobald Freude entsteht, ein euphorisches Kribbeln oder eine tiefe Empfindung von Dankbarkeit, machst du es richtig.

Und dann folge dem Weg. Schlafe nicht! Bewege dich!

Lade deine Bilder mit so viel Gefühl auf, dass du den Eindruck hast, du würdest gleich direkt durch die Decke, senkrecht in den Himmel schießen. Noch mehr – und noch mehr.

Deine Bilder können nicht mit Gefühlen überladen werden. Versuche, bei jeder visualisierten Szene noch ein wenig mehr Gefühl zu aktivieren.

Am besten eignen sich hierfür die Morgenstunden und die letzten 30 Minuten vor dem Schlafengehen. Ich kann dir nur empfehlen, deine Visualisierung zu deinem täglichen Ritual zu machen. Jeden Morgen nach dem Frühstück. Auch wenn du denkst, dass du die Zeit dafür nicht hättest, hast du sie. Was sind 20 Minuten weniger Schlaf gegen ein Leben, in dem sich alle Träume erfüllen?

Das Visionboard des Geistes

Irgendwann wirst du an den Punkt kommen, an dem sich deine imaginierten Bilder wie von Zauberhand erweitern und auch stets abrufen und betrachten lassen.

Sobald du diesen Punkt erreicht hast, kannst du deinen Geist als persönliches Visionboard nutzen. Wenn du einmal in der Warteschlange einer Behörde 30 Minuten stehen oder in einem Stau warten musst, kannst du deine Bilder im Geiste hervorrufen und deine inneren Meisterwerke bewundern, genießen und verfeinern. Ein Visionboard stets im Geist zu aktivieren ist sehr viel effektiver, als sich nur Bilder der persönlichen Wünsche in der Wohnung aufzuhängen.

Wenn du täglich nur fünf Minuten an die Verwirklichung deines Traumes denkst, gleicht dies einem Windhauch. Wenn du dein Visionboard im Geiste täglich über eine Stunde betrachtest, gleicht dies einem himmlischen Orkan, der jeden Zweifel hinwegfegt.

Natürlich ist es wichtig, im Jetzt zu leben und den Augenblick zu genießen, aber dennoch kannst du bestimmte Momente des Alltags nutzen, um deinen Geist auf deine Ziele zu fokussieren. Lass dein Smartphone in der Tasche und nutze deinen Geist!

Deine Träume werden es dir danken!

An dieser Stelle möchte ich noch einmal darauf hinweisen, dass es von essenzieller Bedeutung ist, seinen Visualisierungen auch konkrete Handlungen und Taten folgen zu lassen. Wie im Kapitel „Berufung"(Handlungen sind elemantar) beschrieben, solltest du niemals vergessen, loszulaufen, täglich konkret zu handeln, an dir zu arbeiten und deine Fähigkeiten auszuarbeiten!

KAPITEL 8

HALLELUJA

Feel Go(o)d

Meine persönliche Geschichte

Es gab Phasen in meinem Leben, in denen ich mich experimen-
tierfreudig mit illegalen Substanzen beschäftigt und betäubt habe.
Ich tat dies vor allem unter dem Deckmantel der Bewusstseins-
erweiterung. Wie schon in vorherigen Kapiteln erwähnt, geht es
mir nicht um Grundsatzdiskussionen über irgendetwas. Drogen
sind gefährlich und zerstören sehr viel mehr, als der Konsument
denken mag. Ich musste oft beobachten, wie Drogen den Charakter von Menschen verändert und deren Leben zerstört haben. Es
ist wahr, dass Drogen die seelische Entwicklung eines Menschen
sehr negativ beeinflussen können.

Doch es ist auch wahr, dass unter dem Einfluss bestimmter Substanzen Schleier des Verstandes, die du zunächst nicht wahrgenommen hast, fallen und Eindrücke vom eigentlichen Selbst ans
Tageslicht treten können. Zeit und Raum verschieben sich. Du
nimmst Verbundenheit teilweise intensiver wahr und erkennst, dass
viele Dinge, die uns umgeben und die scheinbar so wichtig sind,
an Gewicht verlieren. Erst später habe ich verstanden, dass ich
etwas suchte, was ich in mir selbst zunächst nicht finden konnte. Ich versuchte, mich aus meiner gewohnten Realität kurzzeitig
auszuklinken, um mich auf die Suche nach mehr zu machen.

Weitergebracht hat es mich nicht. Ich bin jetzt höchstens reicher an Erfahrung.

Erst nachdem ich erkannt hatte, dass alles, wonach ich suchte, bereits in mir vorhanden war, änderte sich mein Verlangen. Ich durfte verstehen, dass jedes Gefühl der Erfüllung und der Erweiterung des eigenen Bewusstseins in meinem eigenen Geist und meiner Welt zu finden ist. Alles, was dafür nötig war, ist die Erkenntnis, dass ein allumfassendes Bewusstsein, ein heiliger Geist in mir, um mich und in allen Dingen dieser Welt enthalten ist.

Ich hörte schon oft von Menschen, die eine Offenbarung erlebten – einen magischen Moment, in dem sie der Finger Gottes berührte und die Heiligkeit des Himmels küsste.

Ich muss dich an dieser Stelle enttäuschen. Mit einem solchen Moment der Gotteserscheinung kann ich dir nicht dienen. Aber ich kann dir versichern, dass ich die göttliche Energie, die uns jederzeit umgibt, sehr oft fühlen und demütig betrachten darf.

Für mich persönlich besteht Gott nicht aus einem weisen Mann, der auf einer Wolke sitzt und uns mit Glück belohnt oder mit Zorn für unsere Sünden bestraft. Für mich ist er, sie oder es vielmehr alles, was uns umgibt. Alles, was ist.

Besonders klar und deutlich fühle ich diese Anwesenheit in der Natur, im Umgang mit anderen Menschen, mit Tieren und vor allem auch in Momenten der Inspiration. Ich frage mich oft, wo unsere Ideen, edlen Absichten und Inspirationen herkommen. All diese wunderschönen Kompositionen, Gedichte, Zeichnungen und Kunstwerke müssen ihren Ursprung schließlich in einer übergreifenden Kraft finden. Wo kommen sie her?

Wie konnten all die Schönheit der Pflanzenwelt und all der einzigartigen Tiere, sowie die wundervolle Vielfalt der gesamten Natur des bisher bekannten Universums entstehen?

Oft werde ich nach meinen Vorträgen gefragt, welcher Religion ich angehöre, und nicht gerade selten möchten mich einzelne Menschen beharrlich dazu bewegen, mich ihrer Religion anzuschließen.

Ich möchte keinem Menschen mit meinen Worten zu nahetreten, aber ich finde eine bestimmte Theorie sehr schön und möchte die Chance nutzen, sie dir vorstellen zu dürfen.

Wenn ich es richtig verstanden habe, ist das erste Gesetz jeder Religion die Liebe. In jedem heiligen Buch wird die Liebe besonders hervorgehoben und als Quelle der Existenz beschrieben. Wenn also alle Religionen in diesem grundlegenden Punkt übereinstimmen, sprechen sie doch von derselben Sache. Nun gibt es die Theorie, dass bestimmte, aufgestiegene, höhere Wesen so etwas wie Abgesandte sind, die alle von der gleichen Wahrheit berichten. Egal, um welchen Religionsbegründer es sich handeln mag: Er wurde demnach gesandt, um uns auf die Wahrheit aufmerksam zu machen – jeder zu einer anderen Zeit, an einem anderen Ort und auf andere Weise, aber stets mit dem gleichen Hinweis: auf die LIEBE!

Liebt euch, erkennt die Liebe, verbreitet die Liebe, zelebriert das Leben voller Liebe und folgt in allem, was ihr tut, der Liebe! Ich finde diese Theorie sehr schön. Aus ihr entspringt der Satz: „Es gibt viele Lehrer, doch nur eine Wahrheit!"

Habe ich zu Beginn dieses Kapitels nicht geschrieben, dass ich von keiner Gottesbegegnung berichten kann? Das ist glücklicherweise falsch. Ich sehe Gott jeden Tag in den strahlenden Augen von dreijährigen Kids die voller Liebe spielen, in gerührten Augen von 80-Jährigen die mir von ihrer Jugend berichten, in so vielen Situationen und heiligen, scheinbar so kleinen Momenten. Ich sehe Gott in jedem Vogel, der am Himmel erscheint, in jedem Grashalm, in jeder Blüte, jedem Baum und in jedem Menschen (wenn ich mich bemühe, auch wirklich hinzusehen) und nicht zuletzt – in mir selbst.

Und natürlich in DIR!

Halleluja!

Hintergründe

„Alle Materie entsteht und besteht nur durch eine Kraft, welche die Atomteilchen in Schwingung bringt und sie zum winzigsten Sonnensystem des Alls zusammenhält. Da es im ganzen Weltall aber weder eine intelligente Kraft noch eine ewige Kraft gibt – es ist der Menschheit nicht gelungen, das heiß ersehnte Perpetuum mobile zu erfinden –, so müssen wir hinter dieser Kraft einen bewussten intelligenten Geist annehmen. Dieser Geist ist der Urgrund aller Materie. Nicht die sichtbare, aber vergängliche Materie ist das Reale, Wahre, Wirkliche – denn die Materie bestünde ohne den Geist überhaupt nicht –, sondern der unsichtbare, unsterbliche Geist ist das Wahre! Da es aber Geist an sich ebenfalls nicht geben kann, sondern jeder Geist einem Wesen zugehört, müssen wir zwingend Geistwesen annehmen.

Da aber auch Geistwesen nicht aus sich selber sein können, sondern geschaffen werden müssen, so scheue ich mich nicht, diesen geheimnisvollen Schöpfer ebenso zu benennen, wie ihn alle Kulturvölker der Erde früherer Jahrtausende genannt haben: Gott! Damit kommt der Physiker, der sich mit der Materie zu befassen hat, vom Reich des Stoffes in das Reich des Geistes. Und damit ist unsere Aufgabe zu Ende, und wir müssen unser Forschen weitergeben in die Hände der Philosophie."

(Max Planck)

(Quelle: Archiv zur Geschichte der Max-Planck-Gesellschaft, Abt. Va, Rep. 11 Planck, Nr. 1797)

„Lass uns den Himmel auf Erden manifestieren"

1927 trafen sich in Brüssel führende Physiker wie Einstein, Heisenberg, Schrödinger und viele mehr, um bisher ungeklärte Phänomene der Quantenmechanik zu erläutern.

Albert Einstein sagte zu jener Thematik später: „Jeder, der sich ernsthaft mit der Wissenschaft beschäftigt, gelangt zu der Überzeugung, dass sich in den Gesetzen des Universums ein Geist manifestiert. Ein Geist, der dem des Menschen weit überlegen ist."

Dieser Geist ist es, den ich im Folgenden als „Gott" bezeichne.

Er ist sowohl in der Erde als auch um die Erde herum und überhaupt in allem, was uns umgibt und erfüllt. Er lässt uns lachen, Freude empfinden und kreativste Ideen empfangen. Er verschwindet niemals! Er ist immer da! Immer und überall!

Du kannst ihn bereits auf einfachste Weise sehen, wenn du dich beispielsweise geschnitten hast. Es ist jene Kraft, die Zellen zusammenwachsen oder erschaffen lässt. Sie lässt Menschen und Tiere wachsen, lässt die Erde aufbrechen und Blumen erblühen. Wenn ein Kind entsteht, gibt es einen besonders heiligen Moment. Der Moment, in dem das Herz plötzlich zu schlagen beginnt. Kein Mediziner der Welt kann genau erklären, welche

Kraft das Herz zum Schlagen bewegt. Dieselbe Kraft erschafft und kontrolliert sowohl deinen Herzschlag als auch deine Atmung. Sie heilt Wunden, steuert deinen Blutkreislauf und den Verdauungsprozess. Sie verwandelt Nahrungsmittel in organisches Gewebe, in deine Muskeln und deine Knochen. Sie bildet, reinigt und erneuert deine Zellen in jedem Augenblick. Sie kontrolliert alle Lebensvorgänge, sie erzeugt und bewahrt den Lebensstrom!

Sie erschafft und erweitert zugleich das gesamte Leben und die Schöpfung unserer Welt.

Dieser Geist, diese Energie umgibt den gesamten Kosmos, das gesamte Universum und ist zugleich in allem enthalten, was es gibt. Gott ist alles!

Erwache

„Um zu erwachen, müssen wir nichts loswerden. Erwachen heißt zu erkennen, dass die Trennung niemals existiert hat. "
(Arjuna Ardagh)

Viele Menschen versuchen sich zwanghaft mit Gott zu verbinden.

Die Wahrheit ist jedoch, dass wir niemals von Gott getrennt waren oder sind.

Viele Weltreligionen vermitteln uns, dass wir nicht eins mit Gott seien. Deshalb leben so viele Menschen voller Angst vor dem Leben. Sie leben mit dem Trugschluss des Gefühls, ganz allein zu sein. Getrennt von dem, der uns erschaffen hat. Getrennt von Gott.

So wird es in Schulen, im Religionsunterricht oder in der Erziehung leider oft vermittelt. Es heißt zwar, dass Gott in uns wohne, aber dennoch wird das Bild eines Mannes, der weit oben auf einer Wolke „thront", vermittelt.

Das ist ein Missverständnis, das wohl grundlegendste überhaupt!

Ein Irrtum – die Illusion der Trennung – entweder bewusst oder unbewusst gelenkt.

Doch jene Trennung ist nicht mehr als eine Täuschung. Die Leute sagen, Gott ist in allem, tatsächlich aber ist alles in Gott. Es ist die allgegenwärtige Präsenz, die uns immer umgibt.

Aber Gott ist vor allem eines:
Gott ist pure Liebe. Die Liebe in uns. Ob wir jener Liebe nun folgen, liegt ganz bei uns. Ob wir diese Liebe, also Gott, teilen,

verbreiten und in ihr denken, das bleibt jedem selbst überlassen. Gott ist und bleibt pure Energie und der stetige Gedanke ganzheitlicher, bedingungsloser Liebe. Wenn du sie nicht siehst, dann schläfst du. Deshalb wach auf.

In jedem Moment, in dem du der Liebe in jeder deiner Lebenssituationen die Führung überlässt und ihr stets Einzug in allen Bereichen gewährst, verwirklichst du die Kraft Gottes. Und die Liebe wird tausendfach zu dir zurückkehren. Es geht nur darum zu lieben – das ist die wahre Hingabe an Gott.

Jeder von uns ist befähigt, Großes zu vollbringen!
Wirklich jeder! Auch wenn wir es zunächst nicht sehen können.

> *„Gott beruft nämlich nicht die Fähigen,*
> *Gott befähigt die Berufenen!"*
> (Moses-Code)

„Gott" bleibt, was er immer war und immer sein wird: und zwar reine Energie in ihrer höchsten Form – reine Liebe. Unsere höchste Aufgabe besteht also einzig und allein darin zu lieben. Bedingungslos. Gott zu dienen heißt einfach nur zu lieben. Somit ändert sich unsere Energie und dadurch ändern wir die Energie von allem, das unser Leben berührt.

Erkenne die Kraft

Erkenne die Kraft in dir und um dich herum! Wenn du still wirst und tief in dich blickst, dann wirst du sie finden. In dir ist eine Kraft, die dich zu allem werden lassen kann, was du willst. Die Möglichkeit, zu denken und zu lieben, befähigt dich dazu, in jede erdenkliche Richtung wachsen zu können. Ein genialer Maler oder ein großartiger Komponist steht mit einer Kraft in Verbindung, deren Vorrat scheinbar unerschöpflich ist, einer Macht, die seinen Geist beflügelt. Diese Energie ist es, die alle großen Dinge zur Welt brachte, bringt und immer bringen wird. Und dieser Geist existiert in jedem von uns. Ausnahmslos. Immer und überall. Wieso sollten sonst Reiche und Arme, Kluge und Unkluge, Dicke und Dünne sowie Frauen und Männer von ein und derselben Kraft beflügelt und zu größten Erfolgen emporgehoben werden können? Es gibt keine Grenze! Das Ausmaß ist unermesslich!

Dieser Geist, der in dir aktiv ist, ist auch in allen Dingen um dich herum enthalten.

Alles um dich herum lebt! Wenn du beginnst, das zu verstehen, und die Macht des Lebens durch die Liebe und den Glauben begreifst und annimmst, werden sich Begebenheiten, Menschen und Zuführungen arrangieren und innerhalb kürzester Zeit Wunder bewirken. Du wirst den Eindruck haben, dass du träumst. Und wenn dieser Strom der wundervollen Zuführungen nachlassen sollte, frage dich zuerst: „Liebe ich noch in vollem Maße?"

Nicht einen Menschen: alle Menschen.
Nicht eine Sache: alle Dinge.

Hier liegt der Schlüssel! Selbst die Dinge, die dein Verstand nie mit Liebe in Verbindung bringen würde, führen dich in das Reich des Himmels!

„Lass uns den Himmel auf Erden manifestieren!"

Habe Vertrauen

Wenn eine Kraft dazu in der Lage ist, alles Leben zu erschaffen, gedeihen zu lassen oder zu heilen, und wenn jene Kraft sogar den Verlauf von ganzen Planeten und gigantischen Sonnensystemen in Balance hält, dann darfst du darauf vertrauen, dass jene Macht es wohl auch hinkriegen dürfte, dich und deine Lebensumstände zu führen.

Nur weil jene magische Macht so intelligent agiert, dass wir es nicht gleich verstehen oder nachvollziehen können, heißt das nicht, dass du ihr nicht vertrauen darfst.

Eine Blume, eine Eiche oder eine Löwin stellt ihre Entwicklung und ihre Entfaltung schließlich auch nicht in Frage. Sie entwickelt sich perfekt. Von alleine. Also vertraue!

Auch wenn du die Zusammenhänge und Hintergründe deiner Lebensumstände nicht sofort begreifen kannst, heißt das nicht, dass sich nicht ein perfekter Plan voller Synchronizität dahinter verbirgt.

Jene Kraft weiß schon, was sie tut. Vertraue darauf.

Lass dich auf ihren Plan voller Vertrauen ein und du wirst am Ende feststellen, dass der Plan funktioniert und mehr als genial ist. Er hilft dir in jedem Detail, ganz persönlich und individuell zu wachsen, zu gedeihen und letztendlich zu deiner vollkommenen Form zu erblühen. In allen Einzelheiten und in den feinsten Bereichen deines Lebens; in den Bereichen, in denen Lektionen und Momente der Erkenntnis nötig sind, werden sie erscheinen. Die Umstände, Personen oder Informationen, die für deine Entwicklung wichtig sind, kommen zu dir. Und zwar genau zur rechten Zeit und am rechten Ort.

Vertraue darauf!

Falls du dich einmal bei bestimmten Chancen, die dir verwehrt bleiben sollten, fragst, was das solle, dann vertraue darauf, dass eine bessere Chance auf dich wartet. Versuche die Intelligenz, die deine Intelligenz erschaffen hat, nicht in Frage zu stellen.

Vertraue ihr und lasse los, offen, freudig und bedingungslos – JETZT!

Manche fragen, warum Gott „Böses" zulässt

Wer sich vor dem offenen Lebensstrom verschließt, verursacht Blockaden im Unterbewusstsein und setzt sich so automatisch negativen Folgen aus.

All das bezieht sich letztendlich auf das einfache Prinzip von Ursache und Wirkung – von Resonanz.

Weder Gott noch die universelle Energie oder die bestehenden Naturgesetze sind der Urheber von Leid. Nicht das Naturgesetz ist schuld, wenn du nicht schwimmen kannst.

Ein weiterer, sehr wichtiger Aspekt ist noch hervorzuheben, nämlich dass die Welt, so wie sie ist, zwar in der jetzigen Form vollständig, aber noch nicht vollkommen vollendet ist. Alles Leid und all der Schmerz sind notwendig, um die Welt und uns weiter zur Vollendung hinzutreiben.

So war es in allen Epochen der Menschheitsgeschichte und in der gesamten Entwicklung unseres Planeten. Entscheidend ist hierbei jedoch, dass alles gut ist, wie es momentan ist. Wir müssen nur begreifen lernen, dass dies Prozesse des Wachstums, des Lernens und der Entwicklung sind. Auch wenn dieser Gedanke für viele schwer zu fassen ist, so ist er dennoch von großer Bedeutung. Wenn es kein Leid gäbe, so gäbe es auch nicht den Willen, diese Welt weiter zu einer besseren machen zu wollen. Und wenn sie bereits besser wäre, gäbe es bereits kein Leid mehr. Allerdings gibt es viele der leidvollen Situationen, die es noch vor 100 oder auch 500 Jahren gab, nun nicht mehr. Die Pest, Hexenverbrennungen oder legale Sklavenhaltung kommen in den meisten Teilen der Welt so gut wie nicht mehr vor. Es gibt sie deshalb nicht mehr, weil wir daraus gelernt haben und uns in gewisser Weise transformiert haben. Natürlich ist die Arbeit noch nicht getan, aber zum jetzigen Zeitpunkt können wir bereits sagen, dass die Welt eine bessere ist.

Und doch gibt es viele Menschen, die für alle negativen Erscheinungen und alles Leid, die Verantwortung auf Gott abwälzen. Diese Haltung ist natürlich einfach. Die Verantwortung ist schnell von der eigenen Person abgelenkt und ein Satz wie „Gott hat es so gewollt" spricht einen von aller Verantwortung frei. Ein solch negativer Gottesbegriff rächt sich allerdings ganz von selbst durch eine entsprechende Reaktion des Unterbewusstseins. Die meisten Menschen wissen leider oft nicht einmal, dass sie sich selbst bestrafen.

Feel Go(o)d

Uns lenkt und führt eine Kraft zu unserer persönlichen Vollendung und führt uns zu unserem Gedeihen über synchrone Felder. Unsere Aufgabe besteht hierbei aber darin, negative Situationen auch wahrzunehmen und die Wirkungen in Bezug auf die von uns gesetzten Ursachen zu untersuchen. Wir dürfen jederzeit vertrauen, dass alles richtig ist, sollten aber nicht vergessen, unser Verhalten aufgrund der erfahrenen Wirkungen in der Außenwelt zu reflektieren.

Ein Leben im Einklang mit den Gesetzen ist voller Wunder.

Ein wahres Wunder, wenn wir es wählen und „Gott" als die sich entfaltende und uns stets wohlgesonnene Energie wahrnehmen. Wir müssen nur im Einklang mit den Gesetzen, die uns umgeben, leben und diese beachten. Wenn ein Mensch in das Wasser springt und ertrinkt, weil er nicht schwimmen kann, würde er doch auch nicht das Wasser für seinen Fehler verantwortlich machen. Das Wasser trägt ihn ohne Widerstand, wenn er Schwimmen gelernt hat.

Sobald dein Denken und dein Fühlen von der Vorstellung eines Gottes voller Liebe erfüllt werden, sobald du in Gott die schützende Hand und den liebenden Vater, die liebende Mutter des Himmels auf Erden siehst, der oder die für dich sorgt, dich leitet, heilt, erhält und stärkt, wird sich diese Gottesvorstellung deinem Unterbewusstsein nachhaltig einprägen und zur Quelle wundervoller und unendlicher Segnungen werden.

Und wenn du dich noch immer fragen solltest, warum uns Gott keinen Retter schickt, so kann ich dich beruhigen. Er hat doch dich geschickt!

In dem Augenblick, in dem du dich fragst, wo ein Retter bleibt, kannst doch auch genau DU der Retter sein. Woher käme denn sonst ein solch ehrenvoller Gedanke ...?

Feel Go(o)d!

Songtext

Halleluja

Wo fang ich nur an? Bei so vielen Geschichten,
sie sagen du wohnst auf den Wolken im Licht, denn
so sei es, doch jeder soll hören was ich tief in mir spür.
Du bist hier!
Du bist wie der Wind, der zart durch Grashalme weht,
denn man kann ihn nicht sehen, doch das, was er bewegt.
Du verstehst dich zu tarnen, doch bist offen sichtbar bei mir.
Du bist hier.
Du atmest in Pflanzen und du tanzt in den Kindern,
du strahlst durch ein Lachen und du kannst uns erinnern,
an das, was uns ausmacht, was richtig, wahrhaftig und gut war.
Halleluja!

Pre-Chorus:
Du hältst mich stets fest und du lässt mich nicht los,
man kann dich nicht bekämpfen, dein Herz ist zu groß.
All die Wächter des Guten spüren Ströme der Kräfte am Ufer!
Halleluja!

Chorus:
Du träumst in den Dichtern und du denkst in Genies,
du bewegst dich in Tänzern, wenn man dich liest.

Und du zeigtest mir so oft, was richtig, wahrhaftig und gut war.
Halleluja!

Du blickst nicht auf uns, in ein finsteres Tal
und du sitzt nicht auf Wolken, du bist überall.
Ob wir zweifeln und schreien, es ist dir egal,
du bleibst da!
Du weist mir den Weg, denn du leitest und siehst mich,
du zeigst mir den Weg, du begleitest und schiebst mich!
Du weißt wie`s mir geht, doch bleibst bei mir und bleibst immer friedlich,
denn du liebst mich!
Du schiebst mich und malst, in den feinsten Konturen.
Du umhüllst mich stets warm, in manch eisigem Sturm.
Du bliebst bei mir im Dunkeln, denn ich war dem Abgrund schon zu nah.
Halleluja!

Pre-Chorus:
Du hältst mich stets fest und du lässt mich nicht los.
Man kann dich nicht bekämpfen, dein Herz ist zu groß.
All die Wächter des Guten spüren Ströme der Kräfte am Ufer!
Halleluja!

Chorus:
Du träumst in den Dichtern und du denkst in Genies,
du bewegst dich in Tänzern, wenn man dich liest.
Und du zeigtest mir so oft, was richtig wahrhaftig und gut war.
Halleluja!

Du versteckst dich geschickt unbemerkt hinter Wundern,
nimmst nicht unsre Last, aber stärkst unsre Schultern.
Du lehrst uns geduldsam, an Gutes zu glauben, und bleibst hier.
Du bist bei mir.
Du zeigst mir tagtäglich, wie mächtig dein Werk ist,
woher weiß ein Mensch denn, was schlecht und verkehrt ist?
Du wohnst in uns allen und zeigst Wege zum Licht, die wir gehen,
wenn wir`s sehen!
Du atmest in Bäumen und du malst nur in bunt.
Du bewahrst unsre Träume und du machst uns gesund
und du zeigtest mir so oft, was richtig, wahrhaftig und gut war.
Halleluja!

Chorus:
Du träumst in den Dichtern und du denkst in Genies,
du bewegst dich in Tänzern, wenn man dich liest.
Und du zeigtest mir so oft, was richtig, wahrhaftig und gut war.
Halleluja!

(Aus dem Album „Spirit" von SEOM)

Praxisaufgaben

1. Aktivierung

Führe dir mit dem Wissen des gerade eben gelesenen Kapitels vor Augen, dass alles „Gott" ist. Wenn dir der Begriff „Gott" nicht gefällt, dann verinnerliche dir, dass alles um dich herum heilige Energie ist. Versuche, diese Energie in allem zu erkennen.

Zunächst empfiehlt es sich, die Natur zu betrachten und zu begreifen, dass die Schönheit einer jeden Pflanze das Ergebnis von ein und derselben Energie ist. Wenn du eine Pflanze lange genug intensiv betrachtest, wirst du eine Art leuchtenden Schleier wahrnehmen. Er zeichnet sich zunächst nur wenige Millimeter vom Rand der Pflanze ab. Wenn du genauer hinsiehst und vor allem dein Herz sehen lässt, wirst du die Energie sehen. Fühlen kannst du sie ohnehin zu jeder Zeit. Die Göttlichkeit des gesamten Universums befindet sich in jeder Blüte, in jedem Blatt, in jedem Windhauch.

Beginne, die Welt mit genau diesem Wissen und Verständnis zu betrachten. Suche „Gott" in allen Dingen und halte stets Ausschau nach Signalen, die dir die Schönheit jener heiligen Energie vor Augen führen.

Sobald du dich darauf konzentrierst, wirst du schnell bemerken, dass jene Göttlichkeit in jedem Käfer, jeder Ameise und selbst in jedem Grashalm zu sehen ist.

2. Zur Vertiefung

Erweitere deine Beobachtung nun auf alles und jeden. Versuche einmal ernsthaft, die Göttlichkeit des Universums in den Augen eines Menschen zu sehen. Bei deinem Partner wird es dir zunächst nicht schwerfallen (außer ihr habt gerade eine Ehekrise, dann hast du ein brillantes Übungsfeld für diese Aufgabe!), aber wie sieht es mit einer genervten Supermarktkassiererin aus?

Übe dich mit jedem Tag ein wenig mehr darin, „Gott" in jedem Menschen zu sehen.

Suche ihn und du wirst ihn finden! Suche ihn in den Blicken, in den Worten und in den Handlungen deiner Mitmenschen. Je genauer du zu suchen beginnst, desto deutlicher wird er sich zeigen. Je klarer du ihn siehst, desto erfüllter und dankbarer wirst du sein.

Ich wünsche dir viel Freude:
Es ist eine wahrhaft göttliche Aufgabe!

KAPITEL 9

AUGE
des
BETRACHTERS

Du erschaffst
den Zauber selbst

Meine persönliche Geschichte

Als Logopäde erlebe ich die unterschiedlichsten Patienten in jedem Alter und mit den unterschiedlichsten Krankheiten. Ich durfte sehr viele Menschen kennenlernen und durfte eine Sache ganz besonders oft beobachten. Die Art der Betrachtung einer Krankheit wirkt sich sehr direkt auf den Verlauf der Krankheit aus. Ich erlebte zwei Patienten, die mit identischen Diagnosen in meine Therapie kamen. In beiden Fällen erlitten die Betroffenen eine Hirnblutung aufgrund eines Aneurysmas. Beide erzielten in den diagnostischen Tests die gleichen Ergebnisse. Der eine der beiden Patienten war optimistisch, hoffnungsvoll und entschlossen. Er setzte sich sehr kühne Ziele und glaubte fest an seine Heilung. Der andere der beiden sprach in jeder Stunde von seinen Symptomen. Er erzielte zunächst zwar auch Erfolge, doch nahm er diese nicht wirklich wahr. Selbst wenn ich ihn auf seine Verbesserungen hinwies, lenkte er das Thema wieder sehr schnell auf all seine störenden Symptome. Ich brauche dir wohl nicht zu erklären, wie die Therapien nach einem Jahr aussahen. Ein Patient konnte kaum Verbesserungen erzielen, während der andere kaum noch Defizite kennt. Diesen Verlauf erlebe ich sehr oft, selbst bei Kindern. Es liegt tatsächlich alles im Auge des Betrachters.

Solch synchrone Abläufe zwischen unserer Betrachtung und der Realität erlebe ich auch sehr oft im Privaten. Du kannst bei jeder

Gelegenheit bestimmen, wie sich deine Realität anfühlt. Hierzu ein kleines Beispiel:

Ich war einmal mit einem Freund auf einer Party. Wir kannten dort nicht besonders viele Menschen. Fröhlich und gut gelaunt habe ich die Gäste beobachtet und mich auf einen lustigen Abend gefreut. Ich fühlte mich sehr wohl. Mein Freund dagegen wirkte von Anfang an eher bedrückt und etwas ängstlich. Ich konnte spüren, dass er sich ganz und gar nicht wohlfühlte. Wie gesagt, wir waren auf derselben Party.

Später erzählte er mir, weshalb er sich so unwohl gefühlt hatte! Er erklärte mir, dass er beim Hereinkommen einen Mann gesehen habe, der ihn kritisch musterte. Also befürchtete er, nicht gemocht zu werden oder sogar Probleme zu bekommen. An der Bar hörte er später einige junge Frauen lachen und war sich sicher, dass sie über ihn lachen würden. Also fühlte er sich von Minute zu Minute unwohler ...

Ich nahm den besagten Mann am Eingang gar nicht wahr. Ich freute mich einfach, auf eine schöne Party zu gehen. Nachdem ich fröhlich lächelte, hatte ich das Gefühl, dass mich auch alle anderen freundlich anlächelten. Als ich die Frauen an der Bar lachen hörte, dachte ich mir, dass sie sich sicher freuen, und lächelte sie deshalb fröhlich an. Alle lächelten zurück. Dies bestärkte mein Gefühl nur weiter und ich fühlte mich von Minute zu Minute noch wohler.

Es fasziniert mich immer wieder aufs Neue, wie unsere Sichtweise, Dinge zu betrachten, unsere Stimmung und somit den
gesamten Verlauf von Tagen oder Abenden beeinflusst. In besagtem Beispiel waren alle Faktoren gleich, außer der persönlichen
Sichtweise. Es lag nur im Auge des Betrachters.

Hierzu noch eine kleine Anekdote aus meiner musikalischen
Karriere. Ich stehe schon seit über zehn Jahren auf Bühnen und
durfte viele kleine Konzerte geben. Da ich aus einer kleineren
Stadt stamme, durfte ich viele Konzerte an den gleichen Veran-
staltungsorten geben. Früher wollte ich, dass die Menschen im
Publikum mir viel Energie geben, und ärgerte mich manchmal,
dass sie teilweise gelangweilt mit drei Metern Abstand vor der
Bühne standen.
Irgendwann habe ich meine Sichtweise einfach geändert und mir
gesagt, dass sie von dort aus mit Sicherheit besser zuhören können
und meinen Texten so mehr Aufmerksamkeit schenken. Während
meines nächsten Konzertes habe ich die Menschen vor der Bühne
erneut betrachtet und statt Langeweile absolute Aufmerksamkeit
und Konzentration wahrgenommen. Ich fühlte mich richtig gut
während des Auftrittes und sprach nach dem Konzert mit einigen
Gästen. Ich sagte ihnen, dass ich es schön fände, wie konzentriert
sie mir zuhörten, und dann erklärten mir viele Gäste unabhängig
voneinander, dass sie absichtlich ruhig in der Mitte des Raumes
stünden um meine Texte auch voll und ganz aufzunehmen und

verstehen zu können. Besonders verblüfft war ich, als sie mir erklärten, dass sie mir das schon länger einmal sagen wollten, aber immer den Eindruck hatten, ich sei vielleicht enttäuscht nach meinem Konzert gewesen. Das war ich damals sogar teilweise, aber eben nur, weil ich dachte, dass meine Arbeit nicht geschätzt werden würde. Hätte ich einmal meine Sichtweise geändert, so hätte ich schlagartig ein wundervolles Feedback bekommen.

Meine Art der Betrachtung hat mich nicht nur eingeschränkt, sie hat mir zudem auch noch Einblicke in andere Felder der Erkenntnis verwehrt. Seitdem versuche ich immer sehr genau zu überlegen, von welchen Seiten ich bestimmte Situationen betrachten kann und welchen Dingen ich meine Aufmerksamkeit schenke. Hierzu möchte ich dir noch eine kurze Anekdote aus dem alltäglichen Leben erzählen. Ich durfte vor kurzer Zeit auf eine Interviewtour durch Deutschland reisen. Für diese Tour wurde ein sehr enger Zeitplan mit vielen Interviewterminen in verschiedenen Städten geplant. Ich reiste mit der Bahn und hatte alle Verbindungen im Vorfeld vorgebucht. Als ich meine Reise am Bahnhof meiner Heimatstadt antreten wollte, durfte ich feststellen, dass alle Züge wegen eines Notfalles ausfielen. Du kannst dir sicher vorstellen, was für eine Aufregung und Hektik an diesem Bahnhof herrschte. Überall regten sich Reisende auf, brüllten frustriert in ihre Handys und versuchten ihren Frust an den armen Bahnbeamten auszulassen.

Auch ich hätte allen Grund gehabt, mich zu ärgern, da ich ja einen engen Terminplan in vielen Städten einzuhalten hatte, allerdings wären die Züge deshalb auch nicht früher gefahren. Ich übte mich gezielt in Gelassenheit und fokussierte mich darauf, dass alles seinen Sinn hat und zu meinem Besten sein wird. Nachdem ich mich 40 Minuten am Bahnschalter anstellte, kam ich zu einer dezent überforderten Mitarbeiterin der Bahn, die an diesem Tag wohl öfter angebrüllt wurde als ein betrunkener Schüler im Elite-Internat.

Ich schaute sie freundlich an und machte ihr zunächst ein Kompliment. Ich sagte ihr, wie toll ich es fände, dass sie mich noch immer freundlich begrüßt, obwohl sie heute so viele genervte Kunden zu bedienen hat. Schon lächelte sie ein wenig. Behutsam erklärte ich ihr, dass ich gerne nach Düsseldorf fahren würde und ihr sehr dankbar wäre, wenn sie mir helfen könnte, eine spätere Verbindung zu suchen. Schon machte sie sich freundlich an die Arbeit und suchte mir eine Verbindung, bei der ich im Gegensatz zur ursprünglichen Fahrt nicht mal umsteigen musste. Ich freute mich sehr und löste dadurch noch mehr Freude in ihr aus. Dann erklärte sie mir, dass ich zudem 25 Prozent meines Fahrpreises rückerstattet bekäme.

Ich dankte ihr von Herzen und dachte mir sofort, wie schön es doch ist, mit einer Stunde Warten direkt noch Geld verdienen zu dürfen. Nachdem ich ihr einen wundervollen Tag gewünscht hatte und sie in Gedanken gesegnet hatte, ging ich zu meinem Gleis und traf dort auf einen alten Freund meiner Jugend, den ich seit Jahren nicht gesehen hatte. Wir fielen uns lachend in die Arme und stellten fest, dass wir auch noch „zufällig" im gleichen ICE reisen durften. Während der gesamten Fahrt überkamen mich Schübe der Freude und der Dankbarkeit über die Verkettung dieser wunderbaren, kleinen Umstände.

Ich hätte mich von Anfang an ärgern können und mir meine gute Laune nehmen lassen können. Wahrscheinlich hätte ich dementsprechend unfreundlich mit der Bahnbeamtin gesprochen und vielleicht völlig andere Informationen erhalten (sie suchte nach dem besagten Zug nämlich besonders lange und genau für mich). Am Ende durfte ich wieder einmal feststellen, dass es von größter Bedeutung ist, wie wir mit Unannehmlichkeiten umgehen, wie wir darauf reagieren und diese betrachten. Ich hatte einen wunderschönen Tag voller Dankbarkeit, hätte aber auch einen überaus stressigen und anstrengenden Tag aus dieser Situation erschaffen können.

In der Art der eigenen Betrachtung und der Wahl der geschenkten Aufmerksamkeit liegt ein unglaublich hoher Wert. Alles liegt im Auge des Betrachters!

Hintergründe

Sicher weißt du, dass alles im Auge des Betrachters liegt.

Wir alle haben es schon oft gehört – und dennoch ist es immer wieder verblüffend zu beobachten. Du kannst nämlich jede Krise als Chance ansehen, aus jedem Stein kannst du etwas Wundervolles erschaffen und in jedem Moment kannst du dich auf gute oder eben auf schlechte Seiten konzentrieren.

Es liegt nur daran, worauf du dein Augenmerk richtest.

Aufmerksamkeit

Ein unschätzbar wertvolles Element besteht in deiner Aufmerksamkeit. Alles, worauf du deine Aufmerksamkeit richtest, wird von deinem Geist verstärkt. Alles, worauf du dich konzentrierst, gewinnt an Macht, an Energie und somit an Größe. Dies ist ein universell gültiges Gesetz.

Deshalb achte bitte stets darauf, worauf du deine Aufmerksamkeit richtest.

Die meisten Menschen, die scheinbar im Unglück leben, begehen oft den elementaren Fehler, dass sie ihre gesamte Aufmerksamkeit auf die Dinge richten, die sie nicht wollen. Sie richten ihre Aufmerksamkeit auf Probleme, auf Mangel, auf Krankheiten, Defizite oder auf Krisen jeglicher Art. Deshalb ziehen sie auch genau das an.

Versuche, deine Aufmerksamkeit gezielt auf das zu richten, was du wirklich möchtest. Wenn du dich dabei ertappst, deine Aufmerksamkeit auf Dinge zu richten, die du nicht willst, dann wähle das Gegenteil. Das ist das schöne, einfache Prinzip. Wie bereits erwähnt hat alles ein Gegenteil. Das bedeutet auch, dass du jenem Gegenteil bewusst deine Aufmerksamkeit schenken darfst.

Nutze deinen Verstand

Dein Verstand kann ein mächtiger Verbündeter oder ein großer Gegner sein. Es liegt bei dir. Dein Verstand ist wundervoll. Du darfst verstehen, dass er es liebt, beschäftigt zu werden.

Sobald wir Menschen unseren Verstand nicht ausreichend beschäftigen, wird er sich selbst auf die eine oder andere Art, beschäftigen. Besonders deutlich wird einem das häufig beim Thema des Zweifelns. Wenn du beginnst zu zweifeln oder auf negative Dinge in deiner Umwelt zu achten, wird dein Verstand sehr schnell aktiv und scannt alle möglichen Dinge nach eventuell begründeten Zweifeln und negativen Aspekten ab. Plötzlich schreit alles nach einem Zweifel.

Du kennst das Gefühl sicherlich sehr gut. Wenn du dich auf die schlechten Eigenschaften deines Partners oder eines Freundes fokussierst, fallen dir seltsamerweise immer mehr Punkte auf, die dich stören. Sobald du beginnst zu zweifeln, werden dir immer mehr Dinge in den Sinn kommen, die du in Frage stellen könntest.

Dein Verstand ist ein wundervolles Instrument. Du darfst einfach nur lernen, dieses wundervolle Instrument richtig zu bedienen – ja, auch wenn du schon sehr viel Lebenserfahrung hast.

Eine wunderbare Methode, um deinen Verstand zu einem magischen Freund werden zu lassen, besteht darin, ihm konkrete Anweisungen zu geben. Dein Verstand liebt Fragen und Anweisungen. Wenn ich dich frage, was 3 + 3 ist, dann wird dein Verstand sofort aktiv. Diesen Umstand kannst du für dich nutzen. Wenn du durch die Stadt gehst, kannst du deinen Verstand beauftragen, sich auf alles zu konzentrieren, was dich glücklich macht oder dir Freude bereitet. Du wirst erstaunt sein, was du auf einmal wahrnimmst. Frage deinen Verstand ganz konkret: „Wo sehe ich Dinge, die mich erfüllen?"

Diese Fragen sind auch am Morgen sehr hilfreich. Zum Beispiel, während du morgens unter der Dusche stehst. Gerade in solchen Situationen achten viele Menschen nicht wirklich auf ihre Gedanken. Frage dich dabei nicht, was an diesem Tag alles bevorsteht, sondern frage dich, was dich glücklich macht. Welche Situationen in deinem Leben haben dich mit Liebe erfüllt?

Deiner Kreativität sind hierbei keine Grenzen gesetzt. Befasse dich jeden Morgen zehn Minuten intensiv mit liebevollen, intelligenten Fragen. Stelle deinem Verstand Fragen, die dich der Liebe näherbringen, und du wirst die Liebe aktivieren. Die richtigen Fragen helfen dir, deinen Verstand auf höchst konstruktive Weise zu nutzen!

Bei deinen Freunden oder deinem Partner beauftragst du deinen Verstand, sich auf alle guten und wunderschönen Eigenschaften zu fokussieren. Auch hier wirst du erstaunt sein, was für gigantische Wesenszüge und tolle Verhaltensweisen du wahrnehmen wirst.

Ich liebe es, mich auf alles zu konzentrieren, was ich schätze und von Herzen liebe. Ich spreche meinen Verstand konkret an und sage ihm liebevoll: „Bitte weise mich auf alles hin, was ich liebe." Meine Liste der Dinge, die ich liebe, wird somit täglich länger.

Du kannst das Werkzeug der Fragen überall nutzen. Sobald du dich mit nutzlosen Zweifeln befasst, lenkst du deinen Verstand mit einer klugen Frage ab.
Frage ihn zum Beispiel, wie genau dein Leben aussehen wird, wenn du voll und ganz in deiner Berufung lebst.

Oder frage ihn: Warum bin ich es wert, absolut zufrieden zu leben? Nach einiger Übung werden dir die Fragen sicherlich nicht ausgehen.

Es gibt keine Fehler

Habe keine Angst vor Fehlern. Du machst keine Fehler, du lernst. Du bist deshalb absolut vollkommen, weil du unvollkommen bist. Versuche nicht unentwegt, vollkommen perfekt sein zu wollen. Wenn du perfekt sein willst, dann ist jeder Fehler ein Drama.

Leben bedeutet fortschreitendes, ständiges Lernen. Das Ziel des Lebens ist, nicht perfekt zu sein. Das Ziel ist zu lachen, zu fühlen, ehrlich zu weinen, zu lieben und mit jeder Faser zu leben. Manchmal tust du vielleicht Dinge, die du bereust. Doch du hättest diese Dinge sicherlich nicht getan, wenn du damals schon gewusst hättest, was du dadurch gelernt hast.

Es war kein Fehler. Es war ein Akt des Lernens. Alles ist gut!

Erwarte stets etwas Gutes – lebe in freudiger Erwartung

Wenn du deinen Alltag mit dem Gedanken, dass dir stets Gutes widerfährt, gestaltest, erhöhst du die Anziehung für positive und gute Erfahrungen.

Ich habe den Gedanken in meinem Geist etabliert, dass stets etwas Gutes geschehen kann und wird. Wenn ein Vater seinem kleinen Kind sagt, dass gleich etwas ganz Tolles geschehen wird und dass das Kind sich auf eine Überraschung freuen darf, wird sich das Kind schlagartig freuen. Es weiß nicht genau, was geschehen wird, aber nachdem es seinem Vater als Vorbild voll und ganz vertraut, wird es sich freuen.

Diese prophylaktische Freude darfst du in deinem Geist aktivieren und aufrechterhalten. Gehe einfach in freudiger Erwartung davon aus, dass gleich etwas Wunderschönes passieren wird. Du weißt, dass jederzeit fantastische Dinge geschehen können. Du kannst jederzeit einen wundervollen Anruf erhalten, eine wichtige Person treffen, etwas Wertvolles finden, deinem Traumpartner über den Weg laufen oder Zeuge einer magischen Fügung werden. Du weißt, dass es jederzeit passieren kann.

Gehe davon aus!

Lebe stets in freudiger Erwartung des Besten!

Wie viele Menschen leben ihr Leben voller Sorge und gehen in ihren Gedanken von Problemen oder negativen Herausforderungen aus? Durch die ausgesandte Energie bestärken sie automatisch jene Probleme. Besonders ungünstig finde ich die Ansicht, man müsse von Schlechtem ausgehen, um nicht enttäuscht zu werden.

Das ist nicht nur irrsinnig, sondern in meinen Augen regelrecht wahnsinnig.

Wo soll ein solches Denkmuster denn hinführen? Gehe vom Besten aus. Auch in scheinbar negativen Situationen. Gehe stets vom Besten aus und sage dir immer und immer wieder, dass nichts zu gut für dich ist.

Wenn es richtig schön und rund läuft, dann verstärke dieses Gefühl. Ich habe schon mit Menschen gesprochen, die bei freudigen Nachrichten tatsächlich sagen, dass es zu schön sei, um wahr zu sein. Ähnlich kontraproduktiv sind Ansichten wie: „Das ist so schön, eigentlich kann es nicht schöner werden." So ein Quatsch! Natürlich kann und darf es noch schöner werden. Nichts ist zu schön, um wahr zu sein! Du hast es verdient, dass dir Gutes, noch Besseres und sogar das Beste überhaupt widerfährt. Also gehe davon aus, genieße es und erwarte für dich, dein Leben und all deine Liebsten stets das Beste!

„Komm wach auf, ich zähl bis 10,
das Leben will einen ausgeben und das will ich sehen."
(Seeed)

Achte auf das Gute und fließe mit dem Strom des Lebens

Manchmal geschehen Dinge, die nicht schön sind.

Manchmal mag es uns schwerfallen, das Schöne zu sehen und etwas Gutes in einer Situation zu erkennen. Es steht jedoch außer Frage, dass jede Situation ein Stück deines persönlichen Weges ist und es an dir liegt, deinen Weg voller Hingabe und Achtsamkeit zu gehen.

Auch wenn manche Situationen nicht schön sein mögen, liegt es an dir, sie aufmerksam anzunehmen und sie auf ihre Art verstehen und vielleicht sogar lieben zu lernen. Jede Situation deines Lebens wurde für dich erschaffen, um daraus zu lernen. Nimm sie dankend an und freue dich über ihren ganz speziellen Klang. Nicht jeder Ton in der Komposition deines Lebens klingt gleich, aber die gesamte Komposition klingt wunderschön.

Folge ihrem Klang und genieße das gesamte Kunstwerk der ineinanderfließenden Töne.

Thaddeus Golas umschreibt dies schön:
  „Wir suchen stets Momente der Euphorie und können sie nicht
      halten, weil wir Angst haben, dass sie wieder vergehen.
   Wenn wir aber der Musik lauschen, lassen wir einen Klang

vorübergehen, um den nächsten hören zu können,

dann kann unser Entzücken stetig sein,

obwohl die Schwingungen stets abwechseln."

(Thaddeus Golas, „Der Erleuchtung ist es egal, wie du sie erlangst")

Jeder Fluch kann auch ein Segen sein

Besonders wichtig wird die Betrachtung einer Situation, wenn es um die Bewältigung von großen Krisen oder Krankheiten geht. Eine Krankheit kann als eine nervende, angstauslösende Angelegenheit betrachtet werden. Du kannst sie verachten und ihre Symptome bekämpfen. Aber dadurch kommst du ihrer Ursache nicht auf den Grund.

Eine Krankheit kann nämlich auch als ein Hinweis verstanden werden, ein Denkanstoß, der dich auf eine falsche Denk- oder Lebensweise aufmerksam machen möchte. Wenn du dein Augenmerk auf die Hinweise, die dir durch eine Krankheit geschenkt werden, richtest, kannst du sie als einen Segen betrachten. Eine Krankheit macht dich auf etwas aufmerksam, was du vorher vielleicht nicht wahrgenommen hättest. Somit wird der Fluch zum Segen, wenn du es willst.

Eine Zelle

Du wurdest als perfektes Wesen geboren. Dein gesamter Körper entstand aus einer perfekten Zelle und formte sich einmalig in spektakulärer Einzigartigkeit. Die Information dieses perfekten Körpers ist noch immer in deinen Zellen verankert. Da all deine Zellen aus einer einzigen, perfekten Zelle entstanden sind, muss die Information des gesunden Körpers auch in jedem Teil von dir gespeichert sein.

Deute die Zeichen, die das Leben, dein Körper und deine Umwelt dir schenken, voller Aufmerksamkeit. Achte sie und entscheide dich dann gezielt und bewusst für das, was gut für dich ist. Schenke dem Guten, der Liebe, deiner Göttlichkeit, der perfekten Harmonie des gesamten Universums, welches in dir ruht, deine volle Aufmerksamkeit! Deine Zellen speichern alles.

Die Königsklasse

Die größte Kunst und zugleich die allergrößte Befreiung liegt in der reinen Beobachtung – urteilsfreie Beobachtung ohne Bewertung. Wenn es dir möglich ist, jede Situation, jeden Menschen und jeden Umstand zunächst einmal nur zu beobachten, ohne ihn zu bewerten, bist du komplett frei!

Es ist unglaublich bereichernd, die Welt mit solchen Augen sehen zu dürfen. In diesem Moment fällt deine Entscheidung, wie du eine Sache betrachtest, nämlich einfach weg. Demnach wäre alles andere, was ich zuvor geschrieben habe, nutzlos, aber ich betrachte es einfach als eine Art Notfallpaket, falls du einmal doch in die Bewertung rutschen solltest. Seien wir ehrlich: Natürlich verfällt jeder von uns häufig in Bewertungen. Sobald wir ein Restaurant betreten und zehn verschiedene Personen wahrnehmen, beginnen wir unterbewusst, diese nach unseren Erfahrungen zu bewerten.

Allein das Wissen von der reinen Beobachtung kann dich zu Beginn bereits sehr schön sensibilisieren. Versuche einmal, einen Raum, einen Zug oder einen Platz zu betreten und ganz bewusst nichts und niemanden zu bewerten. Versuche, nur zu beobachten. Du wirst schnell feststellen, dass du sehr viele spannende Beobachtungen machen wirst, die dir sonst verwehrt geblieben wären. Außerdem entsteht ein großes Gefühl von Frieden!

Die Steigerung dessen besteht darin zu versuchen, bestimmte Situationen und vermeintliche Probleme nicht mehr zu bewerten, sondern sie nur zu beobachten – ganz neutral, ohne sie zu beurteilen. Auch hier wirst du magische Erkenntnisse und tiefen Frieden erleben dürfen. Die höchste Form der Intelligenz besteht darin zu beobachten, ohne zu bewerten.

Songtext

Auge des Betrachters

Schau dir die Welt an, du kannst weinen oder lachen.
Du hast selbst die Wahl, die Dinge von zwei Seiten zu betrachten.
Du kannst jeden Zweifel erst mal voller Angst erfahren
oder siehst einen steilen Berg als Chance zum Wachsen an.
Entweder siehst du Sommertage oder Regenzeiten,
sammelst Gründe, loszulaufen oder stehen zu bleiben.
Kannst auf deine Fähigkeiten oder deine Fehler zeigen.
Du siehst Hindernisse oder nur Gelegenheiten.
Doch du kannst stets entscheiden, was du sehen willst,
welchen Weg du wählst, ob du tanzen oder stehen willst.
Also sieh vermehrt das Gute an,
denn jede Schwingung kommt zurück so wie ein Bumerang!

Pre-Chorus:
Ob du glaubst, dass du schwach warst oder reine Kraft hast,
liegt in dir, im Auge des Betrachters!
Du erschaffst den Zauber selbst.
Was du siehst, hängt davon ab, wonach du Ausschau hältst.

Chorus:
Du kannst kämpfen und so vieles ohne Werte verachten
oder Menschen, die dich kritisieren, als Lehrer betrachten.

Aus Steinen auf deinen Wegen kannst du Brücken bauen,
du kannst weiter flehen oder auf dein Glück vertrauen.

Ob du stehst oder fällst, ist eine Frage der Balance,
der eine sieht gemeine Krisen und der andre eine Chance.
Der eine sieht nur tiefe Schluchten und ein kantiges Tal,
was dem einen wichtig scheint, ist dem andren egal.
Aber du hast die Wahl, also wähl deine Blicke
behutsam, nur du kannst es sehn in der Lücke.
Das Schöne ist oft hinter Schleiern versteckt,
also achte darauf und schau keinesfalls weg.
Sieh das Licht hinter jeder grauen Hausfassade,
denn ein Blick voller Glück wärmt dich tausende Tage.
Eine staubige Straße wird zu leuchtenden Wegen,
nur durch freudiges Geben kannst du Träume erleben.

Pre-Chorus:
Ob du glaubst, dass du schwach warst oder reine Kraft hast,
liegt in dir, im Auge des Betrachters!
Du erschaffst den Zauber selbst.
Was du siehst, hängt davon ab, wonach du Ausschau hältst.

Chorus:
Du kannst kämpfen und so vieles ohne Werte verachten
oder Menschen, die dich kritisieren, als Lehrer betrachten.
Aus Steinen auf deinen Wegen kannst du Brücken bauen,
du kannst weiter flehen oder auf dein Glück vertrauen.

Brich aus dem Schatten dunkler Krisen aus, flieg hinauf
und sende nur Gedanken purer Liebe aus! Du kriegst genau
in dem Maß, in dem du gibst, in welcher Phase du auch bist,
die Antwort richtet sich präzise nach der Frage, die du stellst.
Erfahr dich selbst, wirf einen Blick über deinen Horizont,
weil man wahres Glück an sich umsonst bekommt! Such danach,
dir folgen Wunder durch die Nacht und du erschaffst den Zauber
selbst.
Was du siehst, hängt davon ab, wonach du Ausschau hältst,
Und so bildet sich täglich ein Gegengewicht,
denn du siehst, was du sehen willst, lediglich dich.
Deshalb liebe das Leben und das Leben liebt dich
und statt Nebel und Gift siehst du Segen und Licht.

Pre-Chorus:
Ob du glaubst, dass du schwach warst oder reine Kraft hast,
liegt in dir, im Auge des Betrachters!
Du erschaffst den Zauber selbst.
Was du siehst, hängt davon ab, wonach du Ausschau hältst.

Chorus:
Du kannst kämpfen und so vieles ohne Werte verachten
oder Menschen, die dich kritisieren, als Lehrer betrachten.
Aus Steinen auf deinen Wegen kannst du Brücken bauen,
du kannst weiter flehen oder auf dein Glück vertrauen.

(Aus dem Album „Spirit" von SEOM)

Praxisaufgaben

1. Aktivierung

Der weise Mönch

Dies ist eine Übung für die nächste Situation, die dich vielleicht aus dem Gleichgewicht bringt, dich wütend macht oder in dir Angst erzeugt. Stelle dir bei einer schwierigen Situation die Frage, was ein weiser Mönch aus Tibet wohl in deiner Situation machen würde. Was würde er denken? Wie würde er handeln? Worauf würde er sein Augenmerk richten? Stelle dir diesen Mönch genau vor und frage dich, wie er in deiner Situation denken, sprechen und handeln würde. Forme das Bild dieses weisen Mönches kristallklar in deinem Geist. Stelle dir all seine Besonnenheit, Achtsamkeit und Weisheit vor und dann hole den Mönch in dein Herz. Lass ihn für dich entscheiden. Wenn du ihn in deinem Geist sehen kannst, dann kannst du ihn auch zu deinem Selbst machen. Lass ihn durch deine Worte und Handlungen sprechen. Aktiviere bewusst die andere Seite deiner Situation und wähle die Betrachtung, die der Mönch wählen würde.

2. Zur Vertiefung

Wähle eine Sache, bei der du eine eher negative Betrachtung hast, gezielt aus. Stelle dir hierzu nun wieder deinen weisen Mönch vor. Dieses Mal stellst du dir allerdings nicht nur die Frage, was er in deiner Situation denken würde, sondern was Buddha persönlich in deiner Situation denken würde. Gerne kannst du dir auch vorstellen, was Jesus in deiner Situation nun für eine Betrachtung wählen würde. Wenn du tief in dich gehst, wirst du schnell feststellen, dass du nun einige Punkte sehen kannst, die du zunächst nicht wahrgenommen hast. Seien es Lektionen, die dir deine Situation schenkt, oder auch Vorteile, die sich aus den scheinbar negativen Umständen ergeben.

Bevor du in der nächsten negativen Situation sprichst oder handelst, kannst du dir nun die Frage stellen, was die Liebe tun würde. Würde die Liebe wütend antworten? Würde die Liebe auf ihr Recht bestehen? Wäre die Liebe vorwurfsvoll?

Frage dich stets in möglichst vielen Situationen, die du als schlecht und negativ ansiehst, was dein weiser Mönch, was Buddha, Jesus und vor allem, was die Liebe höchstpersönlich tun, sehen und betrachten würde!

KAPITEL 10

FLOSSENSCHLAG

Hast du jemals hingesehen?

Meine persönliche Geschichte

Vor ein paar Monaten stand ich eines Morgens an einer Straßenbahnhaltestelle und beobachtete den Himmel, während ich auf
die Bahn wartete. Es war einer dieser mystisch wirkenden Tage,
an denen sich schwere und imposante Wolkengebilde mit Stellen
des lila-blau schimmernden Himmels abwechselten.

Es schien, als ob Sonne und Regen ein wundervolles Farbbal-
lett am Himmel tanzten. Während ich den Himmel beobachtete, zog ein riesiger Vogelschwarm über meinem Kopf, weit oben
am Himmel, vorbei. Die Vögel flogen so majestätisch synchron,
wie durch ein unsichtbares Band verbunden, unter den schweren
Wolken entlang. Es war ein atemberaubendes Bild.

Während ich ihnen gebannt mit meinen Blicken folgte, schien
die Zeit stehen zu bleiben.

Plötzlich riss die Wolkendecke an einer weiteren Stelle auf und ein
wunderschöner Regenbogen zeichnete sich am Himmel ab. Der
Vogelschwarm glitt langsam am Regenbogen vorbei und ich fühlte
tief in mir die Gewissheit, dass ich gerade Zeuge eines dieser vielen Wunder, die uns täglich begegnen, sein durfte. Ich stand mitten
im belebten Zentrum einer großen Stadt und war dennoch tiefer
mit der Natur verbunden, als ich es in Worten beschreiben kann.

Nachdem ich den Vögeln bei ihrem Spiel mit dem Regenbogen weiter zugesehen hatte und langsam wieder realisiert hatte, wo ich überhaupt war, schaute ich mich um. Ich suchte nach Menschen, die dieses Wunder mit mir beobachteten, weil ich es so gerne mit jemandem teilen wollte. An der Straßenbahnhaltestelle standen ungefähr 20 Personen. Alle 20 Personen schauten gebannt in ihre Smartphones und auf ihre Tablets. Keiner hatte dieses Wunder miterlebt. Keiner hatte die Vögel und das Schauspiel am Himmel bemerkt, obwohl alle am selben Ort waren. An diesem Tag habe ich beschlossen, dass ich kein Smartphone besitzen möchte. Noch heute werde ich oft dafür belächelt.

Doch darum soll es hier nicht gehen. Auch wenn du alle technischen Errungenschaften der heutigen Zeit besitzt, kannst du dich jederzeit für die farbenfrohe, entzückende Magie des Lebens und der Natur öffnen.
Das Geheimnis liegt im aufmerksamen Beobachten!

Uns umgeben so viele Wunder und eine solch unbeschreibliche Schönheit, dass wir uns eigentlich nur noch verneigen können. Wenn wir hinsehen!

Die Schönheit der Welt ist grenzenlos. Speziell auf meinen Reisen fiel mir das ganz besonders oft auf. Die untergehende Sonne am Grand Canyon, die grün strahlenden Reisterrassen auf Bali oder der glitzernd blaue Ozean, an so manchem Traumstrand, haben mir oft vor Begeisterung den Atem geraubt.

Mit der Zeit durfte ich allerdings lernen, die Schönheit unseres wundervollen Planeten in jeder Umgebung wahrnehmen zu können. Es ist ein so besinnliches Gefühl, wenn man versucht, sich dieser grandiosen Schönheit an jedem Ort, in jeder Stadt und auf jedem Weg zu öffnen. Umso intensiver ich mich auf die Herrlichkeit der Welt konzentrierte, umso deutlicher wurde mir, dass wir von paradiesischer Schönheit umgeben sind.

An jedem Ort, zu jeder Zeit.

Ich liebe es, mich darin zu üben, nach Schönheit zu suchen. Diese Übung ist wunderschön und macht auch meinem Verstand richtig Freude. Jeden Tag fallen mir auf diesem Weg Dinge auf, die ich sonst wohl nicht wahrgenommen hätte – sei es ein Grashalm zwischen dem Asphalt oder eine Amsel in der Krone eines Baumes, durch den die Morgensonne schimmert.

Wir dürfen gerade in der heutigen schnellen Zeit lernen, unsere Augen wirklich offen zu halten und uns der Magie des Lebens zu widmen.

Auf dem Weg meiner Lüftung der Geheimnisse des Lebens erfuhr ich eine bestimmte Erfahrung als ganz besonders magisch und zutiefst bewegend: Dankbarkeit!

Natürlich dachte ich auch zuvor, dass ich ein dankbarer Mensch sei, aber als ich das Gefühl wahrhaft etabliert hatte, für alles, was mich umgibt, dankbar zu sein, erfuhr ich tief greifende Erfüllung. Zunächst konzentrierte ich mich auf all die Beziehungen, die Zuführungen und auch die materiellen Dinge, für die ich dankbar bin. Danach vertiefte ich meine Dankbarkeit für all die Empfindungen, meinen wundervollen Körper, meine Umgebung und meine Talente. Doch erst die tief empfundene Dankbarkeit für die Schönheit und die Pracht des gesamten Lebens erhob mich in eine neue Dimension des Empfindens von Freude.

Mir wurde schlagartig bewusst, dass mir alles, was mich umgibt, zum Geschenk gemacht wurde. Jede Welle, jeder Vogel, jeder Tropfen erscheint vor mir, damit ich mich daran erfreuen darf.

Mittlerweile liebe ich es, mich einfach nur auf eine Wiese oder an einen Bach zu setzen und das Leben zu beobachten. Zunächst meine ich stets, dass sich nicht viel um mich herum bewegt. Umso achtsamer und ruhiger ich werde, desto mehr Wunder offenbaren sich mir. Manchmal wirkt es so, als ob die Welt in Zeitlupe ablaufen würde. Alleine in einer Ameise, einem Schmetterling oder einer Biene kann sich die gesamte Schönheit der Schöpfung offenbaren.

Es gab Zeiten in meinem Leben, in denen ich mich extrem abgelenkt, mich betäubt oder mit zu vielen unwichtigen Dingen beschäftigt habe. Je achtsamer und staunender ich mich in dieser spektakulären Welt bewege, desto öfter frage ich mich heute:

Hast du jemals hingesehen?

Hintergründe

Wir sind umgeben von purer Vielfalt und grenzenloser Schönheit.

Wenn du dein Bewusstsein dafür öffnest, kannst du feststellen, dass du in einem wundervollen Paradies lebst – egal, wo du gerade bist. Selbst an einer viel befahrenen Straße kannst du einen Grashalm entdecken, der zwischen grauem Kopfsteinpflaster hervorragt und dir zeigen will, dass die atemberaubende Schönheit dieser Welt keine Grenzen kennt.

In jedem Vogel, in jeder Blume, in jedem Regentropfen und selbst in jedem noch so unscheinbar wirkenden Blatt verbirgt sich die unendliche Harmonie der Schöpfung.

Wenn du darauf achtest, von welcher Pracht und welcher grenzenlosen Fülle du umgeben bist, wirst du pure Freude und tiefe Dankbarkeit spüren.

Öffne dich der Perfektion dieser Welt und du wirst den Zauber fühlen!

„Fühle und erkenne die Fülle der Welt in jeder Blume – in jeder Frucht ...“
(Eckhart Tolle)

Dankbarkeit – das heilige Mittel

Eines der heiligsten Mittel zu mehr Zufriedenheit und Freude liegt in der Erfahrung von Dankbarkeit. Sie ist ein Zaubertrank, ein magisches Elixier, das dich mit jedem Tropfen zu einem erfüllteren Leben führen kann.

Das Beste an diesem Zaubertrank ist, dass er dir zu jeder Zeit und an jedem Ort zur Verfügung steht. Du kannst die Dankbarkeit zu deinem täglichen Begleiter, zu deinem engsten Berater und zu deiner persönlichen Mentalität machen.

Jeden Morgen nach dem Erwachen kannst du „Danke" sagen. „Danke" für dein Bett, deine Gesundheit, deine Sicherheit, das fließende, klare Wasser aus deinem Hahn oder all die Lebensmittel, die dir nahezu grenzenlos zur Verfügung stehen. Jeder Gegenstand, jedes Lebewesen und jede Begegnung kann von dir voller Dankbarkeit gesegnet werden.

„Dankbarkeit ist das Gedächtnis des Herzens."
(Jean-Baptiste Massillon)

Jeder Verkäufer, Bauarbeiter oder Busfahrer erweist dir einen persönlichen Dienst und bietet dir die Möglichkeit, Dankbarkeit zu zelebrieren. Ganz zu schweigen von all den Errungenschaften der heutigen Zeit. Wie viele Menschen haben für dich studiert, getüftelt und hart gearbeitet, nur damit du nun mit einem Auto durch ein perfekt organisiertes Straßennetz fahren kannst? Solltest du dich beim nächsten Stau über eine Verspätung ärgern, dann denke kurz an diese Worte.

Alles, was dich umgibt, ist ein Wunder. Jedes einzelne dieser Wunder hat deine Dankbarkeit verdient. Nach dem Gesetz der Resonanz dürfte dir klar sein, dass jeder Gedanke, der von Dankbarkeit erfüllt ist, Umstände anziehen wird, die dir weiteren Anlass zu noch mehr Dankbarkeit bescheren.

Denke an die Glücksspirale!

> *„Nicht die Glücklichen sind dankbar.*
> *Es sind die Dankbaren, die glücklich sind."*
>
> (Francis Bacon)

Selbst unerfreuliche Dinge bieten dir stets die Chance, dankbar zu sein. Jede Kritik ist ein Geschenk, ein Geschenk, das in Dornen verpackt ist. Jeder Fehler ist eine wertvolle Lektion. Wenn du lernst, jede Lektion voller Dankbarkeit zu empfangen, jede Kritik als wertvollen Hinweis dankend anzunehmen und jeden Fehltritt als liebevollen Anstoß zu verstehen, werden sich dein Leben und deine Sicht der Dinge magisch verändern.

Jeder Schritt in die falsche Richtung führt dich letztendlich nur näher auf den richtigen Weg. Sei dankbar dafür. Wenn du deine Augen schließt und dich jetzt und hier auf alles konzentrierst, wofür du danken kannst, wirst du ein Gefühl von ergreifender Zufriedenheit erfahren. Denke an all die wunderschönen Momente deiner Vergangenheit, all die Geschenke des Lebens, die Momente des Glücks, die Erfahrungen, welche dich haben wachsen und lernen lassen, all die köstlichen Lebensmittel, das kostbare Wasser, deine Freunde, deine Segnungen und die unbeschreiblich schöne, makellose Natur, die dich umgibt.

Hast du all das erkannt, dann kannst du deine Dankbarkeit erweitern. Ist es nicht ein Wunder, dass wir atmen können? Wir können sprechen, laufen, hören, sehen, lachen und lieben!

Uns umgibt pure Schönheit, grenzenlos steht uns Luft zur Verfügung und nebenbei bemerkt steht uns die gesamte Welt offen. Danke dafür! Jeden Morgen, jeden Abend und so oft es dir in deinem Alltag möglich ist. Nutze das einfachste und heilige Mittel. Wenn ich mich auf all die Dinge, die mich umgeben und für die ich dankbar sein kann, lange genug konzentriere, laufen mir sehr oft Freudentränen über die Wangen. Dankbarkeit ist ein solch mächtiges Element, dass es mir schwerfällt, die richtigen Worte dafür zu finden.

> *„Leider lässt sich eine wahrhaftige Dankbarkeit*
> *mit Worten nicht ausdrücken."*
> (Johann Wolfgang von Goethe)

Doch ein Wort bleibt: Danke!

Wir sind eins

Alles, was ist, ist Energie.

In jeder Pflanze, in jedem Stein und in jedem noch so kleinen Teil befindet sich im Kern die gleiche Energie, aus der wir selbst erschaffen sind. Da jene Energie in ihrem ursprünglichen Zustand formlos ist, sind wir auch mit allem verbunden. Alles ist mit allem verbunden, alles ist im Kern reine, göttliche Energie.

Alles ist Schwingung, alles ist Klang, alles ist lebendig.

Wenn du begreifst, dass wir mit allem verbunden sind, erfährst du die gesamte Welt auf einer tieferen Ebene.

Alles, was du auf diesem wundervollen Planeten sehen kannst, entspringt derselben Quelle. Alles entstand und entsteht aus ein und derselben Substanz.

Jeder Eindruck, den du in der Natur aufnehmen kannst, ruft nach dieser Erkenntnis. Achte bei deinem nächsten Waldspaziergang einmal darauf. Schaue, fühle und staune!

All is one!

Alles ist Überfluss

Wir alle leben in purem Überfluss. Nicht nur im geistigen und materiellen Sinn, sondern in jeder Beziehung. Die Natur ist hierfür der beste Lehrmeister!

Die gesamte Natur ist auf den Fortschritt des Lebens ausgerichtet.

Sie erhält das Leben am Leben.

Sie ist stets an der Entwicklung des Lebens beteiligt und sorgt für das ständige Wachstum. Der Boden, der Himmel und das Meer bilden ein perfekt ausbalanciertes System, um das Fortbestehen des Lebens zu sichern. Sie bilden ein unerschöpfliches Reservoir an Reichtümern.

In jedem Wald liegen so viele Keime tief im Erdreich verborgen, dass daraus zehn weitere Wälder entstehen können. Das Gras auf jeder Wiese sprießt und gedeiht unaufhörlich. Berge erweitern sich, Meere strahlen voller Vielfalt. Das gesamte Leben führt uns reinen Überfluss vor Augen. All die Vögel, Insekten, Fische und jedes einzelne Tier erfüllt seine Aufgabe in diesem gigantischen Kreislauf. Alle beteiligen sich auf ihre Art am Wunder der Schöpfung. Auf den Flügeln von Vögeln werden feinste Partikel des Lebens weiter in die Welt getragen. Es ist wie ein tanzendes

Ballett der Schönheit, das sich zu den erhebenden Winden des Lebens voller Eleganz bewegt. Tag für Tag, Nacht für Nacht, in jedem Augenblick.

„Entdecke eine Welt in einem Sandkorn,
in einer Wildblume ein Firmament,
halte Unendlichkeit in deiner Handfläche
und Ewigkeit in einer einzigen Stunde."
(William Blake)

Erkenne deinen Überfluss

Der sichtbare Bestand unserer Erde ist, bei richtigem Umgang, praktisch unerschöpflich! Der blaue Planet schenkt uns so viele Lebensmittel, dass alle Menschen in der Lage wären, wie Könige zu speisen.

Der unsichtbare Bestand unserer Welt und des gesamten Universums ist im wörtlichen Sinne unerschöpflich. Alles, was du siehst, stammt aus demselben Ursprung.

Unaufhörlich entstehen neue Formen, alte Formen lösen sich auf und bilden abermals neue Formen. Doch alle Formen entstehen aus derselben Quelle.

Die Natur ist das Vorbild des Lebens und zeigt dir in jedem Moment, dass du von purem Überfluss umgeben bist. Wenn du erkennst, dass in jedem Keim eines Baumes bereits ein zehn Meter hoher Baum enthalten ist, kannst du auch erkennen, dass in deinem Gedanken an ein bestimmtes Ergebnis auch das Ergebnis selbst schon enthalten ist.

Derselbe Antrieb des Lebens, der Blumen durch die Erde brechen und Tiere sich entfalten lässt, ermöglicht dir, deine Stärke zu erlangen und Richtung Himmel zu wachsen. Die Natur kennt keine Sparsamkeit, sie kennt keine Bescheidenheit und sie kennt auch keine Zweifel.

Sie entfaltet sich! Bunt, herrlich, unnachahmlich und in purer Fülle. Bei jedem Besuch eines botanischen Gartens, beim Spazieren über eine Blumenwiese oder beim Betrachten des Himmels ruft dir die Natur zu, dass du einmalig bist und gedeihen darfst.

Die Natur liebt dich! Sie lehrt dich.

Du bist Natur und die Natur liebt dich! Sie ist immer darum bemüht, das Leben zu erweitern. Sie will mehr leben, mehr blühen und mehr erschaffen. Das, was dich dazu antreibt, deine Träume zu verwirklichen und zu gedeihen, treibt jede Pflanze zum Wachsen an. Es ist das pure und reine Leben. Das Leben will sich stets vervollständigen und strebt den perfekten Ausdruck an. Du bist das Leben!

Denke daran, wenn du vielleicht einmal an Gedanken des Mangels festhängst.

Würde sich der Regenwald sagen: „Oh, das sind ja schon vier verschiedene Blumen! Wir wollen mal nicht übertreiben, lass uns lieber sparsam sein."

Nein, würde er nicht! Tut er auch nicht! Er gedeiht und erblüht. Es gibt so viele unentdeckte Blumen- und Tierarten auf unserem Planeten, dass alle Forscher der Welt gemeinsam keine Chance hätten, sie alle zu zählen. Ganz zu schweigen von der fantastischen Vielfalt der Meere und deren unentdeckten Welten.

Wenn du das nächste Mal überlegst, ob du eine bestimmte, wundervolle Sache verdient hast, dann frage dich doch einmal, ob sich das Meer auch überlegen würde, ob es so wunderschöne Korallenriffe verdient habe. Natürlich!

Du bist das Leben, du bist Natur und du hast das Recht, voller Glanz, im Überfluss und mit purer Freude zu erstrahlen!

Entfalte dich! Bunt, herrlich und unnachahmlich.

Schütze diese wundervolle Welt

Würde ich nun ernsthaft anfangen, dir aufzuzählen, was du für den Schutz dieses wundervollen Planeten tun kannst, müsste ich diesem Thema wohl ein eigenes Buch widmen. Also möchte ich dir nur ein paar liebevolle Impulse zu diesem Thema schenken. In meinen Augen ist es elementar, dass du die Schönheit der Welt erkennst. Davon gehe ich aus, ansonsten hättest du wahrscheinlich erst gar nicht zu diesem Buch gegriffen. Sobald wir die Schönheit dessen, was uns umgibt, erkennen und bewusst wahrnehmen, verändert sich auch unser Umgang mit der gesamten Umwelt. Genau deshalb besteht ein sehr mächtiger Faktor des Umweltschutzes darin, die grenzenlose Schönheit der gesamten Natur anzuerkennen. Aus dieser Anerkennung entsteht automatisch die Achtung jener Kostbarkeit.

Sobald du das Heiligtum und die Erlesenheit der formvollendeten Pracht in der gesamten Natur erkennst, wirst du automatisch sensibler und achtsamer mit allem umgehen, was dich umgibt. Mehr dazu findest du in der aufgeführten Praxisaufgabe.

Erkenne die Schönheit der Welt, die Lieblichkeit und Harmonie, die in jedem Grashalm, Stein, Baum und in jedem Lebewesen strahlt, mit ganzem Herzen an. Versuche jeden Tag aufs Neue hinzusehen und lerne täglich, etwas mehr zu staunen.

Songtext

Flossenschlag

Hast du jemals hingesehen, wie sich das Leben offenbart?
In jedem Tropfen, jedem Bach und jedem Flossenschlag.
Hast du gesehen, wie große Wolken sich vereinen?
Und wie sich Knospen schließen, um danach im Sonnenlicht zu scheinen?
Wie die Welt sich entfaltet und färbt,
wie ein helles Licht sich verbreitet und wärmt.
Wie es scheint und entfernt durch die rosa Wolken dringt
und wie die Sonne hinterm roten Horizont versinkt?
Hast du jemals drauf geachtet, wie das Meer sich bewegt
und wie ein Vogelschwarm synchron auf einer Fährte schwebt?
Hast du je bemerkt, wie sie die Winde lenken
oder wie rein und voller Liebe kleine Kinder denken?
Hast du ja beachtet, wie leicht du lebst, wenn du liebst,
und dich aufwärts bewegst, wenn du Fehler besiegst.
Wenn du jedem vergibst und erkennst, dass du täglich das kriegst,
was du schenkst, denn du siehst, was du denkst!

Chorus:
Hast du jemals hingesehen?
Wie sich das Leben offenbart?
In jeder Knospe, jedem Blatt, in jeder Wolke, jeden Tag,
in jedem Tropfen und in jedem Flossenschlag?

Hast du jemals hingesehen, wie bunt die Blumen blühen,
und mal gezählt, wie viel wir in nur fünf Sekunden fühlen?
Wie ungestüm das Leben wächst und gedeiht,
wie wir Wunder spüren und wie die Welt uns vereint?
Wie Licht die Kälte vertreibt und wie der Wind kühlt?
Hast du jemals drauf geachtet, wie ein Kind spielt?
Hast du gesehen, wie sich ein Grashalm aus der Erde still erhebt
und wie ein Vogel scheinbar schwerelos am Himmel schwebt?
Hast du je hingesehen, was du selber schon geschafft hast,
und dabei je betrachtet, wie du andren Menschen Kraft gabst?
Wie du einen Satz sagst, der alles ändern kann.
Jeder Neubeginn fängt nur im Denken an.
Hast du es je probiert? Auf ganz verschiedenen Wegen
Kraft und Liebe zu geben, ganz verliebt in das Leben?
Voller friedlichem Segen und Gelassenheit, (ja?)
dann genieße das Leben voller Achtsamkeit!

Chorus:
Hast du jemals hingesehen?
Wie sich das Leben offenbart?
In jeder Knospe, jedem Blatt, in jeder Wolke, jeden Tag,
in jedem Tropfen und in jedem Flossenschlag?

Hast du jemals hingesehen,
wie sich das Leben offenbart?
In jedem Wesen, jedem Blatt, in jedem Weg, in jedem Pfad
und in jedem hoffnungsvollen Tag?

In jedem Tropfen, jedem Bach und selbst in jedem Stein,
siehst du das Leben gedeihen, es erhebt sich allein.
Hast du jemals geweint und dich staunend verneigt,
wenn der Zauber sich in einem kleinen Augenblick vereint?

Chorus:
Hast du jemals hingesehen?
Wie sich das Leben offenbart?
In jeder Knospe, jedem Blatt, in jeder Wolke, jeden Tag,
in jedem Tropfen und in jedem Flossenschlag?

(Aus dem Album „Spirit" von SEOM)

Praxisaufgaben

1. Aktivierung

Erkenne die Schönheit dieser Welt!

Schalte dein Smartphone aus, gehe durch einen Wald, fernab vom Weg, setze dich still an einen Baum und beginne wirklich achtsam zu sein – achte auf alles, was lebt. Du wirst sehr schnell merken, dass alles um dich herum lebt.

Werde still, richtig still und versuche, möglichst präsent in das Wunder des Lebens einzutauchen. Wenn du präsent im Hier und Jetzt verweilst, wirst du sehr schnell Dinge wahrnehmen, die dir im Alltag verborgen bleiben. Achte auf die Geräusche des Waldes, jeden Windhauch, jede Bewegung, jedes Rascheln am Waldboden. Versuche die Käfer, Ameisen und Insekten um dich herum wahrzunehmen und schenke allem um dich herum deine volle Aufmerksamkeit und Achtung. Schnell wirst du feststellen dürfen, dass sich um dich herum alles bewegt, alles atmet, alles scheint dir entgegenzurufen, dass du die Ästhetik des Lebens bewundern darfst.

Sobald du dich mit allem um dich herum verbunden fühlst, darfst du dir eine spezielle Blume, einen Baum oder ein Tier auswählen und es voller Liebe und Hingabe betrachten. Versuche, die Essenz des Lebens in diesem Lebewesen voll zu erfassen.

Schenke dem Objekt deiner Betrachtung deine volle, bedingungslose Liebe und versuche, das Wunder des Lebens unmittelbar zu erkennen. Du wirst höchstwahrscheinlich einen schwachen, hellen Schleier um deine gewählte Pflanze (oder was auch immer du gewählt hast) erkennen. Das ist die Energie des Lebens! Sobald du einen leuchtenden Glanz zwischen dem Farben- und Formenspiel erkennen kannst, darfst du dich noch intensiver darum bemühen, das Leuchten der Energie stärker zu erkennen.

Du wirst an einen Punkt kommen, an dem die gesamte Pflanze zu strahlen scheint. Die Farbe und jede Form wird intensiver erscheinen und dich voller Freude staunen lassen. In genau diesem Moment erkennst du die Erlesenheit von allem, was ist.

Ich wünsche dir viel Freude bei dieser magischen Erfahrung!

2. Zur Vertiefung

Der folgende Tipp mag sehr einfach und simpel klingen, ist aber ein machtvolles Mittel im Bezug auf den Schutz der Umwelt. Was bringt es uns, wenn ich dir große Tipps gebe, die wir nicht durchführen? Also habe ich mich entschieden, dir einen kleinen, aber sehr nachhaltigen Tipp für deinen Alltag zu geben. Ich hoffe, du erkennst die große Wirkung hinter der vermeintlich kleinen Handlung.

Nimm immer dann, wenn du Müll hinterlassen könntest, ein wenig mehr Müll mit, als du selbst produziert hast.
Ganz konkret: Wenn du dir einen Kaffee kaufst und in der Stadt an einem Brunnen sitzt, darfst du dich umschauen, ob irgendwo ein zweiter, leerer Kaffeebecher zu sehen ist. Statt nur deines eigenen Bechers darfst du nun zwei Becher in den Müll werfen.

Der Aufwand bleibt im Prinzip der Gleiche! Die nötigen zehn Sekunden hast du.

Möchtest du während eines Stadtbummels im Vorbeigehen ein Stück Papier in einen Mülleimer werfen, darfst du dich vorher umschauen, ob du ein weiteres Stückchen Papier, Folie oder anderen Müll auf der Straße siehst. Wenn ja, wirfst du einfach beides in den Mülleimer.

Sobald du dich dafür sensibilisiert hast, die Welt auf diese Weise vom Müll zu befreien, wird dir sehr schnell auffallen, wie viel Müll dich im täglichen Leben auf Straßen, Waldwegen und auf Plätzen umgibt. Du wirst nach einiger Zeit sehr genau merken, wie viel Müll um dich herum zu finden ist, und beginnen, ihn im rechten Moment aufzuheben, einige Meter zu tragen und ihn dann zu entsorgen.

Als ich mit dieser Übung begonnen habe, fiel es mir zunächst etwas schwer, den Müll vom Straßenrand aufzuheben, aber nach einigen Tagen habe ich es voller Freude getan. Mittlerweile merke ich, wie sehr dieses Verhalten andere Passanten inspiriert und zum Denken bewegt.

Wo dies alles hinführt, brauche ich dir nicht zu erklären, du kannst dir die mögliche Auswirkung auf die gesamte Umwelt sicher selbst ausmalen.

Ich weiß, dass es hunderte und abertausende Möglichkeiten zum Umweltschutz gibt, aber diese eine, kleine Methode gefällt mir besonders gut, weil sie immer dort beginnt, wo du gerade bist. Sie inspiriert andere auf direkte Weise, funktioniert mühelos, überall auf der Welt und ist für jeden Menschen durchführbar!

> *„Sei du selbst die Veränderung, die du dir*
> *wünschst für diese Welt."*
> (Mahatma Gandhi)

KAPITEL 11

KLEINE DINGE

Manchmal reicht
ein Lächeln

Meine persönliche Geschichte

Als ich gelernt habe die kleinen Dinge wirklich zu achten, offenbarte sich mir ein weiteres Mal ein ungeahntes Universum der glückbringenden Erfahrungen. Wie oft bin ich früher einfach achtlos an Blumen vorbeigelaufen, habe mein Essen vor dem Fernseher unachtsam in mich reingeschaufelt und habe so manchen lächelnden Menschen auf der Straße gar nicht wahrgenommen? Mit entging so viel!

Je tiefer ich in mich sank, die Stille zu schätzen lernte, die Welt mit offenen Augen und einem wahrhaft wachen Bewusstsein betrachtete, desto präsenter wurde ich. Die wachsende Präsenz in mir selbst schien auch automatisch alles um mich herum präsenter erscheinen zu lassen. Plötzlich nahm ich so viel um mich herum wahr!

Der tausendmal beschrittene, langweilig wirkende Weg zur Arbeit enthüllte mir schlagartig so viele wundervolle Details voller Schönheit, dass ich an manchen Tagen aus dem Staunen gar nicht mehr herauskam. Mir fielen Dinge auf, die natürlich schon vorher vorhanden gewesen waren, aber irgendwie an mir vorbeigegangen waren. Also schulte ich mich in Achtsamkeit. Jeden Tag. Dadurch verstärkte sich die Achtsamkeit täglich und ich hatte manchmal das Gefühl, mich auf offener Straße vor der geballten

Schönheit des Lebens verneigen zu müssen. In diesen Momenten begriff ich, wie viel Magie in den kleinen Dingen verborgen liegt.

Seitdem gehe ich voller Bewunderung durch einen Wald, über eine Blumenwiese oder sitze, gebannt wie ein Kind bei Spongebob im Fernsehen, vor einem Fluss. Ich lächle die Menschen bewusst an und schaue ihnen in die Augen. Noch heute fasziniert mich ihre Reaktion meist zutiefst, da sehr viele Menschen auf ein ehrliches Lächeln und einen liebevollen Blick intensiver reagieren, als man vermutet. Du siehst es an ihren Augen! Du fühlst die Verbundenheit mit ihnen und mit allem, was ist, wenn du sie offen und staunend betrachtest.

Den bisherigen Höhepunkt der Erfahrung von absoluter Verbundenheit erfuhr ich allerdings erst vor Kurzem. Die Geschichte hierzu ist faszinierend. Ich schrieb das Drehbuch zu meiner ersten Single „Spirit" gemeinsam mit meinem damaligen Manager. Er erzählte mir, dass er einen Mann kenne, der als Heiler tätig sei und Wolfshunde besäße, die sehr gut trainiert seien. Bei meinem Videodreh an den Externsteinen durfte ich jenen Mann erstmalig kennenlernen.

Es war Oliver Wattenberg, Energieheiler der neuen Zeit. Schon nach wenigen Momenten spürten wir beide, dass wir in irgendeiner Form intensiver verbunden sind, als wir dachten. Während des Drehs hatten wir kaum Zeit, uns zu unterhalten, doch kurz bevor er das Set verließ, sagte er mir, dass er mir noch etwas geben möchte. Ich sollte meine Hand aufhalten und er legte seine Hand etwas zehn Zentimeter über meine. Schlagartig durchfuhren mich Energieschübe, wie ich sie noch nie zuvor erlebte. Mein gesamter Körper schien voller Freude zu vibrieren. Er legte seine Hand kurz über mein Herzchakra und verschwand mit einem Lächeln. Die weiteren sechs Stunden des Videodrehs war ich noch immer so energiegeladen und präsent, dass ich umherhüpfte wie ein Techno-Fan auf der Loveparade. Ich hatte keinen Hunger, Power ohne Ende und fühlte mich lebendiger denn je.

Einige Tage später skypte ich mit Olli und er erklärte mir, welche Energien durch ihn fließen. Es handelt sich hierbei um sehr hohe Energieformen. Das Konzept lässt sich durch „Reconnecting" nach Eric Pearl erklären. Es ist die Wiederanbindung an das, was wir wirklich sind. Schon oft hatte ich mit Menschen gearbeitet, die Reiki, Quantenheilung oder Ähnliches durchführen, aber eine solch intensive Erfahrung habe ich noch nie erlebt.

Olli und ich wurden sehr gute Freunde. Mittlerweile sind wir wie Brüder, die sich tief verbunden fühlen und es auch sind. Er arbeitete immer intensiver mit mir und schenkte mir das, was er die „goldene Kugel" nennt. Die ausgelöste Empfindung ist so spektakulär, dass sie sich kaum in Worte fassen lässt. Ich werde es dennoch kurz versuchen. Nachdem wir die „Wiederanbindung" durchführten, flossen ungeahnte Energieströme durch meinen gesamten Körper und darüber hinaus. Alles kribbelte, vibrierte und fühlte sich so wahrhaft göttlich an. Ich war wacher denn je! Einen Tag später stand ich auf und merkte, dass irgendetwas anders war. Meine Chakren schienen komplett offen zu sein. Ich meine, wirklich offen! Ich strich an diesem Tag gefühlte hundert Mal über meine Schädeldecke, weil ich das Gefühl hatte, mein Kopf sei nach oben komplett geöffnet.

Das gleiche Gefühl erlebte ich nach und nach innerhalb von Minuten an meinem gesamten Körper. Meine Herzregion, mein Rücken und mein Solarplexus schienen sich immer weiter zu öffnen und es fühlte sich so an, als ob ein warmes, strahlendes Licht aus meinem Inneren in die Welt und wieder zurückzustrahlen schien. Ich weiß, dass diese Worte sich verrückt anhören. Ich kann dir nur sagen, dass ich ein vergleichbares Erlebnis noch nie zuvor erlebt habe. Apropos verrückt: Es wird noch ein wenig verrückter! Als ich aus dem Haus ging und über die Straße lief, hatte ich das Gefühl, auf mir selbst zu laufen. Ernsthaft. Es fühlte sich so an, als sei der Weg, auf dem ich lief, nur eine Verlängerung, eine Ausdehnung meines eigenen Körpers. Ich spürte die Verbundenheit mit allem so intensiv, dass ich mehrmals stehen blieb und vor Staunen fast weinen musste. Und nein, ich habe weder etwas getrunken noch meinen Verstand verloren.

Als ich zum Himmel blickte und über mir einen Vogel sah, spürte ich die Verbindung zu diesem wundervollen Geschöpf intensiver, als ich es mir jemals zuvor hätte vorstellen können. Irgendetwas in mir spürte ganz deutlich und klar, dass ich mit diesem Vogel, mit der Erde und mit allem tief verbunden bin. Seit jenem Tag achte ich sehr genau auf alles, was mich umgibt. Es gelingt mir oft nicht, dasselbe Gefühl von damals sofort wieder zu aktivieren, aber die Erinnerung und das Bewusstsein zu dieser Anbindung an das gesamte Leben wird niemals verloren gehen.

Ich achte seitdem auch so gut ich kann auf jede Blume, jeden Vogel und jede noch so kleine Pflanze, weil ich weiß, dass all das ein Teil von mir ist. Auch ich bin natürlich ein Teil von alledem. Seit diesem Tag meine ich begriffen zu haben, was „all is one" – alles ist eins – bedeutet.

Eine weitere Anekdote bezüglich der vermeintlich kleinen Dinge des Lebens beschert mir noch immer Gänsehaut, wenn ich nur daran denke. Vor bereits acht Jahren habe ich ein bestimmtes Lied geschrieben. Es heißt „Geb nicht auf" und sollte den Hörern Mut machen. Als ich das Lied geschrieben habe, hatte ich die Absicht, damit Hoffnung und Kraft spenden zu können. Nichtsdestotrotz habe ich mir keine spezielle Wirkung des Songs auf die Menschen erwartet. Es war eben nur eine kleine Sache, ein kleines Lied.

Jahre später traf ich, bei einem meiner Konzerte, auf einen jungen Mann, der mich mit Tränen in den Augen in die Arme nahm und mir sagte, dass er mir unbedingt etwas erzählen müsste. Was danach folgte, bewegt mich noch heute zutiefst. Der junge Mann erzählte mir, dass er ein massives Alkoholproblem hatte und in einer Drogenklinik stationär behandelt wurde. Im Verlauf seiner Behandlung wurde er zunehmend depressiv und bedauerte einige Fehler in seinem Leben zutiefst. Eines Nachts ging es ihm so schlecht, dass er sich das Leben nehmen wollte. Er stieg unbemerkt auf das Dach eines benachbarten Hauses und blieb am Rand des Daches stehen. Während er dort stand, liefen in seinem MP3-Player in zufälliger Reihenfolge Songs aus seiner Playliste. Er erzählte mir weiter, dass mein Song „Geb nicht auf", kurz bevor er springen wollte, „zufällig" abgespielt wurde. Die Zeilen des Songs haben ihn so sehr bewegt, dass er sich entschieden hatte, nicht zu springen. Er erzählte mir all das mit Tränen in den Augen und versicherte mir, dass mein Song sein Leben gerettet habe.

Für mich war es zunächst einfach nur ein Song. Ein Song, der Mut und Kraft spenden sollte, aber eben nicht mehr als nur ein Song. Eines dieser „kleinen Dinge" im Leben. Dass dieser kleine Song einen Menschen dazu bewegen kann, sein eigenes Leben zu bewahren, hätte ich niemals für möglich gehalten. In diesem Moment durfte ich voller Rührung feststellen, dass gerade die kleinen Dinge eine größere Wirkung zeigen, als wir oft denken mögen. Danke.

Hintergründe

„ Wenn die Achtsamkeit etwas Schönes berührt, offenbart sie dessen Schönheit. Wenn sie etwas Schmerzvolles berührt, wandelt sie es um und heilt es. "

(Thich Nhat Hanh)

Achtsamkeit ist ein heiliges Instrument, um dich zur direkten Erfahrung des gegenwärtigen Moments zu führen. In dem Moment, in dem du achtsam wirst, kannst du auch wirklich wahrnehmen, was dich umgibt. Ist dir schon einmal aufgefallen, dass das Leben so viel bunter, intensiver und prächtiger wirkt, wenn du voll und ganz im Moment lebst? Das liegt daran, weil in jenen Momenten keine Vergleiche mit Gegenwart und Zukunft stattfinden. Im Moment der bewussten Erfahrung von Achtsamkeit, befindest du dich voll und ganz im Hier und Jetzt.

Das Besondere ist, dass du Achtsamkeit in jedem Bereich deines Alltags anwenden und erweitern kannst – egal, ob es sich um die Betrachtung der Natur oder um zwischenmenschliche Beziehungen handelt. Du kannst achtsam atmen, liegen, sitzen, stehen und laufen.

Achte bei deiner nächsten Mahlzeit einmal darauf, all die Geschmäcker bewusst und achtsam aufzunehmen und sie zu

genießen. Versuche, die Farben und Formen deines Essens vor
der nächsten Mahlzeit einmal ganz klar wahrzunehmen. Du wirst
erstaunt sein, wie viele Wunder du in einem einfachen Mittages-
sen entdecken kannst und wie viele Geschmacksrichtungen sich
dir offenbaren können. Achte darauf, wie genussvoll ein Essen
aufgenommen werden kann.

Wenn du einem Menschen begegnest, kannst du darauf achten,
wie er auf dein Lächeln, auf deinen Blick und auf deine Ausstrahlung reagiert. Beachte einmal die Auswirkung einer einfachen Geste, im rechten Moment, auf deine Mitmenschen.

Wir alle können so viel Liebe und Freude verbreiten, wenn wir
unseren Mitmenschen achtsam und bewusst begegnen. Probiere
es aus. Heute. Jetzt!

Resonanzfelder schaffen

Wie du bereits weißt, folgt Energie immer der Aufmerksamkeit.
Es ist also sehr empfehlenswert, deine Aufmerksamkeit gezielt
auf gewünschte Dinge zu fokussieren. In dem Moment, in
dem du den schönen, kleinen Dingen deine volle Aufmerksamkeit schenkst, ziehst du weitere, schöne Dinge an. Aus
den zunächst als klein betrachteten Dingen werden dann sehr
schnell große Dinge werden. Beginne dich also gezielt auf die

vielen, kleinen Wunder der gesamten Welt zu konzentrieren. Das kannst du überall tun.

Auch in der Betrachtung von Menschen und Beziehungen ist dies ein heilendes Element. Dabei gibt es einen kleinen Trick. Du darfst versuchen, deinen Stolz zu vergessen. In dem Moment, in dem du einen Menschen achtsam und wertschätzend betrachtest, werden seine guten Eigenschaften immer deutlicher in deine Wahrnehmung treten und die vermeintlich schlechten Angewohnheiten werden sich auf magische Weise verkleinern. Wenn du den anderen als die reine Essenz des Lebens, als ein lebendes Wunder, betrachtest, wirst du dich staunend verbeugen wollen. Sobald dein Stolz dir nicht im Wege steht, offenbaren sich tausende liebenswerte Eigenschaften dieser Person. Der Fehler, der hierbei begangen werden kann, besteht darin, dass du denken könntest, dir selbst fehlten diese wunderbaren Eigenschaften des anderen Menschen. Das ist natürlich absoluter Quatsch und hier meldet sich dein Stolz. Erkenne einfach, dass der andere perfekt ist und du es auch bist. Wie die unzähligen Blumen auf einer Wiese. Alles ist formvollendet. Sobald du aus diesem Blickwinkel heraus lernst, nach all den wunderschönen kleinen Dingen an einem Menschen Ausschau zu halten, wirst du erkennen, wie einmalig faszinierend und makellos jedes Geschöpf ist.

Zelebriere „kleine Dinge" auf „große Art"

„ Wer sich zu groß fühlt, um kleine Aufgaben zu erfüllen,
ist zu klein, um mit großen Aufgaben betraut zu werden. "

(Jacques Tati)

Wenn du darauf wartest, mit großen Aufgaben betraut zu werden, ist es elementar, dich zunächst voller Liebe und Hingabe auf die kleinen Aufgaben zu konzentrieren. Das Universum wird dir ein solches Verhalten hundertfach entlohnen. Egal, wie klein eine Aufgabe auch zu sein scheint, versuche, sie stets auf die größtmögliche Art und Weise zu tun, und du wirst schnell feststellen, dass sich deine Aufgaben von alleine vergrößern werden.

Eine gute Übungsmöglichkeit bietet dir dein persönliches Umfeld. Fange bei deiner Familie, bei deinen Freunden oder in deiner Arbeitsstelle an. Rufe nicht nach Lohn und Respekt, sondern lebe voller Größe, Verständnis, Empathie und Respekt. Der gesuchte Lohn und Respekt kommen von selbst. Ein großer Mensch legt keinen Wert darauf, als groß angesehen zu werden, er „ist" einfach groß und lebt es durch sein Einfühlungsvermögen jeden Tag aufs Neue vor.

Wenn es dir gelingt, deine Familienangehörigen und Kollegen voller Größe zu behandeln, werden sehr bald größere Möglichkeiten in dein Leben treten, um deine neue Größe unter Beweis zu stellen.

Beginne noch heute damit, kleine Dinge auf große Weise zu tun, und große Dinge werden von alleine zu dir kommen. Aus einem liebevollen Satz wird ein liebevolles Gespräch und daraus wird eine liebevolle Beziehung. Aus einem großen Gedanken entspringt eine große Handlung und daraus entspringen wiederum große Möglichkeiten für deine Zukunft. Wenn du einfach versuchst, auch die kleinsten Dinge ehrenhaft auf große Art und Weise durchzuführen, wirst du wachsen. Du wirst größer werden.

Hierzu möchte ich dir eine schöne Affirmation schenken, die ich jeden Morgen spreche:

„Heute ist mein Tag!
Ich tue alles auf große Art.
Ich bin erfolgreich in allem, was ich tue.
Ich sehe das Licht in jedem Menschen.
Das Universum setzt Himmel und Erde,
Menschen und Umstände für mich in Bewegung.
Ich diene den Menschen und
dem gesamten Leben auf große Art.
Wunder folgt auf Wunder!"

Manchmal reicht ein Lächeln

„Alles, was wir für uns selbst tun,
tun wir auch für andere, und alles,
was wir für andere tun,
tun wir auch für uns selbst. "
(Thich Nhat Hanh)

Wir alle lieben und brauchen das Gefühl, dass das, was wir sagen und tun, wichtig ist. Dass unsere Meinung den anderen etwas bedeutet. Dass wir geachtet werden. Schenke genau dieses Gefühl jedem Menschen, der dir begegnet. Es kommt zurück!

Manchmal reicht schon ein Lächeln. Und zwar nicht nur manchmal. Mache es dir zur Gewohnheit, der Welt freundlich gegenüberzutreten. Auch wenn du es für komplett bescheuert erachtest, probiere es aus.

Buddha sagte nicht umsonst:
„Lächle und die Welt verändert sich!"

Indem wir einfach nur lächeln, treten die Gefühle von Freude und von Frieden nahezu automatisch in uns hervor. Diese Qualitäten sind seit unserem Bestehen tief in uns angelegt. Indem wir lächeln, beginnen unsere Spannungen sich aufzulösen.

In deinem Gesicht gibt es mehr als 300 Muskeln. Wenn du wütend bist, dann spannen sich fast alle dieser Muskelgruppen an und senden durch ihre Kontraktion ein Signal an dein Gehirn. Dieses Signal besagt, dass deine Muskeln für Wut aktiv sind und somit werden vermehrt Stresshormone ausgeschüttet. Die Anspannung jener Muskelgruppen ruft also ein Gefühl von Ernst und Starrheit hervor.

Das Geniale ist, dass dieser Effekt auch andersherum funktioniert. Indem du lächelst, werden an dein Gehirn Signale für Freude, Glück und Zufriedenheit gesendet. Dein Geist erschafft die Materie und somit kann dein Geist durch gute Gedanken wundervolle und deutlich spürbare körperliche Reaktionen hervorrufen.

Du kannst dieses Phänomen jederzeit ausprobieren. Hier ein kleines Beispiel, um es zu testen:
Wenn du in einer stressigen Alltagssituation glaubst, gleich vor Wut aus der Haut fahren zu müssen, und kurz davor bist, etwas Unfreundliches zu sagen, kannst du dieses Mittel gut ausprobieren. Anstatt wütend loszuschreien, verlässt du kurz den Raum, schließt dich für drei Minuten in einem WC oder einem anderen Raum ein und lächelst ganz bewusst. Ziehe deine Mundwinkel gegen deinen Willen für drei Minuten nach oben. Dein Körper wird sich zunächst etwas aufbäumen, weil er völlig verwirrt sein wird. Probiere es einfach zum Spaß einmal aus und du wirst sehen,

dass dein Gehirn zwangsläufig Glückshormone ausschütten wird. Wenn du dann, nach drei Minuten, deinen stillen Raum wieder verlässt, wirst du sicherlich nicht mehr das sagen, was du ursprünglich sagen wolltest. Zumindest nicht in den gleichen Worten! Glaub das nicht einfach! Probiere es aus!

An dieser Stelle möchte ich kurz erwähnen, dass auch ich kein Fan davon bin, in den unangebrachtesten Situationen zu lächeln, nur weil es positiv ist. Wie bei fast allem im Leben kann man es natürlich auch übertreiben. Wenn du traurig bist, sei traurig und erkenne den Schmerz. Dennoch empfinde ich dieses Wissen als sehr hilfreich für jeden, der sich im vereinzelt trist wirkenden Alltag schnell befreien möchte.

Und nun zur eigentlichen Königsdisziplin

Schenke der Welt jeden Tag ein Lächeln.
Und zwar ganz bewusst!

Wenn du lächelnd durch die Welt läufst, reagieren viele Menschen darauf zunächst irritiert. Als ich bewusst damit begonnen habe, erlebte ich die kuriosesten und lustigsten Situationen.

Ich habe sie dennoch alle gefeiert. Manche Menschen fragten direkt, ob wir uns kennen oder aus welchem Grund ich sonst lächeln würde. Meine Lieblingsantwort darauf lautet stets: „Nun, jetzt kennen wir uns ja – also lassen Sie uns doch weiter lächeln." Die Reaktionen darauf waren sehr verschieden.

Aber wer sich mit Humor wappnet, ist praktisch unverwundbar, wie mein wundervoller Vater zu sagen pflegt. Andere Passanten fragen dich bei einem Lächeln auf deinen Lippen ernsthaft, ob du betrunken bist oder ob du etwas geraucht hast. Alles schon erlebt. Wie weit entfernt ist der Gedanke für manche Menschen nur, dass du einfach glücklich bist und dein Licht in die Welt strahlen lassen willst.

Verändere die Welt

Nun kommt ein weltbewegender Gedanke: Wenn genug Menschen, vor Freude strahlend und lächelnd, durch die Welt gingen, dann könnte sich die gesamte Dynamik vielleicht einfach drehen. Stell dir das einmal vor!

Dann würden die Menschen, wenn sie jemanden nicht lächeln sehen, sofort denken: „Ist dieser Mensch traurig?" oder „Hat er Angst?" und vor allem „Wie kann ich ihm helfen, glücklicher zu werden?".

Wenn es so unnatürlich wirken würde, nicht zu lächeln, wie es jetzt auf viele wirkt, wenn man offen lächelt, dann würde sich die Welt sofort drehen!

Und genau das liegt tagtäglich in deiner Hand. Denn meiner Erfahrung nach triffst du immer und überall ein paar Menschen, die freudig zurücklächeln, wenn du ihnen offen begegnest. Also lass uns täglich der freudige Funken sein, der das Feuer der Liebe entfacht!

> *„Lächle und die Welt verändert sich. "*
> (Buddha)

Intuition – das Alphabet des Universums

Ich möchte dich noch auf eine vermeintlich kleine Sache des Universums aufmerksam machen. In Wahrheit ist sie einer der größten Schätze überhaupt, sie wirkt nur manchmal klein und unscheinbar! Sie spricht manchmal leise, aber ihre Weisheit ist grenzenlos!

Deine Intuition!

Ich spreche von diesen kleinen Impulsen, diesen Geistesblitzen, Vorahnungen und Gefühlen, die jeder von uns kennt. In diesen kleinen Erscheinungen liegt die größte Magie der Kommunikation des

gesamten Universums. Deine Intuition bewahrt dich vor vielen
Fehlern, führt dich zu den prächtigsten Orten, Menschen und
Situationen und zeigt dir vor allem, durch kleine Hinweise, dei-
nen Weg.

Versuche, jeder intuitiven Regung in deinem Inneren zu folgen –
sei es in einem Gespräch, während einer Handlung oder bei einer
großen Entscheidung. Auch wenn du den Sinn deiner Ahnung
nicht sofort nachvollziehen kannst, darfst du darauf vertrauen,
dass sie dich behütet und dich zum Licht führen wird.

Es gibt unzählige Beispiele und Geschichten von Menschen, die
durch ihre Intuition die allergrößten Werke vollbrachten. Die
größten Denker und Menschen unserer Zeit bestätigen dies ausnahmslos. Ich empfehle dir, mit jedem Tag etwas mehr auf dein
Gefühl zu achten. Gehe in dein Herz, spüre die Weisheit des gesamten Universums in dir. Du wirst geführt werden. Durch das
intensive Fühlen und bewusste Wahrnehmen deiner intuitiven
Signale sensibilisierst du dich für jene Wahrnehmung. Ich persönlich nutze hierfür täglich eine kleine Affirmation wie: „Von
Tag zu Tag verfeinern und erhöhen sich meine intuitiven Fähigkeiten!"

Bereits nach wenigen Tagen des Übens wirst du feststellen, dass
sich deine Intuition immer klarer bei dir meldet und du sie immer

bewusster wahrnehmen und nutzen kannst. Diese kleinen Ahnungen und Ideen sind es, die uns zu den wahrhaft großen Dingen führen oder uns auch vor großem Unheil bewahren können. Folge deinem Gefühl!

„Die ursprüngliche Weisheit ist Intuition,
während alles spätere Wissen angelernt ist."
(Ralph Waldo Emerson)

Loslassen

Sobald du das, was du willst, loslässt, hat es den nötigen Raum, um zu dir kommen. Natürlich ist es wichtig, sich seine Träume und Visionen zu manifestieren, aber wenn du dich an die Dinge klammerst, werden sie nicht zu dir kommen. Der Schlüssel liegt darin, im entscheidenden Moment loszulassen. Du wirst keinen Menschen bei dir halten können, indem du ihn festhältst. Erst wenn du lernst loszulassen, kommen Menschen, Situationen und Umstände wie von Zauberhand zu dir. Wie soll dich ein Fluss an dein gewünschtes Ziel führen können, wenn du dich am Ufer festhältst?

Tue das, was du tun kannst.
Führe kleine Dinge auf große Art aus.
Visualisiere deine Ziele, sei dir im Klaren darüber, was du willst,

folge jeden Tag deinen konkreten Handlungen, folge deiner Intuition und dann lass los!

Versuche deinen Weg nur in Etappen zu planen. So lässt du dem Universum den nötigen Spielraum, um dir zu helfen. Du kannst deinen Kurs jederzeit korrigieren. Lass dich von den wunderwirkenden Wellen des Lebens führen und du wirst erstaunt feststellen, dass sie dich zu ungeahnten Orten tragen werden.

Songtext

Kleine Dinge

Manchmal reicht ein Lächeln, um zu sehen, dass die Welt gut ist,
oft bewirkt auch eine kleine Geste mehr, als du vermutest.
Manchmal reicht ein klitzekleiner Augenblick,
in dem dich jemand stützt und dir sein Vertrauen gibt.
Es ist der eine Sonnenstrahl, der durch die Wolken scheint,
oder das eine Gespräch, das unter Freunden bleibt.
Es kann ein Schulterklopfen sein, das dich stolz macht,
oder das ansteckende Lachen, wenn ein Freund lacht.
Es kann ein Käfer sein, der langsam über Blätter streift,
in dem du plötzlich all die Schönheit dieser ganzen Welt begreifst.
Es ist das eine Lächeln morgens in der Straßenbahn
oder die kleinen Schwächen, weil wir oft die gleichen Macken haben.
Es kann ein Regenbogen sein oder ein kleiner Bach.
Eine Geschichte, die man fühlt, bei der man weint und lacht,.
Manchmal reicht ein Blatt, eine Blume, manchmal reicht eine Blüte,
manchmal reicht ein ernst gemeintes, kleines Zeichen der Güte!

Chorus:
Manchmal reicht ein Lächeln, um zu sehen, dass die Welt gut ist,
oft bewirken auch die kleinen Dinge mehr, als du vermutest.
Es ist keine Kunst, erfreu dich an den kleinen Dingen
und du wirst die großen Aufgaben gleich viel leichter finden.

Manchmal reicht ein Freund, der mit dir schweigend an der Bar sitzt,
weil er zuhört, einfach weil er da ist.
Manchmal reicht ein klitzekleiner Augenblick,
in dem dich jemand stützt und dir sein Vertrauen gibt.
Manchmal braucht es nicht viel mehr als nur ein stärkendes Lied,
einen kleinen Satz, einen Tanz oder ein Herz, das dich fühlt.
Nicht viel mehr als ein Brief, ein Blick, der einfach versteht,
oftmals reicht schon ein Schritt auf dem gemeinsamen Weg.
Manchmal reicht ein „leb wohl", manchmal reicht eine Träne
oder schweigende Stille – als Zeichen der Seele.
Manchmal reicht es, einen Menschen ehrlich anzusehen
und ihn dann einfach nur mit offenen Händen in den Arm zu nehmen.
Und an sich reicht es, einfach Mensch zu sein, die Kleinigkeiten zu
vergeben,
nur das Gute zu sehen und somit selbst zu gedeihen.
Es ist ein kleiner Moment, der so große Wurzeln schlägt,
weil auch der Flügelschlag des Schmetterlings den Sturm bewegt.

Chorus:
Manchmal reicht ein Lächeln, um zu sehen, dass die Welt gut ist.
Oft bewirken auch die kleinen Dinge mehr, als du vermutest.
Es ist keine Kunst, erfreu dich an den kleinen Dingen
und du wirst die großen Aufgaben gleich viel leichter finden.

(Aus dem Album „Spirit" von SEOM)

Praxisaufgaben

1. Aktivierung

Lächle heute ganz bewusst drei Menschen an und schaue sie dabei auch für mindestens drei Sekunden an. Schaue ihnen, wenn möglich, in die Augen! Und glaube mir, drei Sekunden können lang sein. Mach es deshalb drei Sekunden lang, damit du ihre wahre Reaktion und dein erzeugtes Ergebnis auch wirklich bewusst sehen und spüren kannst. Du wirst verblüfft sein!

Lächle hierbei gezielt ein Kind, einen Erwachsenen und einen alten Menschen an.

Vergleiche die Reaktionen der drei verschiedenen Altersgruppen!

2. Zur Vertiefung

Mache dies zu deiner täglichen Aufgabe. Suche dir deine drei Menschen zunächst ganz gezielt aus. Und für jeden, der nicht zurücklächelt, lächelst du am selben Tag drei weitere Menschen an. Es ist nur ein Lächeln, dir wird nichts geschehen.

Ich übe mich in dieser Aufgabe seit geraumer Zeit und kann dir versichern, dass es eine sehr erfüllende und wunderschöne

Aufgabe ist. Sie mag dir simpel, albern oder gestellt vorkommen, aber sie besitzt eine unglaublich große Macht. Sie verändert die Welt!

Wenn du geübt bist, dann versuche einmal gezielt, die traurigen und wütend aussehenden Menschen anzulächeln. Nur Mut! Sie werden dich nicht schlagen. Sie werden dich nicht töten. Sie werden berührt sein! Das Leben dankt es dir und du wirst verblüfft sein, was geschieht.

Manchmal reicht ein Lächeln: Viel Freude!

KAPITEL 12

UMARME
das
LEBEN

Liebe, soviel du kannst

Meine persönliche Geschichte

Wow! Bis hierhin habe ich wirklich viel gelernt. Ich habe unbeschreiblich viele Wunder, Zuführungen und Erkenntnisse erlebt. Würde ich alle erlebten Geschichten, die mir zu jedem einzelnen Thema einfallen, aufschreiben, wäre dieses Buch wohl sehr, sehr, sehr dick geworden. Ich lernte so viel über das Leben, die Gesetze des Universums und über die Magie der unsichtbaren Welt, doch das mächtigste aller Prinzipien und zugleich der Ursprung von allem war der entscheidende Punkt, der mein Leben für immer veränderte. Ich durfte erfahren, was es wirklich bedeutet, zu lieben. Umso besser ich es verstanden und verinnerlicht hatte, desto mehr wollte ich lieben.

Also übte ich mich darin und versuchte immer und immer intensiver zu lieben. An manchen Tagen habe ich das Gefühl, vor Freude und Erfüllung durch die Stratosphäre düsen zu müssen. Wie zu Beginn schon einmal erwähnt, kann ich es dir nicht erklären, aber ich werde versuchen, davon berichten.

Früher dachte ich immer, dass ich Liebe nur bei bestimmten Anlässen empfinden könnte. Ich dachte tatsächlich, dass das Empfinden der Liebe von einem Menschen, einer Beziehung oder einem erfreuenden Moment abhinge. Ich dachte, ich müsste dafür verliebt sein oder zumindest müsste mir Liebe entgegengebracht werden, damit ich selbst tiefe und erfüllende Liebe erfahren könnte.

Niemals hätte ich damals gedacht, dass ich Liebe bewusst erzeugen kann. Bei all den alltäglichen Problemen des Lebens könnte ich doch nicht in dem Gefühl der Liebe bleiben, geschweige denn, dieses Gefühl auch noch bewusst erweitern. Weit gefehlt. Es ist möglich!

Und zwar so was von möglich. Ich begann einfach, alles, was mich umgab, mit den Augen der Liebe zu betrachten. Zunächst verinnerlichte ich, dass ich stets ein Liebender war und bin. Ich führte mir bewusst vor Augen, dass ich die Welt stets anders sah, wenn ich verliebt war. Nachdem das Gefühl des Verliebtseins ja zwangsläufig in mir entstanden ist, versuchte ich einfach diese Empfindung ganz bewusst zu aktivieren. Ich sah die Welt mit den Augen eines Liebenden und somit auch direkt mit den Augen der Liebe.

Ich übte mich im Lieben. Ich versuchte, so viel Liebe wie nur irgend möglich zu aktivieren. Ich suchte und fand die Liebe in unbeschreiblich vielen Dingen: in Gegenständen, Begegnungen, Pflanzen, Tieren, allerhand Lebensformen, einfach in jedem Moment.

Bereits nach sehr wenigen Tagen des Übens habe ich verstanden, dass ich eine wahrhafte Schatzkammer gefunden hatte. Ich erstellte mir Listen, in denen ich notierte, was ich alles liebte. Nach wenigen Tagen waren diese Listen sehr umfangreich. Ich beauftragte meinen Geist, stets nach Dingen Ausschau zu halten, die ich liebte. Natürlich stand mir mein treuer Geist sehr hilfreich zur Seite und zeigte mir täglich neue Dinge, die es wert waren, geliebt zu werden.

Ich übte und übe nach wie vor jeden einzelnen Tag.

Nach und nach ergeben sich immer und immer mehr Momente, in denen ich die Liebe zu allem, was mich umgibt, tief in mir spüren kann. Dadurch schraubt sich die Spirale des Glücks immer und immer weiter nach oben. Bis weit über die Grenzen des Himmels. Mit der Zeit lernte ich schließlich, alles zu lieben, was ich zunächst nicht mit Liebe in Verbindung gebracht hatte.

Ich durfte lernen, meine Fehler zu lieben. Ich übte mich darin, meine Ängste, meine Sorgen und all meine negativen Gedanken zu lieben. In genau dem Maß, in dem ich all dem meine Liebe entgegenbrachte, veränderten sich auch die negativen Umstände meines Lebens und transformierten sich.
Das bedeutet „Feel Go(o)d"!

Ich habe bis heute das unbeirrbare Gefühl, auf die wahre Alchemie des Universums gestoßen zu sein. Es klingt so banal und simpel, aber mit den Augen der Liebe betrachtet transformiert sich alles.

Ich könnte noch so viel mehr zu diesem Thema schreiben, ich habe aber das Gefühl, dass mir hierfür einfach die Worte fehlen. Eines bleibt jedoch zu sagen:

> Liebe! Liebe, so viel du kannst. Überall. Jederzeit.
> Es gibt nichts Wichtigeres!

Hintergründe

Freude – das göttliche Vergnügen

Unsere Emotionen sind ein wundervoller Wegweiser auf den vielen Pfaden des Lebens. An sich ist es ganz einfach. Emotion ist strömende Energie! Alles, was positive Gefühle in dir auslöst, ist in der Regel auch gut für dich! Alles, was dir Freude bereitet, ist ein Hinweisschild zum richtigen Weg auf deiner Reise durch das Leben. Also folge der Freude! Die Freude ist ein grandioser Führer.

Es ist nicht mehr und nicht weniger als das reine, göttliche Vergnügen. Umarme das Leben und suche stets nach dem, was dir

Freude bereitet. Egal, was es ist – sei es eine Begegnung mit einem bestimmten Menschen, ein gutes Gespräch, eine Tätigkeit oder ein Ort, der dich erfüllt.

Dein Herz wird dir hierbei immer den richtigen Weg zeigen. Umarme das Leben. Mach dir selbst einen Antrag – liebevoll und freudig! In dem Moment, in dem du beginnst, dich selbst voll und ganz zu lieben, erweitert sich deine Liebe in größtem Maße. Der Schlüssel zu ganzheitlicher Liebe liegt tatsächlich zunächst in der Selbstliebe und in der wahrhaftigen Freude über alles, was ist. Freue dich darüber.

Genieße die Welt und tanze den Tanz des Lebens voller Freude!

Erkenne dein Paradies

Du befindest dich in einem Paradies. Alles um dich herum schreit danach, geliebt zu werden. Du kannst dich der bildschönen, himmlischen Vollendung all dessen, was du siehst, unverzüglich öffnen. Egal, wo du sein magst.

Jede Frucht, jede Pflanze und jeder Mensch ist formvollendet und darf dir als Hinweis dienen, deine Liebe zu erweitern. Wie wundervoll, dass sich die Möglichkeiten des Übens jeden Tag durch das Leben selbst ergeben. Alles ist ein Übungsfeld. Dein

Übungsfeld, um noch mehr zu lieben, dich noch mehr zu freuen und somit täglich noch erfüllter und zufriedener zu sein.

Du darfst auch lernen, dich selbst mit jedem Tag etwas mehr zu lieben. Dein Körper ist ein einmaliges Wunderwerk des gesamten Kosmos. Ist er es nicht wert, geliebt zu werden?

„Sich selbst zu lieben ist der Anfang einer lebenslangen Leidenschaft."
(Oscar Wilde)

Selbst dein eigenes Verhalten ruft danach, von dir geliebt zu werden. Solltest du dich einmal dabei ertappen, dass du dir selbst Vorwürfe machst, dann öffnet sich dir ein weiteres Übungsfeld. Entweder hast du einen Fehler begangen und darfst daraus lernen oder du darfst lernen, dich anzunehmen. Nachdem du einen Fehler begangen hast und merkst, dass es ein Fehler war, würdest du ihn sicherlich nicht mehr machen. Mit deinem jetzigen Wissen würdest du anders handeln. Jedoch war der Fehler zwangsläufig notwendig, um dieses Wissen daraus zu schöpfen. Also freue dich darüber!

Wenn du dir vorgenommen hast, eine bestimmte Aufgabe zu erledigen, und diese, aus welchen Gründen auch immer, nicht erfüllt hast, bleiben dir zwei Möglichkeiten:

Du kannst dich darüber ärgern oder du kannst dich dafür lieben. Klingt verrückt, ich weiß!

Die Chance, deine Aufgabe bereits erfüllt zu haben, ist in diesem Moment vorbei. Was sollte es also bringen, dir selbst Vorwürfe zu machen? Selbstvorwürfe sind mitunter die destruktivsten Gedankenabläufe, die es gibt. Sie bringen dir nichts! Wenn du aber daraus deine Erkenntnisse voller Liebe ziehst, heilen sie dich! Die Situation ist vorbei, also darfst du dich dafür lieben, dass du ein Mensch bist, und deinen Weg als Mensch genießen. Selbst wenn du einen ganzen Tag auf deinem Sofa liegst, kannst du dich am Abend dafür lieben, dass du dich einfach mal entspannt hast. Du liebst dich dafür und darfst dir dennoch vornehmen, deine Aufgabe am nächsten Tag voller Liebe zu erledigen. Liebe dich dafür, dass du ein Mensch bist!

„Egal, was du tust, liebe dich dafür, dass du es tust."
(Thaddeus Golas)

Suche die Freude

Ein erfülltes Leben besteht nicht aus einem großen Glücksmoment, sondern aus vielen kleinen Momenten der Freude! Du kannst aus so vielen „normalen" Momenten kleine Momente der Freude schöpfen und erschaffen.

Versuche alles, was du tust, voller Freude zu tun. Wenn es dir gelingt, voller Freude zu tun, was du tust, wirst du nie wieder arbeiten. Du hast einfach nur Freude! Unbezahlten Urlaub auf Lebenszeit sozusagen. Alles, was du gerne und voller Freude machst, das machst du auch gut. Was du gut machst, das macht dir Freude und das fühlen auch die Menschen um dich herum.

Wie schaffen es Mönche in Tibet, ein Beet zu pflegen oder einen Weg zu kehren und dabei vollkommene Freude zu empfinden? Sie schaffen es durch absolute Präsenz und Liebe.

Wenn du alles vollkommen freudig tust, empfindest du Vollkommenheit. Das ist es, was du bist. Vollkommen! Du warst nie etwas anderes. Immer schon warst du vollkommen. Du hast es vielleicht nur vergessen oder nicht mehr gesehen.

Jetzt ist es nur an der Zeit, deine natürliche, gottgegebene Vollkommenheit wieder zu erkennen, zu empfinden und zu erfahren. Mache aus allem die pure Vollkommenheit. Voller Freude!

Doppelte Freude verdoppelt die Liebe

Wenn du vergisst zu lieben, dann vergisst du das Leben. Nichts bereichert dein Leben mehr als Liebe! Wenn du in deinem täglichen Leben beachtest, dass jeder Mensch jeden anderen Menschen zu jeder Zeit in Liebe unterrichtet, dann wirst du täglich liebevoller auf deine Umwelt reagieren. Du wirst dir nämlich irgendwann die Frage stellen, ob du ein guter Lehrer bist, durch die Art, wie du lebst. In diesem Moment wird sich deine Liebe erweitern, weil du den anderen schließlich nur vorleben kannst, was ein liebendes Leben bedeutet. Die Liebe erzählt den anderen Menschen nicht, wie sie lieben sollen, sie liebt es ihnen vor!

Genau dadurch erweitert und verbreitet sich dieses magische Feld der heiligen Schwingung. Liebe erzeugt und vermehrt Liebe! Wir haben das schon einmal gehört und viele Menschen lachen darüber, aber letztendlich liebt jeder einen Liebenden. Es sind diese speziellen Menschen, die irgendein Strahlen in sich tragen. Sie inspirieren und faszinieren uns in gleichem Maße. Wir halten solche Menschen für ein wenig verrückt, aber wir mögen sie meistens sehr gerne. In ihrer Anwesenheit scheint sich etwas in unserer Empfindung und in der Umgebung zu verändern. Sie versprühen etwas, das unser Verstand nicht einordnen kann, aber wir empfinden es als angenehm. Es ist ein so heilendes Medium, sich gegenüber anderen Menschen zu öffnen.

Wahre Liebe

Aufgrund des falsch vermittelten Bildes der Liebe durch die Medien, unsere Lehrer oder unsere Eltern (die es meist auch nicht besser wussten) haben wir das Gefühl, Liebe sei etwas, dass wir uns verdienen oder erarbeiten müssten. Im besten Fall hoffen viele von uns, dass sie die Liebe hoffentlich geschenkt bekämen. In Wirklichkeit ist sie jedoch immer bei uns.

Sie war niemals woanders. Sie war, ist und bleibt immer hier!

Liebe ist deine wahre Natur! Sie ist dein innerster Kern. Sie ist immer in dir und näher als alles andere! Kannst du dich erinnern, als du das letzte Mal verliebt warst? Du warst damals vollkommen erfüllt und aus irgendeinem Grund hat sich dein Empfinden der gesamten Welt verändert. Alles war wie verzaubert, ein rosafarbener Schleier purer Magie legte sich über deine Welt. Du musstest nichts tun, du warst auf einer anderen Ebene.

Nun stellt sich die Frage, wo dieses Gefühl herkam? Es wurde nicht von außen erzeugt, auch wenn du das denken magst. Du hast die Liebe in dir selbst erzeugt. Sie war schon immer in dir. Du hast sie vielleicht nur nicht gleich erkannt oder bewusst gefühlt. Scheinbar musste erst ein bestimmter Mensch in dein Leben treten und dir den entsprechenden Impuls schenken. Du hast dich mit Sicherheit nicht nur einmal in deinem Leben verliebt. Allein deshalb kann ein anderer Mensch nicht deine Liebe erschaffen haben, sondern du selbst. Deine Liebe war in Wirklichkeit nie von einem anderen Menschen abhängig.

Die ursprüngliche, wahre Form der Liebe ist ohne Objekt zu betrachten. Sie „ist" einfach.

Sie ist nicht greifbar im materiellen Sinne. Liebe ist reine Energie und diese Energie steht dir jederzeit grenzenlos zur Verfügung. Sie ist das, womit, wodurch und woraus du geboren worden bist. Sie ist tief in dir verankert.
Sie hat scheinbar nichts mit der materiellen Welt zu tun und beeinflusst sie dennoch in ihren Auswirkungen in jedem Augenblick. Sie erschafft all das Gute in dieser Welt.

Sie kann dir letztendlich niemals genommen werden.
Sie ist unfassbar.

Als Kinder haben wir sie hinter vielem erkannt. Heute bringen wir viele Dinge nicht mehr mit Liebe in Verbindung, jedoch ist sie nach wie vor hinter allem, auch wenn unser Geist das manchmal nicht so recht wahrhaben will.

Wir können sie zwar nicht greifen, aber wir können sie fühlen. Wir können sie so deutlich fühlen, dass unser gesamter Körper von ihren Gefühlen durchflutet und erhellt wird. Du siehst es in den Augen eines Menschen, an seiner Art zu sprechen, ja sogar an seinem Gang und seiner Gestik. Sie ist unsichtbar und dennoch sind ihre Auswirkungen mehr als deutlich sichtbar.

Das erste Gesetz des Lebens

Liebe ist das erste Gesetz des Lebens!

Die erste Instanz, das erste Kapitel unseres Lebens und der erste Weg, den wir gehen, besteht in der Liebe. Irgendwann sind wir vielleicht von diesem Weg abgekommen, aber dennoch ist dies unser heiliger und leuchtender Pfad. Immer, wenn wir auf diesen Pfad zurückkehren, spüren wir, dass wir wieder auf dem richtigen, auf dem vorherbestimmten Weg wandern.

Wir alle haben die gleichen Möglichkeiten, weil wir alle gleich sind. Wir haben auch alle die Wahl, unser Erleben und damit auch unser Verhalten auszuwählen. Was wir erleben, mag nicht immer zu bestimmen sein, aber wie wir es erleben, liegt zu großen Teilen bei uns selbst. Da wir alle aus dem Kern der Liebe entsprungen sind, dürfen wir auch sicher sein, dass dieser Weg uns behütet, erfüllt und zugleich unserer tiefsten, reinsten Natur entspricht.

Liebe ist die stärkste und höchste Schwingung, die es gibt. Nichts ist größer, höher oder weiter. Kein Gefühl ist intensiver, keine Form der Empfindung ist mächtiger. Sie ist etwas, das wir tun, mit all unseren Zellen. Sie heilt, befreit und erfüllt uns.

Sie wird immer siegen und sie erfüllt alle Aufgaben. Egal, welches Problem du hast, die Liebe kann und wird es lösen. Sie ist das wirkungsvollste Elixier des Lebens. Sie ist alles!

> *„Liebe, so viel du kannst, von da aus,*
> *wo du auch immer sein magst."*
> (Thaddeus Golas)

Segne, so viel du kannst

Tauche die Welt in Liebe. Alles, was von dir geliebt wird, empfängt deine Liebe, speichert sie und strahlt sie wieder aus. Auf diesem Wege erweitert sich das Feld der heiligen Schwingung immer weiter. Deshalb ist es so wichtig, seinen Mitmenschen Liebe entgegenzubringen. Versuche jeden Menschen, der dir begegnet, zu segnen und ihn in Liebe zu tauchen.

Die Menschen spüren vielleicht nicht genau, woher das wärmende, angenehme Gefühl kommt, aber sie spüren tief in ihrem Kern, dass du sie mit Liebe umhüllst. Sie wissen vielleicht nicht genau, was sie da spüren, wer es war und woher es kommt, aber sie spüren die Auswirkung!

Auf diesem Wege wird die Liebe in anderen Menschen schneller aktiviert und wird sich weiter verbreiten. Nebenbei bemerkt erzeugst du durch das reine Versprühen von Liebe weitere Resonanzfelder und verstärkst diese. Somit wirst du selbst mehr Liebe und Dinge, die du liebst, anziehen und in deinem Leben erfahren.

Das höchste aller Ziele

Lange Zeit habe ich nicht wirklich verstanden, warum der Begriff des „Dienens" so oft in allen Lehren großer Propheten und Meister erwähnt wurde. Ich dachte immer, dass das Dienen mit einer gewissen Form der Unterwerfung verbunden sein müsse. Letztendlich ist das Dienen jedoch ein Zeichen von großer Liebe.

Wenn dein höchstes und ehrliches Motiv in all deinen Handlungen das Dienen ist, dann handelst du im Auftrag der Liebe. Die Bereitschaft zu dienen, gleicht der Bereitschaft zu lieben. Egal, welchen Beruf oder welche Tätigkeit du ausübst, du kannst jedes Feld zu einem heiligen Feld der Liebe machen. In jedem Beruf kannst du voller Hingabe und Liebe dienen, womit du die Welt automatisch zu einem erfüllteren Ort machst.

Den Menschen offen, bedingungslos und freudig zu dienen, ist reine Liebe. Wenn du den Menschen offenherzig Frieden, Gesundheit und Freude wünschst, bist du ein friedvoller Krieger oder eine friedvolle Kriegerin der Liebe.

Viele verwechseln den Begriff des Dienens oft mit dem Gefühl der Unterordnung. Genau genommen bedeutet es aber das Gegenteil. Wir stellen uns alle auf eine Stufe – auf die höchste, nämlich auf die Stufe der Liebe. Sobald ich mich entschieden habe, mit allem, was ich tue, der Welt und allen Menschen zu dienen, bin ich frei. Jedes Währungssystem kann sich verabschieden, jedes materielle Gut kann zerstört oder entwertet werden, aber der wahre, aufrichtige Dienst im Auftrag der Liebe war und wird immer den höchsten Bestand haben.

Egal, was mit unserer Welt geschieht, welche Währungen kommen und gehen werden, welche Systeme konstruiert oder aufgelöst werden: Die Liebe wird bleiben. Sie war und ist das einzig Sichere auf dieser Welt.

Wenn du mit dem, was du tust, aufrichtig dienst, wirst du erfolgreich sein. Du wirst genau das erhalten, was du gibst. Wenn du beschließt, viel geben zu wollen, musst du logischerweise auch viel erhalten. Sonst wärst du schließlich nicht in der Lage, viel zu geben.

Wenn wir an das klassische Bild von Gott denken, wird diese Tatsache vollkommen klar. Was hätte Gott davon, dich zu bestrafen? Warum sollte er daran interessiert sein, dass du leidest oder Leid erschaffst? Er hat dir Leben eingehaucht und dich in eine Welt voller Wunder gesandt, damit du dich darin selbst verwirklichen kannst. Damit du andere durch dein Sein erfüllen und bereichern kannst. Er möchte sich durch dich Ausdruck verleihen. Deshalb möchte er auch, dass du glücklich bist und den Menschen dienst. Im Zeichen des Glücks!

Diene den Menschen.
Diene der Welt.
Diene dem Guten.
Im Auftrag der Liebe.

Songtext

Umarme das Leben

Kennst du das? – Wenn du das Leben so liebst,
dass du läufst wie auf Wolken, abhebst und dann fliegst.
Wenn du siehst, zu was Liebe in der Lage ist,
und dann feierst, weil du fühlst, dass es noch gar nichts ist.
Wenn du Leichtigkeit des Lebens in den Schritten spüren kannst
und du Momente sofort lebst und nicht irgendwann.
Wenn du fühlen kannst, wie sich Endorphine verbreiten,
und du alles willst, außer morgens liegen zu bleiben.
Wenn die Krisen vorbei sind und das Leben beginnt,
weil du mit der Brandung surfst und nicht gegen den Wind.
Wenn du lebst wie ein Kind, dir nimmst, was du brauchst,
und das Kribbeln im Bauch nach dem Zittern auftaucht.

Pre-Chorus:
Feier das Leben, voll Liebe und Glück,
tanze einfach im Regen und spiele verrückt.
Genieß jeden Schritt und jeden Atemzug,
denn das Beste für dich ist grad genug!

Chorus:
Umarme das Leben, schau ihm tief in die Augen,
mach dir selbst einen Antrag und flieg mit den Tauben.

Genieße die Welt, wenn du Hoffnung brauchst,
fang an zu lieben und liebe auf „Gott komm raus"!

Es ist ja meistens so, dass, wenn man große Dinge schafft,
entwickelt man nur dadurch oft schon eine unbändige Kraft.
Also spür es, genieß es und fühle es nah,
denn im Nachhinein entpuppt sich erst vieles als klar.
Manche Ziele sind hart, aber ohne solche Zeiten,
sieht man oft nicht, dass die Wege einem Großes zeigen.
Alles ist gut, wie es ist, drum vergiss den Stress,
begreife dich, feier dich und lebe ständig im Jetzt.
Yes! Beginn zu tanzen, statt zu reden,
du lebst, um zu tanzen, also tanz um dein Leben.
Den Tanz des Lebens, ein Schritt und zwei – Shit,
lauf lieber verrückt als ständig im Gleichschritt.

Pre-Chorus:
Feier das Leben, voll Liebe und Glück,
tanze einfach im Regen und spiele verrückt.
Genieß jeden Schritt und jeden Atemzug,
denn das Beste für dich ist grad genug!

Chorus:
Umarme das Leben, schau ihm tief in die Augen,
mach dir selbst einen Antrag und flieg mit den Tauben.
Genieße die Welt, wenn du Hoffnung brauchst,
fang an zu lieben und liebe auf „Gott komm raus"!

Auch wenn du falsch tanzt, hab keine Angst,
denn der Tanz des Lebens ist ein leichter Tanz.
Keiner tanzt, wie die andern tanzen,
also los und sag nicht, ich kann nicht tanzen.
Auch wenn du falsch tanzt, hab keine Angst,
denn der Tanz des Lebens ist ein leichter Tanz.
Du brauchst keine Tanzschule –
tanz mit innerer Schönheit wie eine Schatztruhe!

Chorus:
Umarme das Leben, schau ihm tief in die Augen,
mach dir selbst einen Antrag und flieg mit den Tauben.
Genieße die Welt, wenn du Hoffnung brauchst,
fang an zu lieben und liebe auf „Gott komm raus"!

(Aus dem Album „Spirit" von SEOM)

Praxisaufgaben

1. Aktivierung

Schließe die Augen und entspanne dich! Denke an eine Situation, in der du richtig intensiv Liebe gespürt hast. Egal, ob mit einem Partner, deiner Familie oder in einer völlig anderen Situation. Suche dir einen Moment aus, in dem du von Liebe erfüllt und von ihrem Glanz förmlich durchflutet warst. Du hast dieses Gefühl schon einmal erlebt. Rufe es dir zunächst einfach nur in dein Gedächtnis.

Danach stellst du dir die einzelnen Details der Situation genau vor. War es Frühling oder Sommer? War es warm oder kalt? Hast du einen bestimmten Geruch wahrgenommen? Sammle so viele Details wie möglich und dann versetze dich mit all deinen Gefühlen erneut in die Situation. Wie du weißt, hast du die Liebe damals ganz einfach in dir wachgeküsst. Genau das Gleiche machst du nun erneut. Küsse sie wach! Sie ist da und wartet darauf.

Stelle dir die gewählte Situation noch intensiver vor und tauche mit deinem gesamten Empfinden in die Liebe ein. Lass die Wellen der Liebe und ihren wärmenden Strom durch deinen gesamten Körper, durch jede Zelle und durch jedes Atom fließen. Spüre, wie du immer mehr zu LIEBE wirst. Lass einfach zu, dass

die Liebe von dir und deinem gesamten Selbst Besitz ergreift.
Noch mehr, noch stärker, noch liebevoller!

Versuche diese Übung mindestens 20 Minuten am Stück durchzuführen und verstärke dein Empfinden der Liebe von Sekunde
zu Sekunde. Übe dich darin, voller Hingabe.

Du wirst Glücksgefühle erleben, von deren Existenz du vielleicht
nur gehört hast.

Du kannst diese Übung mehrmals pro Woche absolvieren, sie
reinigt und heilt dich. Sie erhebt und beflügelt dich. Sie führt
dich zu dem, was du wirklich bist!

Du wirst es fühlen!

ÜBE DAS LIEBEN!

2. Zur Vertiefung

Denke an das Wort: LIEBE!

Wie so vieles in diesem Buch klingt auch dies zunächst etwas
verrückt. Ich erkläre dir kurz den Hintergrund. Alles auf dieser
Welt besitzt eine Schwingung. Somit trägt auch jedes Wort eine

Schwingung in sich. Wörter tragen stärkere Schwingungen in sich, als du vielleicht annehmen magst. Wenn du an ein bestimmtes Wort denkst und es in deinem Geist wiederholst, nimmst du dessen Schwingung auf und verankerst sie in deinen Zellen.

Du kannst es dir zur Gewohnheit machen, während der ersten 200 Schritte deines Tages immer wieder an Liebe zu denken. Bei jedem Schritt, nach dem Verlassen deines Hauses oder in deiner Wohnung, sprichst du im Geist (oder auch gerne laut) das Wort „Liebe" aus. Rechter Fuß „Liebe" – linker Fuß „Liebe" usw.

Ich kann mir vorstellen, dass du dir jetzt denken magst, ich sei ein naiver Idiot. Probiere es einfach einmal selbst für dreißig Tage aus und du wirst staunen, welche Energien durch die Schwingung eines Wortes ausgelöst werden können.

In deinem alltäglichen Leben kannst du deinen Fokus außerdem immer wieder gezielt auf Dinge ausrichten, die du liebst. Halte Ausschau nach ihnen. Suche sie mit Argusaugen.

Beauftrage deinen Verstand, dir alles zu zeigen, was du liebst! Richte und halte deine Aufmerksamkeit darauf. Suche akribisch danach. Auch an dir selbst. Suche nach Eigenschaften, Stellen deines Körpers und nach den Gedanken deines Verstandes, die du liebst. Übe dich in Selbstliebe. Jeden Tag. Aus Liebe!

EPILOG

Werde still
und wachse

Meine persönliche Geschichte

Ich erzählte dir zu Beginn dieses Buches, dass mir einige Menschen in der Vergangenheit sagten, ich könnte nicht gut schreiben. Ob ich ein guter Autor bin, kann ich selbst nicht beurteilen. Nach der Meinung vieler Menschen bin ich auf jeden Fall ein guter Songwriter. Das Schreiben von Songs habe ich sehr lange geübt. Außerdem liebe ich es über alles! Ich werde auch ein fantastischer Autor werden, weil ich das Schreiben liebe und es immer weiter üben werde. Meine Deutschlehrer waren nie besonders begeistert von mir. Wie oft hörte ich, dass ich für dieses oder jenes nicht begabt genug sei? Ob ich darauf gehört habe? Nein! Die Entscheidung lag und liegt ganz alleine bei mir. Ich habe mich schlichtweg ganz klar entschieden zu wachsen.

Wachstum und Entwicklung setzen allerdings voraus, dass wir uns aus unserer bekannten und sicheren Komfortzone lösen. Das Geheimnis besteht darin, altbekannte Pfade zu verlassen und sich in das unvorhersehbare Reich der Magie zu begeben. Das erfordert wiederum Mut.

Hierzu möchte ich dir von einer interessanten Beobachtung erzählen: Auf Bali besuchte ich den „Monkey Forest". Das ist ein kleiner Naturpark in der Stadt Ubud. Der Park ist ungefähr ein Zehntel Quadratkilometer groß und wird von Hunderten Javaner

Affen bevölkert. Ich habe mich beim Besuch des Affenwaldes sofort gefragt, weshalb Hunderte von Affen, die in einem offenen, nur spärlich eingezäunten Wald mitten in einer Stadt leben, nicht einfach ihren kleinen Wald verlassen und die Stadt erobern. Es gäbe auf den Märkten Tausende Bananen und allerhand Köstlichkeiten, aber die Affen warten täglich auf Besucher, die ihnen Bananen zuwerfen.

Der Monkey Forest ist ihre Komfortzone! Das Essen kommt zu ihnen. Das Leben in diesem Wald erfordert keine große Anstrengung. Alles ist den Affen bekannt und sie fühlen sich somit auch sicher. Außerhalb dieser Komfortzone gäbe es eine riesengroße, wundervolle Welt zu entdecken. Eine Welt, von der sie leider fast nichts wissen.

Ich denke, dass viele von uns in ihrem ganz persönlichen Monkey Forest leben!

Wir könnten so vieles erobern, so vieles entdecken und so viele große Erfahrungen machen.

Ich kenne einige, sehr liebevolle Menschen, die Probleme mit Drogen haben. Diese Menschen sind in ihren Freundeskreisen und in ihren Mustern so fest verstrickt, dass sie oft keinen Ausweg sehen. Sie sitzen wie auf einem Baum. Um eine andere Welt entdecken zu können, müssten sie nur ihren Baum wechseln und sich aus den alten Mustern lösen. Hierzu müssten sie aber von ihrem bekannten auf einen unbekannten Baum springen. Sie müssten loslassen. In dem Moment, in dem sie springen würden, hätten sie zunächst keinen Halt mehr und wären erst einmal alleine in der Luft. Ohne Halt, ohne Sicherheit – alleine!

Natürlich kämen sie auf einen anderen Baum, aber der Absprung in das Ungewisse bereitet ihnen große Angst. Viele dieser Menschen sehen oft leider auch keinen anderen Baum, auf den sie springen könnten. Sie sehen nur ihre kleine, bekannte Zone.

Deshalb ist es so wichtig, dass wir um uns herum eine breite Saat verteilen! Lasst uns Bäume pflanzen, überall um uns herum. Lasst uns Wälder erschaffen – mit allem verbunden!

Da ich versuche, aus all meinen Beobachtungen und Erfahrungen zu lernen, habe ich mir sehr früh vorgenommen, stets meine Komfortzone zu verlassen und unberührte Gefilde zu erobern. Nach diesem Prinzip vollzog sich mein eigenes Wachstum.

Ich habe insgesamt 17 Musikalben geschrieben und aufgenommen – ich bin gewachsen. Ich vertiefte mein Wissen und begriff das tägliche Leben als meinen größten Lehrmeister. Ich verband und trennte mich (oft schmerzvoll) von Menschen, wechselte meine Jobs, lernte neue Menschen kennen und suchte immer wieder nach meiner Berufung. Natürlich gab es Momente, in denen es nicht gerade einfach war, aber ein Baum stellt das Wachsen auch nicht ein, nur weil um ihn herum gerade ein Sturm tobt.

Als ich dieses Buch begonnen habe, hatte ich nichts außer meiner Vision. Ich wollte ein nie dagewesenes Musikalbum erschaffen, das große Teile meines Wissens enthalten sollte. Ich träumte davon, hierzu ein Buch mit allen Hintergründen und Teilen meiner eigenen Geschichte zu schreiben. Es sollte meine Erfahrungen, das alte Wissen und dessen praktische Umsetzung auf lyrische, poetische Weise enthalten.

Das war vor gut zwei Jahren.

Ich weiß noch genau, wie ich auf der alten, morschen Parkbank in einer Kleinstadt im Allgäu saß und die ersten Zeilen meines großen Buches schrieb. Ich hatte nichts, außer meinen Traum in den Händen. Ich wusste nicht, wie man ein Buch schreibt (das weiß ich übrigens immer noch nicht, ich habe einfach geschrieben – wahrscheinlich raufen sich Autorenschulen wutentbrannt die Haare wegen meines Schreibstils – nicht so schlimm!).

Ich hatte weder einen Plattenvertrag noch einen Verlag. Ich hatte keine Produzenten, keine Grafiker und keine Promoter. Ich hatte weder ein Tonstudio noch einen Vertriebspartner für CDs. Ich hatte keinen Cent Geld für dieses Projekt und vor allem hatte ich keine Ahnung, wie sich diese Vision realisieren lassen sollte. Aber eines hatte ich: Vertrauen!

Nachdem ich begonnen hatte, meine Projekte einfach zu beginnen und einfach zu schreiben, fügten sich die Umstände wie von Zauberhand. Noch jetzt staune ich täglich voller Dankbarkeit über die unbeschreibliche Verkettung von Zuführungen, die mich hierher führten.

Als ich damals meinen Freunden und meiner Familie von der großen Vision erzählte, sagten mir viele, dass ich mal wieder etwas naiv sei. Wie viele Menschen schreiben gute Bücher und finden trotzdem niemals einen Verlag, sagte man mir. Zehntausende begabte Autoren senden täglich Manuskripte an Verlage und bekommen keine Chance, ihr Werk zu veröffentlichen, hörte ich oft. Ich blieb unbeirrt und folgte meinem Herzen.

Ich wurde stiller und manifestierte meine Vision täglich voller Liebe.

Als ich dieses Buch fast ganz fertiggestellt hatte, fehlte noch immer ein Verlag. Ich versendete im Vorfeld keine Manuskripte und konzentrierte mich auf meine Visualisierung, meinen Glauben und meine Liebe. Nach dem Schreiben des letzten Kapitels fiel mir mitten in der Nacht ein Verlag mit einem schönen Beitrag in einem sozialen Netzwerk auf. Ich folgte, wie immer, meiner Intuition und schrieb der Inhaberin des Verlages (Cornelia Linder – Sheema Medien Verlag) eine kurze Nachricht. Eine einzige E-Mail genügte. Es folgte ein liebevolles Telefonat und ich hatte meinen Verlag. Einen wundervollen Verlag, aus Liebe.

Nur noch einmal zur Erinnerung:

Ich habe mit nichts in den Händen, außer mit einer Vision, begonnen und folgte den heiligen Prinzipien des Lebens. Alles, was danach geschah, manifestierte sich von selbst ...

Und nun stehe ich hier! Gewachsen! Nicht ausgewachsen! Aber gewachsen.

Ich danke dir von Herzen, dass du mir erlaubst, meinen Weg mit dir teilen zu dürfen.

Epilog

Du wurdest geboren, um zu siegen! Um zu erblühen. Um zu wachsen.

Die Weisheit der Bäume ist hierbei ein grandioses Vorbild.

Bäume haben keine Angst vor dem Loslassen! Jedes Jahr im Herbst lassen sie ihre Blätter einfach fallen – sie lassen los.

Die Bäume wissen, dass sie loslassen müssen, damit neue Schönheit sprießen und erblühen kann. Genauso verhält es sich bei dir. Erst, wenn du loslässt, können ungeahnte Wunder geschehen und neue, prächtige Formen sprießen und erblühen.

Wachstum braucht Wurzeln

Ein Baum kann nur wachsen, wenn er tiefe und feste Wurzeln hat.

Wir sehen seine Wurzeln zwar nicht, aber dennoch sind sie der eigentliche Grund für das Wachstum des Baumes. Genauso verhält es sich mit unserem Leben.

Bewahre dir stabile Wurzeln. Sowohl im Inneren als auch im Äußeren. Deine Freunde, deine Familie und jede liebevolle Beziehung bilden einen Teil des mächtigen Wurzelgeflechts, das dich stärkt und dir Wachstum ermöglicht. Der Glaube, das Vertrauen und die Liebe bilden dein Fundament, deinen fruchtbaren Boden!

Bäume sind stark, aufrecht und im Gleichgewicht

Ein Baum ruht in seiner Kraft. Er ist stets im Gleichgewicht. Er ist voller Ruhe.

Genauso, wie sich im Stamm eines Baumes die Jahresringe abzeichnen, können wir unsere Entwicklung und unser Wachstum betrachten. Um das Zentrum, also den Stamm herum, bauen sich immer weiter neue und größere Schichten auf. Dabei sind dennoch alle miteinander verbunden und stets vereint. Jede alte Phase wird von der folgenden umschlossen und beide bilden die neue, gemeinsame Stärke. Alles baut aufeinander auf und das Neue benötigt stets das Alte, um zu wachsen. So bildet sich immer mehr Halt, Festigkeit und Kraft. Vom Zentrum ausgehend, bis in die äußersten Schichten.

So ähnlich wie auch schon Rainer Maria Rilke schrieb:
„Ich lebe mein Leben in wachsenden Ringen."

Deshalb darfst du deine Vergangenheit liebevoll annehmen und zugleich loslassen.

Bäume passen sich Stürmen an

Bäume stehen nach fast jedem Sturm genauso mächtig wie zuvor und erblühen in ihrer majestätischen Pracht. Warum?
Weil sie sich den Stürmen anpassen.

Stünden sie während eines Sturmes steif und starr, würden sie umkippen. Doch sie schmiegen sich sanft im Wind des Sturmes und nehmen dessen Bewegung kurzzeitig an.
Sie passen sich voller Harmonie an.

Der Sturm bringt den Baum nicht zu Fall, weil der Baum sich mit dem Sturm bewegt.

Wir sollten uns also auch den gelegentlichen Stürmen, den Winden und den Stromschnellen des Lebens anpassen und uns nicht gegen sie wehren.

Kreislauf des Lebens

Bäume sind mit dem Kreislauf des Lebens verbunden. Früchte des Baumes fallen zu Boden und versorgen den Baum wiederum. Der Baum stirbt, um wieder neu zu gedeihen.

Er transformiert sich jedes Jahr neu!

Ein Baum gibt unzähligen Lebewesen ein Zuhause. Er spendet köstlichste Früchte und versorgt das gesamte Leben um sich herum.

Er nimmt sich Wasser und spendet zugleich wertvollste Samen für das Erdreich.

Wenn es über längere Zeiträume zu heiß wird, sondert ein Baum Duftmoleküle in die Luft ab und begünstigt die Bildung von Wolken.

Er ruft den Regen für sich und seine Umgebung. Er ist mit dem Himmel, dem Wind, der Erde und der Sonne verbunden.

Ein Baum ist ganz still – aber stets verbunden! Durch seine Wurzeln ist er mit dem gesamten Erdreich, mit unendlich vielen Tieren, Organismen und Lebensformen vereint.

Ein Baum nutzt die Bewegung der Natur um sich herum. Er lässt seine Samen auf den Flügeln von Vögeln und auf den Pfoten von unendlich vielen Tieren in die Welt tragen. Er nutzt die Kraft der Flüsse und des Windes, um sich mit allem zu verbinden.

Auch deine Umgebung wurde darauf ausgerichtet, dich in deinem Wachstum und deinem Leben zu fördern.
Alles um dich herum hilft dir zu wachsen!

Alles erweitert deine Vielfalt und multipliziert deine Möglichkeiten. Alles arbeitet zu deinem Nutzen zusammen und wurde dazu bestimmt, dich immer weiter gedeihen zu lassen.

Das Potenzial zu unermesslichem Wachstum ist tief in dir verankert und angelegt!

Es ist so schön, die Wurzeln in die Erde zu graben, nicht um dort zu verharren, sondern um sich mit dem Leben intensiv zu verbinden.

Die Worte der Bäume

Die Worte der Bäume sind Düfte. Ein Baum kommuniziert mit seiner gesamten Umgebung durch Düfte. Somit kann er Dinge, die er braucht, anziehen und unwillkommene Dinge von sich fernhalten.

Wir können diese Düfte weder sehen noch hören. Wir denken Bäume seien stumm. Doch diese stille Kommunikation ist es, von der wir so viel lernen können. Durch unsere energetische Verbindung, durch Gedanken und Gefühle können wir selbst Dinge anziehen oder fernhalten, ganz wie der Baum.

Lerne von den heiligen Prinzipien des Lebens.

Wachse, über alle Grenzen hinaus

Du wundervolles Wesen,

nun sollst du wachsen!

Wachse bis über den Himmel, über jede Grenze.

Limitiere dich nicht selbst!

Warum solltest du dich mit dem Allernötigsten begnügen?

Du sollst dich mit Freude, Schönheit und allem Guten umgeben. Die Kraft, die dich hierzu befähigt, musst du nicht erst erwerben – du besitzt sie bereits. Du trägst eine Kraft in dir, die alle Wunden heilt und dich für immer vom Druck der Enttäuschung, der Angst, der Armut und des Misserfolgs befreien kann und wird. Wenn du es glaubst und wenn du es willst.

> *„Das Gesetz des Lebens ist Fülle, nicht Mangel."*
> (Dr. Joseph Murphy)

Es steht dir frei, dein Glück zu wählen!

Alle großen Dinge des Lebens sind einfach.

Gerade die einfachen Dinge erschaffen Wohlbefinden und Glück. Jeden Morgen, wenn du die Augen öffnest, entscheidest du dich für dein Glück und für dein Wachstum, oder eben nicht.

Du öffnest dich für die Liebe oder du verschließt dich und gibst dich Gedanken der Angst und des Mangels hin. Doch jeden einzelnen Morgen hast du selbst die Wahl – die freie Wahl zu deinem Glück, zu deiner persönlichen Schatzkammer.

Der Weg steht dir in jedem Moment offen. Du musst ihn nur beschreiten.

Du wurdest geboren, um zu wachsen.

Du musst wachsen. Wenn du damit aufhörst, fühlst du instinktiv, dass etwas nicht stimmt. Du fühlst, dass etwas nicht richtig ist.

Umso weiter, ganzheitlicher und harmonischer du wächst, desto glücklicher wirst du. Wachstum entspricht deiner Natur!

Du bist hier, um dich immer weiter zu entwickeln.

Der Weg nach oben ist frei!

Du bist für Wachstum geschaffen und alles um dich herum wurde geschaffen, um dich darin zu fördern.

Also wachse – über alle Grenzen hinaus!

Verbinde dich tief mit dem Leben, mit allem um dich herum und rage zugleich weit nach oben in den Himmel. Wachse!

Passe dich jedem Sturm an! Lasse deine Blätter zur rechten Zeit los. Lasse los, damit neue Blätter gedeihen und erblühen können. Wachse weiter!

Wachse, wie du noch nie gewachsen bist!

Wachse – gedeihe – erblühe!

Wachse, bis du den Himmel berührst!

Ich wünsche es dir von ganzem Herzen und aus tiefster Seele.

In Liebe,
dein Seom

Ein paar einfache Regeln

Mögliche Fallen und Fehler

Abschließend möchte ich dich noch auf einige Fallen, in die ich gestolpert bin, aufmerksam machen. Jede der erwähnten Methoden, Sichtweisen und Gesetzmäßigkeiten bietet dir gigantische Entwicklungsmöglichkeiten, aber auch einige Fallen.

Ich möchte dir meine Fehler und Fehltritte völlig nackt und ehrlich offenlegen, damit du sie kennst und nicht zwangsläufig selbst machen musst. Es reicht schließlich, wenn einer von uns diese Fehler begangen hat. Du darfst und sollst also gerne aus meinem Fehlverhalten lernen.

Ich hoffe sehr, dass du nicht in jene Fallen tappst und wenn doch, so wünsche ich mir, dass du sie durch diese Liste frühzeitig erkennst und wieder abwenden kannst. Alle Fehler sind menschlich. Es sind nicht mehr als Erfahrungen und Lernprozesse.

Also keine Sorge:
Du bist ein Mensch und darfst dich entspannen.

Je offener das Herz, desto sinnloser wirkt manche Theorie

Als sich mein Herz komplett geöffnet hatte und ich meine wahre Essenz begriff, haben mich viele Begebenheiten unserer Gesellschaft sehr verwirrt. Als ich verstanden hatte, wer bzw. was ich bin und wo ich herkomme, erschien mir sehr vieles plötzlich als vollkommen sinnlos. Ich stand beispielsweise in einem Club und habe mit einem Drink in der Hand getanzt. Plötzlich konnte ich nicht mehr verstehen, was ich da tue. Mir blieb der Sinn dessen, was all die trinkenden Menschen um mich herum gerade machten, schlagartig verborgen. Ähnlich erging es mir bei bürokratischen Formalitäten oder beim Small Talk zwischen Menschen. All diese Dinge erschienen mir als komplett sinnlos, da sie einfach nichts mit dem zu tun haben, was wir wirklich sind.

Wenn dein Herz komplett geöffnet ist und du das Potenzial deiner Seele freilegst, wirst du bestimmte Vorgänge in unserer Gesellschaft vielleicht nicht mehr verstehen. Verträge, sachliche Abhandlungen und theoretische Konstrukte sind Dinge, die oftmals nichts mit der Sprache des Herzens zu tun haben. Je klarer du mit deinem Herzen siehst, desto unklarer kann dein Blick für solche Formalitäten werden.

Mache nicht den Fehler, all das gänzlich abzulehnen. Dieser Fehler verschafft dir in unserer Gesellschaft nämlich relativ viel Ärger.

Du bist hier, damit du lernen darfst, auch damit umzugehen. Ich bin der Überzeugung, dass dieses System nicht mehr lange besteht. Du musst es nicht perfekt verstehen oder beherrschen, aber versuche es wenigstens zu akzeptieren:
Betrachte all die Formalitäten, theoretischen Verfechter und rationalen Vorgänge als ein kurzzeitiges Spiel. Spiele das Spiel zu gegebener Zeit mit, aber sei dir dennoch stets bewusst, dass du nur ein Spiel spielst! Alles wird sich ändern, aber im Moment brauchen viele Menschen noch ihre Verträge. Versuche sie zu verstehen!

Missionieren

Als ich erkennen durfte, auf welche Goldader ich gestoßen bin, wollte ich unbedingt jedem Menschen davon erzählen. Ich achtete zunächst nicht wirklich darauf, ob die Menschen meine gut gemeinten Tipps überhaupt hören wollten.

Der zweite klassische Fehler besteht darin, jeden Menschen belehren und ihm ungefragt die „Wahrheit" vermitteln zu wollen.

Erst relativ spät habe ich begriffen, dass das Denken eines Menschen ein sehr intimes Feld darstellt. Jeder denkt auf seine Weise und nahezu jeder definiert sich auch über sein Denken. Wenn du einem Menschen erklärst, dass er „falsch denkt", verletzt du ihn auf einer sehr persönlichen Ebene. Das eigene Denken ist ein sehr intimer Schatz. Deshalb empfehle ich dir, die Denkweisen anderer Menschen voll und ganz zu tolerieren.

Jeder Mensch ist genau dort, wo er sein soll!

Ich kann dir außerdem versichern, dass dein Umfeld es nicht gerade feiern wird, wenn jedes Gespräch von dir auf Buddha, Karma, Energie oder die Macht der Gedanken gelenkt wird. Auch wenn es dich sehr begeistert, können diese Themen anderen Menschen extrem auf die Nerven gehen. Lebe den Menschen das vor, was du weißt. Du musst es ihnen nicht erklären. Sie werden dich zu gegebener Zeit ansprechen und dir Fragen stellen. Dann ist es an der Zeit, dein Wissen liebevoll zu teilen.

Unbeabsichtigte Überheblichkeit

In dem Moment, in dem ich erkannte, wie einfach, schön und wunderbar das Leben sein kann, ist es passiert, dass ich in meinem Denken unbeabsichtigt überheblich wurde. Ich selbst habe diese Tatsache erst sehr viel später erkannt. Für eine gewisse Zeit, im Zuge der Euphorie über das große Wissen, habe ich andere Menschen ein wenig abgewertet, weil sie so negativ dachten und sprachen. Ich sah mein eigenes Licht scheinen und übersah das Licht der anderen Menschen.

Der Fehler liegt hierbei oft darin, dass du denken könntest, du seiest weiter als andere Menschen. Alles ist gut, wie es ist. Jeder ist genau dort, wo er sein soll.

Selbstzweifel

Es kann dir passieren, dass du dir selbst vielleicht Vorwürfe machst, wenn du die beschriebenen Methoden nicht gleich umsetzen kannst. Solltest du ein Mensch sein, der sich selbst oftmals kritisiert, empfehle ich dir, ganz gelassen zu bleiben und dir Zeit zu geben. Die Gefahr besteht darin, dich zu ärgern, weil du es beispielsweise nicht direkt schaffst, für eine Stunde still zu sitzen oder in die Stille zu tauchen. Mache dich nicht verrückt und gehe rücksichtsvoll mit dir selbst um! Auch Buddha ist nicht meditierend auf die Welt gekommen.

Der Maskenball

Wenn du die grenzenlose Macht deines Geistes und deiner Gedanken begriffen hast, werden sich natürlich völlig neue Wege öffnen. Es gibt hierbei aber auch die Möglichkeit, sich zu verlaufen. Ein klassischer Pfad in die Sackgasse bestand für mich darin, dass ich alle negativen Emotionen unter dem Deckmantel des positiven Denkens in den Schatten verbannen wollte. Das Blöde ist, dass sie sich dort ansammeln und vermehren.

Sobald sich ein negatives Gefühl, welches mir vielleicht auch wichtige Erkenntnisse vermitteln sollte, anbahnte, habe ich versucht, es weg-affirmieren zu wollen.

Durch das Erkennen der bedingungslosen Liebe dachte ich auch mehrfach, ich stünde weit über meiner Vergangenheit, meinen verletzenden Erfahrungen und unangenehmen Situationen.

Diese Masken erachte ich für gefährlich, da sie uns das Gefühl geben, wir seien unantastbar. Natürlich sind wir reine Seelen, pure Essenz und in unserer inneren Form auch unantastbar, aber das Leben sendet uns auch bewusst Signale und Symbole. Eine Krise, Trauer- oder Traumarbeit sollten ernst genommen und angesehen werden. Setze keine Masken auf!

Abheben und die Bodenhaftung verlieren

Während meiner Arbeit als Künstler, Autor und Redner treffe ich auf sehr viele spirituelle Menschen. Fast immer spreche ich mit vielen weisen und erfüllten Menschen. Bei manchen dieser Menschen fiel mir eine Sache auf, die ich einfach anführen muss. Ich respektiere all diese Wesen sehr und möchte niemanden verunglimpfen. Ich beschreibe nur meine Beobachtung.

Manchmal scheint es so, als ob spirituelle Menschen so nah am Licht stehen, dass sie vergessen, weshalb wir hier sind. Sie lehnen jegliche Materie, Geld oder Erfolg im materiellen Sinne gänzlich ab. Sie ernähren sich von Licht und verdrängen sehr gerne den Schatten, der auch sie umgibt. Wären wir dafür bestimmt, ausschließlich im Licht zu wandeln, wären wir nicht hier, auf Erden, in der Dualität. Ich denke, dass wir alle hier sind, um diese menschliche Erfahrung bewusst machen zu dürfen. Oft erlebe ich eine gewisse Abgrenzung solcher Menschen zum Rest der Gesellschaft, was ich sehr schade finde.

Wir alle sind verbunden – egal, wie „weit" jemand sein mag!

Stures Arbeiten

Das Gegenteil der eben beschriebenen Falle durfte ich selbst auch erleben. Vor allem Männer sind meiner Meinung nach gefährdet, diesen Fehler zu begehen. Männer packen Aufgaben sehr gerne direkt an, um sie schnell und effektiv zu lösen.

Als ich erkannte, wie kraftvoll bestimmte Methoden sind, habe ich sie zunächst wie eine abzuarbeitende Aufgabe betrachtet und erledigt. Das Blöde dabei ist, dass du hierbei doppelt danebenliegst. Zum einen macht dieses wundervolle Spiel keinen Spaß, wenn du es als Arbeit betrachtest und zum anderen funktioniert es in dieser Form leider auch nicht. Du kannst den ganzen Tag stur affirmieren, rein kognitiv Bilder in deinem Geist erzeugen oder dich zwingen, eine Stunde lang still zu sitzen. Leider hast du davon aber nichts ohne die reine Energie deines Herzens.

Als ich diese Phase überwunden hatte und alles als göttliches Vergnügen begriff, fiel eine riesengroße Last von meinen Schultern. Bürde dir diese Schwere am besten gar nicht erst auf. Seine Träume zu manifestieren ist keine Arbeit, sondern ein Ausdruck der Freude und sollte dich mit guter Laune erfüllen.

Vergöttern

Wenn dir bestimmte Erkenntnisse durch einen guten Lehrer vermittelt worden sind, dann ist das natürlich ein großes Geschenk. Sobald sich deine Dankbarkeit zu übertriebener Verehrung verwandelt, bist du auf einem schwierigen Weg. Die besten Lehrer zeigen ihren Schülern nur die Richtung, in die sie schauen sollen. Der Schüler darf selbst entdecken, „was" es dort zu sehen gibt. So bilden gute Lehrer ihre Schüler zu neuen Lehrern aus und binden diese nicht durch Abhängigkeit.
Sei frei und bewahre dir deine eigene Größe.
Du bist vollkommen!

Ein paar einfache Regeln für ein glückliches Leben

Mache dir keine Gedanken darüber, was andere Menschen von dir denken – sei du selbst!

Begreife die Macht deiner Gedanken und deiner Gefühle in jedem Augenblick – denke!

Reflektiere dich und dein Denken – nimm möglichst offen und ehrlich wahr, was ist!

Erkenne deinen eigenen Überfluss und den der gesamten Welt – sei dankbar!

Niemand außer dir ist für dein Glück verantwortlich – ergreife es!

Schließe Frieden mit deiner Vergangenheit – lebe im Jetzt!

Vergiss nicht zu handeln – sei diszipliniert und fokussiert!

Beurteile keine anderen Menschen – beobachte!

Verurteile keine anderen Menschen – vergib!

Versuche nicht zu kontrollieren – lass los!

Achte deine Umgebung – lebe achtsam!

Erwache – sei dir selbst bewusst!

Habe Geduld – entspanne dich!

Folge der Freude – lächle!

LIEBE! Um Himmels willen, liebe!

Mögen dich Liebe, Freude, Gesundheit und Achtsamkeit
auf ewig begleiten.

Mögen Gelassenheit, Seelenfrieden und Erfolg
als deine Flügel den Wind nutzen,

um dich zu den wundervollsten Höhenflügen
des Universums zu erheben. Sie werden es.

Namaste!

Dein Freund und Gefährte,
Seom

Danksagungen

Ich danke dir, dass du mir deine kostbare Zeit, deine Aufmerksamkeit und dein Vertrauen geschenkt hast. Außerdem möchte ich dir aus tiefstem Herzen für deine Unterstützung danken. Durch den Kauf dieses Buches hilfst du mir, meinen Traum zu leben und meine Visionen zu manifestieren. Das achte ich sehr.

DANKE!

Du bist wundervoll!

Ich danke all den Propheten, Avataren, Abgesandten, Erleuchteten, Wegbereitern, Visionären, Denkern und Autoren, die uns dieses Wissen schon vor langer Zeit bereitstellten und tief in den Herzen der Menschen verankerten. Einige besondere Wesen, die mich mit ihren heilenden Worten besonders inspirierten und zum Erwachen führten, sind Buddha, Jesus, Mutter Teresa, Laotse, Osho, Max Planck, Ralph Waldo Emerson, Charles Haanel, Napoleon Hill, Wallace Delois Wattles, Marcus Aurelius, Leo Buscaglia, Marshall Rosenberg, Thaddeus Golas, Rumi, Lobsang Rampa, Deepak Chopra, Eckhart Tolle, Neale Donald Walsh, Mahatma Gandhi, Nelson Mandela, Albert Einstein, Dr. Joseph Murphy, James Redfield, Abdi Assadi, Burkhard Heim, Thich Nhat Hanh, Dr. Ulrich Warnke, Astrid Lindgren, Vera F. Birkenbihl, Charlie Chaplin, Dalai Lama, Oscar Wilde, Dieter Broers, Rudolf Steiner, Hermann Hesse, Vadim Zeland, Rhonda Byrne, Dr. Ruediger Dahlke, Robert Betz, Pierre Franckh, Veit Lindau und so viele weitere wundervolle Seelen, die hierherkamen, um die Welt in Licht zu tauchen.

Meine Dankbarkeit, Freude und grenzenlose Liebe
gilt auf tiefster Ebene meinen Wurzeln

Allen voran meinen wundervollen Eltern: Ihr habt mir die Geschenke des positiven Denkens, des Erwachens und der Liebe sehr früh in mein Herz gelegt. Ihr habt mich beschützt, bewahrt, gestärkt, geliebt und mir verziehen. Ihr seid der Kern, die Basis und das Zentrum – kein Wort der Welt könnte meiner Liebe zu euch gerecht werden. Danke!

Meiner geliebten Schwester Nadine sowie Manni, Kaja und Noah: Ihr bildet die Wurzeln einer stärkenden, freudigen Kraft durch eure Liebe, euer Sein und unser unsichtbares Band – wir sind immer verbunden, auch wenn wir uns nicht immer sehen können. Ich liebe euch!

Meinem verstorbenen Großvater Paul Töpfer für das wertvollste Erbe, das ein Mensch erhalten kann. Ich trage deine Fackel im Namen der Liebe weiter!

Meinen geliebten Großeltern Herbert, Inge und Luzie – ich bin sehr dankbar, dass es euch gibt, und freue mich über jeden Augenblick an eurer Seite. Voller Liebe, danke!

Meinen wundervollen Cousins Alex, Bene und Maximilian, meinem Onkel Bernhard (du hast mich schon als Kind fasziniert und inspiriert, ich achte dich sehr und genieße jedes Gespräch mit dir) sowie Sieglinde, Familie Bruderek, meiner lieben Tante Brigitte und meiner gesamten Familie. Auch wenn wir uns oft lange nicht begegnen, trage ich euch stets in meinem Herzen.

Größte Dankbarkeit und unendliche Liebe
gilt zudem meinen allerengsten Gefährten

Emanuel (mein Seelenbruder, ich liebe dich!), Alma (deine Hilfe und dein Verständnis sind grandios, du bist eine wundervolle Frau!) und Noah (mein Kind des Lichts!). Unsere Freundschaft stärkt und beflügelt mich in jedem Moment.

Danke für eure grandiose Arbeit mit „Sacred Designs", den göttlichen Grafiken, für euren stetigen Einsatz, eure leuchtenden Herzen, eure Liebe und eure gigantische Gastfreundschaft. NEPAL!

Jimmy Behind für das wundervolle Logo, jedes Gespräch, jedes Wort, jede Geste und jeden Moment an deiner Seite. Du inspirierst mich sehr, bist ein grandioser Visionär, ein unbeschreiblich begnadeter Künstler und eine wundervolle Seele!

Oliver Wattenberg, mein großer Bruder (www.allisone.de). Nie zuvor habe ich so bewegende Erfahrungen auf energetischer und persönlicher Ebene machen dürfen. Danke für deine Worte, deine weise Hilfe und die göttliche Energie, welche mich erkennen lässt, wer ich bin.

Bastian Bachthaler, du wanderst seit so vielen Jahren treu und loyal an meiner Seite. Ich sehe dich als meinen ersten Gefährten und himmlischen Freund, den mir der Kosmos schickte. Wir manifestieren den Himmel auf Erden und ja, das Leben ist ein Ponyhof, mein geliebter Freund! Der Garten auf Bali wartet.

Konstantin (Hook), mein Bruder, den ich über alles liebe und schätze. Danke, dass du mein Leben so magisch bereicherst und stets an meiner Seite stehst. Auch dein Weg wird sich gemäß deines Glaubens entfalten. Du bist zu Großem bestimmt. Es wird alles wahr!

Katrin Scholz, meine beste Freundin und die humorvollste, charismatischste und liebevollste Frau, die ich kenne. Jeder Mensch sollte ein Wesen wie dich an seiner Seite haben. Danke, dass du stets für mich da bist. Ich schätze und ehre dich sehr, meine Frau Doktor.

Johannes, mein jüngster und dennoch tief verbundener Freund. Danke für deine wundervolle Hilfe. Obwohl du selbst einen kurvenreichen Weg beschreitest, bist du immer voller Liebe und mit purer Leidenschaft an meiner Seite. Ich achte dich sehr. Achte auf dich. Ich liebe dich und habe dich für immer in meinem Geist und meiner Seele.

Rejana (die Sternenkinder finden sich).

Marica, meine große Seelenschwester. Wir sind im Herzen tief verbunden. Ich liebe dich.

Lena, du zauberhafte Seele. Danke, dass du bei uns bist und die Welt auf dieser Ebene mit deiner Energie bereicherst. Du bist pure Magie.

Martin Petrussek, mein treuer und geliebter Freund, Weggefährte und großer Bruder seit so vielen Jahren. Danke für all deine wunderbare und selbstlose Hilfe und dafür, dass du mich mit deinem gesamten Wesen bereicherst und an meiner Seite wanderst. One Love! Du hast eine zauberhafte Familie und eine grandiose Mutter.

Ganz besonderer Dank gilt den Menschen, die mir von so vielen Seiten helfen, meinen Traum zu leben, meine Vision zu verwirklichen und meine Aufgabe auf dieser Erde zu erfüllen

Cornelia Linder und dem Sheema Medien Verlag. Danke für dein Vertrauen und die offene, liebevolle sowie ehrliche Zusammenarbeit. Du bist in meinen Augen ein Engel. Aus Liebe.

Dieter Kammerer (Heilpraktiker, Coach, liebender Vater, Tänzer, wirtschaftlicher Fachmann und der beste Berater meines Lebens).

Christine Kammerer (Meditationslehrerin, Heilerin, Tänzerin, liebende Mutter und die beste Beraterin meines Lebens).

Denisa, Siamak und Axel. Ihr seid wundervolle Seelen. Selten trifft man in seinem Leben auf solch strahlende und liebevolle Personen, wie ihr es seid. Ihr habt mir so vieles geschenkt! Danke für die traumhaften Grafiken, die Hompage, den Shop und jeden liebevollen Moment bei euch. Danke für alles!

Kiromedia, Markus und Andrea. Danke für euer Vertrauen, für den Mut und für die wunderschöne Zusammenarbeit, um „Spirit" zu erschaffen. Ihr seid fantastisch!

Till Urban. Danke für deine große Hilfe. Du leistest einen viel größeren Beitrag, als dir vielleicht bewusst sein mag. Ich bin sehr dankbar, dass du mein Freund bist.

Peter und Yvonne Müller. Danke für die unkomplizierte, selbstlose und aufrichtige Hilfe!

Mareike, Silva und Wolfram, ohne euer Entgegenkommen wäre vieles nicht möglich! Danke!

Imke Simons und dem wundervollen Limayrs Team für eure grandiose Unterstützung. Danke für den bezaubernden Schmuck, euren selbstlosen Einsatz, all die fantastischen Geschenke und den liebevollen Kontakt. Ich danke dem Universum, dass es uns zusammenführte.

Sacred Designs, Alex Stuber, Hook, Stephan Schöttl, Tilo (UML), Daniela, VMS und Kristina.

Ihr alle seid unersetzbare Teile eines magischen Mosaiks. Würde ein Teil fehlen, wäre das Bild nicht formvollendet. Ich verneige mich vor euch allen und danke dem Universum, dass es uns auf solch himmlischen Wegen zusammenführte.

Tiefe Verbundenheit, Respekt, Liebe und aufrichtiger Dank gilt außerdem all den Menschen, die mein Leben mit ihren Taten, Worten, Gedanken und ihrem einzigartigen Sein, im Kleinen wie im Großen, bereichern

Artur (Mantis) und Inna, Nina Becker, Tom van Elle, Matze Bader, Lukas und der gesamten Familie Lehner, Martina Spinner, Karin und Flavia, Inga, Tansu, Britta (Tala, Fee und Lukie), Nashstar und Mietze Lemon, Phil (Daily Rap), Mark (Skinny), Stefano, Fista, Niko und der gesamten BGS-Crew, Romy, Kaja, Monika und Wolfgang Hoffmann, Mareike (DANKE!), Sebastian Walther, Alex Thiele (nichts ist stärker als Liebe – auch kein Apache Kampfhubschrauber), Jan (danke für das harte Training und deine liebevolle Art), Annemarie und Felix, Anne, Marion, Janina, Bea, meinen lieben Logopädie-Ladys und dem gesamten Medaktiv-Team (ich freue mich jeden Tag, euch alle zu sehen und mit euch arbeiten zu dürfen), Tati, der Kindergarten St. Felicitas, Frau Wagner, Frau und Herrn Frisch, Janet, Tim Barnsteiner, Ulli und Klepsi, Cochi, Soni, Anne und Helmut Folter, Teen Spirit, Thilo, Elle, Benni Beth, Martin Geiger, Clara, Tibi und Elke Kiss, Gerido, Ela, Daniela Singhal, Markus, Zeljko, Eugen Schneider, Georg und Gerd, den Informisten, Leoni, Martina Berthold, Sven Müller, Nova, Phil the Beat, Trainriders, Rainer, Steffi, Katrin Zacher, Matze Wöhrle, Andreas Agler, den Brüdern Seiwald (JPS Natural), Alexander, Elwis und allen liebevollen Clowns, Jessy und Ben, Akanoo, den Brüdern Stecher, Iggi, Andy Raab, Elli, Matthias und Vroni, Benzi, Max, Miri Kleiner, Frau Böhnke, Claudia Eschhaus, Martina, Eddy, Crystaleye, Alexander Hamm, Hedi, Ibo, Lisa Meer, Manu dem Bär, Hendrik Gerlach, Lars, Barbara Ziegle, Ulrike und all den wundervollen Fans, die mir täglich rührende und tief bewegende Nachrichten schreiben. Ich weiß eure Unterstützung sehr zu schätzen und verneige mich im Namen der Liebe!

Danke für jedes Kind, das mich mit seinen Augen inspiriert und stets wach hält. Danke für jeden alten Menschen, der mir mit liebevollen Blicken die Weisheit des Universums offenbart.
Danke für diesen wundervollen Planeten und alles, was ist!

ONE!

„Spirit"
Das komplette Musikalbum zum Buch

Zu bestellen auf: www.seom-music.de

Das Album „SPIRIT" ist eine Form von musikalischem Coaching: eine Klang- und Wortreise auf tieferer Ebene, welche den Hörer durch Quellen der Erkenntnisse zu einem magischen und wundervollen Ziel lenken darf. In den Fluten der schnellen, heutigen Zeit werden auf „SPIRIT" Wege zu einer erfüllteren, zufriedeneren, staunenden und magischen Reise durch den Ozean des Lebens gezeigt.
Das Album beinhaltet 12 Pfade zum Glück, beruhend auf universellen Gesetzmäßigkeiten, welche poetisch und lyrisch verpackt dem Ziel dienen, jedem Menschen mit offenem Herzen wundervolle Impulse für das eigene Leben geben zu dürfen.

Jedes Album wird handsigniert und mit persönlicher Widmung verschickt.

Im Namen der Liebe – Im Zeichen des Guten – Im Auftrag des Höchsten!

Über den Autor

Der Songwriter, Künstler, Referent und Autor SEOM – mit bürgerlichem Namen Patrick Kammerer – wurde 1983 geboren und schrieb seine ersten Texte und eigenen Songs im Alter von 14 Jahren.
Er sieht sich als „Brückenbauer" der neuen Welt und möchte die Menschen in der heiligen Zeit der Transformation begleiten.

Bis zum Jahr 2014 veröffentlichte SEOM 17 Alben unter verschiedenen Pseudonymen und gewann regelmäßig Songcontests und musikalische Wettbewerbe. Zudem schrieb er diverse Songs für öffentliche Projekte im deutschsprachigen Raum.
SEOM schafft es, mit seiner Musik und seinen Texten die Menschen tief im Herzen zu berühren und sie dabei zu unterstützen, ihre wahren Potenziale zu entfalten. Seine Absicht ist es, mit seiner Musik einen Unterschied im Leben anderer Menschen zu bewirken, einen bleibenden Abdruck seiner Seele auf der Erde zu hinterlassen und die Menschen kraftvoll sowie sinnlich zu bewegen.

„Menschen mit meinen Büchern, meiner Musik und meinen Worten glücklich zu machen und zu begleiten, ist ein heiliges sowie hingebungsvolles Motiv meines Handelns. Musik und Schreiben sind meine Berufung, eine Herzenssache und ein kreatives Feld, in dem ich meine Träume verwirkliche. Die Magie des Lebens wird mich weitertragen, um meine Vision zu erfüllen ...
... im Zeichen des Guten und im Namen der Liebe."

Sacred Designs
-MODE - BEWUSST - SEIN -

Lieber Patrick,
wir möchten uns ganz herzlich bei dir für dein wunderbares, lehrreiches
und liebevolles Buch bedanken.

Es hat uns viel Freude und einen kreativen Energiefluss beschert, bei der
Gestaltung deines Werkes mitwirken zu dürfen.
Alles Liebe für deine godene Zunkunft wünschen wir dir von Herzen,

 Alma & Emanuel von Sacred Designs

Ein paar Zeilen zu Sacred Designs.

„ Der Mensch ist, was er denkt. Was er denkt, strahlt er aus, was er ausstrahlt, zieht er an." F. Hebbel

Wir entwerfen Artworks auf der Grundlage der „HEILIGEN GEOMETRIE".
Unser Wunsch ist es, in unseren Motiven, tief gehende Gedanken,
die unsere Welt bereichern durch starke Symbole und Formen der Natur
wiederzugeben.
Auf unserer Homepage mit Shop möchten wir euch unsere erste
Modekollektion auf Bio-Textilien vorstellen. Somit erhaltet ihr nicht nur ein
Kleidungsstück, sondern ein tragendes Element mit einer symbolischen
Botschaft an die Welt und an eure Mitmenschen.

Wir würden uns freuen mit euch einzigartige Designs zu erschaffen
und Logos sowie Grafiken für euch zu gestalten.

Vielen Dank.

- BEWUSST - SEIN -

Homepage: www.sacred-designs.de
Kontakt: info@sacred-designs.de
Sacred Designs (Bekleidung)

Feel Go(o)d - Das Shirt

Diese limitierte Sonderkollektion zum Buch "Feel Go(o)d" ist jeweils
in blau für Männer und für Frauen erhältlich.

Zu bestellen auf: www.sacred-designs.de

Das Feel Go(o)d Shirt soll dich jeden Tag daran erinnern,
dich gut zu fühlen und zu erkennen, dass dich mehr umgibt,
als deine Augen sehen können. Fühle die Magie des Lebens.

Die Schriftbilder wurden von Jimmy Behind entworfen.
      Jimmy Behind - "VMS - don't look for us, we find you"

Gestaltet wurde das Shirt von Sacred Designs.

      - MODE - BEWUSST - SEIN -

GÖTTLICHE BOTEN

Diese wundervollen Schmuckstücke sind durch eine Fügung der ganz besonderen Art entstanden! Jedes einzelne Stück ist handgemacht und voller Liebe gesegnet.
Sie verstehen sich als begleitende Helfer auf dem wundervollen Weg zum wahren Selbst.

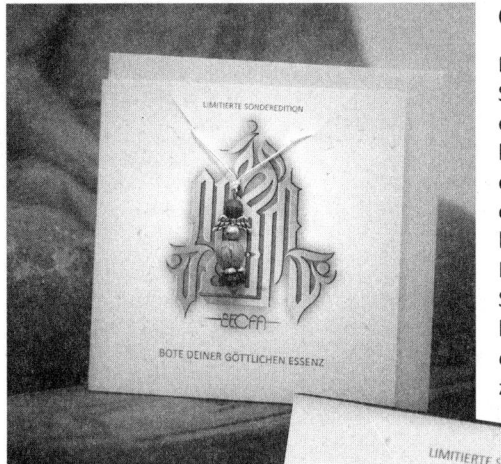

Liebe - mache die Liebe zu deiner besten Gewohnheit.

Liebe - was auch immer dir begegnen mag.

Liebe - aus deiner göttlichen Essenz heraus.

Liebe - denn das ist die Verbindung, das ALL-EINS.

Gott ist das Gefühl und das Gefühl ist Gott.

Anhänger und Karte von www.limarys.de | Fotos von www.profotografie.com

FEEL GO(O)D
DAS HÖRBUCH

Patrick hat für das Hörbuch „Feel Go(o)d" spezielle Kapitel aus seinem Buch ausgewählt. Auf zwei Audio-CDs hören wir, wie er authentisch und voller Liebe aus dem Buch für uns liest – inspirierend, erkenntnisreich und meditativ. Untermalt ist das Hörbuch mit Musikstücken der beiden CDs „Heart of Gaja" und „Gaja Terrana" von Sayama (beide im Sheema Medien Verlag erhältlich).

„Es ist ein ganz besonderes Hörerlebnis, das beim Lauschen tief berührt und in einen meditativen Zustand führen kann."

Feel Go(od) – Das Hörbuch, Doppel-CD,
Spieldauer ca. 2 Std. ISBN 978-3-931560-58-4

Auf unsere Homepage
gibt es zahlreiche inspirierende Bücher und CDs.
Wir freuen uns auf euren Besuch!

www.sheema-verlag.de

KONTAKT

Sheema Medien Verlag
Bücher. Aus Liebe.
Hirnsbergerstr. 52
D - 83093 Antwort

Tel.: 08053 - 7992952
Fax: 08053 - 7992953

E-Mail: info@sheema.de
http://www.sheema-verlag.de

SHEEMA

MÖGEN ALLE WESEN GLÜCKLICH SEIN